VOYAGE AU PAYS HELVIEN

PAR

Le Docteur FRANCUS.

PRIVAS
IMPRIMERIE DU « Patriote », BREVETÉE

1885

VOYAGE AU PAYS HELVIEN

VOYAGE

AU

PAYS HELVIEN

PAR

Le Docteur FRANCUS.

PRIVAS

IMPRIMERIE DU *Patriote*, BREVETÉE

1885

VOYAGE
AU PAYS HELVIEN

I

LA CAPITALE DES HELVIENS

La grande porte du Bas-Vivarais. — Le cirque d'Albe. — Le Palais. — La pouzzolane. — Le temple d'Auguste. — La collection Duffel. — Une émeraude qui guérit les yeux. — Celtes et Helviens. — Un prince helvien, ami de Jules César. — La fondation d'Albe. — Les pierres milliaires. — Pline et la vigne helvienne. — Le plus ancien marchand de vins du Vivarais. — Sévirs, quatuorvirs et quindecemvirs d'Albe. — Saint-Restitut à Albe. — La date de la destruction d'Albe. — La pierre milliaire du bois de Lôou. — Où l'absence d'un musée départemental se fait sentir. — Le dieu Mercure. — Les trois prieurés d'Aps. — Les ruines d'Albe au xviie et au xviiie siècles. — L'église moderne. — Brutus. — Les barons de Deux-Chiens. — Les anciens seigneurs d'Aps, St-Pons, Sceautres et Aubignas. — Le château d'Aps. — Le docteur Gaillard. — L'abbé Terme. — Une tempête éternelle dans un verre d'eau.

Aubignas ! Aps ! cria l'employé de chemin de fer, dès que le train s'arrêta au sortir de la série de tunnels que la voie traverse en venant du Teil.

Nous nous hâtâmes de descendre.

— Eh bien ! dis-je à Barbe, nous voici cette fois au pays helvien.

— Je vois des mûriers, des figuiers, des noyers, dit Barbe; plus loin, un vieux castel délabré sur un rocher noir; plus loin encore, des montagnes pelées qui estompent le bleu du ciel : il est joli, votre pays helvien !

— Nous ne sommes pas venus ici, dis-je, pour chercher des sujets de tableaux, mais pour évoquer les plus vieux souvenirs historiques de notre pays et saluer ses plus antiques monuments. Au reste, j'ai employé une expression inexacte, car l'Helvie et le pays helvien correspondaient à peu près à l'ancien Vivarais et par suite au département actuel de l'Ardèche. — La plaine d'Aps n'est donc pas plus l'Helvie que Privas n'est l'Ardèche et que Paris n'est la France.

Mais c'est ici seulement que la vieille Helvie a laissé son cachet ; c'est ici que tout parle d'un passé grandiose que les ravages du temps ont partout ailleurs effacé, et voilà pourquoi on voudra bien trouver tout naturel que nous ayons réservé spécialement l'appellation de pays helvien à cette région du midi de l'Ardèche qui nous reste à parcourir.

Or, pourquoi les anciens habitants de cette contrée se sont-ils groupés ici plutôt qu'ailleurs? La topographie du pays répond à cette question. Mais pour la bien faire comprendre, il faut remonter un peu haut, au-delà même du déluge.

Quand l'eau et le feu, après s'être démenés comme

des diables, pendant un nombre illimité de siècles, eurent rendu nos montagnes habitables, l'homme se présenta pour en prendre possession. Ne pouvant admettre qu'il y ait poussé comme un champignon, nous supposons qu'il y vint par le côté le plus accessible, c'est-à-dire par la vallée du Rhône. En poursuivant cette supposition, il est évident que la voie la plus commode pour pénétrer dans le bassin de l'Ardèche fut, non pas le lit même de la rivière, c'est-à-dire l'étroit et profond ravin où ne passent encore que les pêcheurs et les poissons, mais la large trouée que la nature avait pratiquée entre le Coiron et les montagnes de Berg, en ajustant bout à bout, sur les deux rebords d'un col peu élevé, les deux rivières d'Escoutay et Claduègno. Le grand portier du Bas-Vivarais n'est donc pas saint Pierre, mais saint Jean, et il n'est pas étonnant qu'après avoir servi de passage aux commerçants phocéens, aux anciens Gaulois et aux Romains, le petit col qui fait la division des eaux des deux torrents se soit finalement imposé aux ingénieurs du moderne chemin de fer.

Ceci explique aussi le choix de l'emplacement de l'ancienne capitale de l'Helvie, *Alba Helviorum*, placée, non loin du Rhône, à la grande porte du pays, dans un terroir fertile et à l'abri des vents du Nord, dans les plus heureuses conditions stratégiques, commerciales et climatériques qui se puissent imaginer...

**

Mais où sont donc les ruines d'Albe? interrompit Barbe.

— Nous y sommes. Seulement le temps les a recouvertes d'un océan de boue et de poussière fournies par les montagnes environnantes, et là bas seulement nous verrons quelques îlots émerger sous les arbres.

Les travaux du chemin de fer ont mis à découvert, près de la gare d'Aubignas, deux restes de substructions romaines qui prouvent l'étendue d'Albe ou tout au moins de ses faubourgs. L'ancienne voie d'Albe à Mélas et Lyon qu'a remplacée le sentier moderne d'Aps à Aubignas et qui passait tout près de la gare, était bordée, suivant l'usage romain, d'une double ligne de tombeaux. Il y a cinq ou six ans, à cent cinquante mètres de la gare d'Aubignas et à peu près à égale distance de la montagne, sur un terrain excessivement dur, demeuré jusqu'alors sans culture, un paysan découvrit un monument contenant une amphore à large ouverture qui renfermait elle-même deux urnes et une lampe funéraire. Plus loin, au pied de la colline des Combes, près du Frayol, se trouvait la colonne du quatrième mille *(millia passuum)*. Le mille romain équivalait à 1,481 mètres. Ce qui correspond juste aux six kilomètres qui séparent ce point du quartier central d'Albe appelé le *Palais*.

Une autre grande voie partait de la citadelle par la vallée de Valvignères.

Enfin, une troisième voie remontait à l'ouest par la vallée de l'Escoutay, passait au Buis-d'Aps (une ancienne porte d'Albe) et se ramifiait plus loin, une branche allant à Nimes par Ruoms et Barjac, et l'autre à Gergovie par l'Echelette.

Nous quittâmes bientôt la route pour entrer dans les terres cultivées. Partout des fragments de briques, de tuiles rougeâtres, de marbres de toutes couleurs, d'anciennes poteries ou de pierres carbonisées rappellent l'existence de la vieille cité et de la catastrophe qui l'engloutit. Les beaux morceaux, les médailles et monnaies rares, les objets artistiques sont partis depuis longtemps, car il y a deux ou trois siècles que les amateurs exploitent cette mine d'antiquités, mais il en reste toujours assez pour éveiller l'attention du touriste et du philosophe.

Nous voici, ami Barbe, sur le plus beau et le plus vaste cimetière de la vieille Helvie ! Dans cette partie de la plaine vivait, il y a quinze ou seize siècles, une population évaluée à soixante mille âmes. C'est donc soixante mille corps humains en moyenne qui ont été brûlés ou enfouis dans ce sol à chaque période de trente ans, pendant une durée de trois ou quatre siècles, en sorte qu'il n'est pas possible d'y remuer une pelletée de terre qui ne contienne des débris humains. Jamais terre ne fut plus engraissée, et ce n'est pas étonnant qu'il y pousse de beaux arbres. Quelques grains de poussière : voilà donc où aboutissent inévitablement tous nos rêves, toutes nos ambitions, toutes nos vanités ! Ça vaut bien la peine de tant se chamailler ! Je comprends qu'après la féroce destruction de Chrocus, des moines soient venus les premiers s'installer sur les ruines. *Frères, il faut mourir !* Le lieu, ses cendres et ses souvenirs le disaient plus éloquemment que ne pouvait le dire aucune bouche humaine.

Le seul monument d'Albe dont il reste quelques débris notables est le cirque. L'amphithéâtre, avec son mur circulaire dont les deux extrémités sont apparentes, avait cinquante-cinq mètres de diamètre. En le déblayant, on retrouverait les gradins sous les vignes et les mûriers chétifs qui ont remplacé les spectateurs. On aperçoit aussi le mur de la scène de l'autre côté du ruisseau Luol. La situation de ce cirque à cheval sur un petit cours d'eau fait supposer qu'on y donnait des spectacles nautiques.

Sur le bord de ce ruisseau, en amont du théâtre, il y a des indices de thermes et le quartier s'appelle *Bagnols*.

De magnifiques noyers ont poussé dans le terrain qui est de niveau avec le sommet de l'amphithéâtre. Tout près de là, un champ de pommes de terre, borné par des amas de débris, et qui porte le nom de *Palais*, marque le siège du gouverneur et de la curie. C'est en cet endroit qu'on a fait les plus belles trouvailles.

D'après la tradition locale, le prieuré de St-Martin, dont les ruines sont un peu plus bas, aurait été construit sur l'emplacement du collège des Flamines Augustaux, fondé par Tibère. Quelques pans de mur, à l'angle de la route de Viviers et d'un sentier rural, marquent seuls la place des deux monuments.

Un peu plus haut, sur cette même route de Viviers, on voit trois pans de mur surmontés d'une croix : c'est tout ce qui reste de l'église Saint-Pierre, laquelle aurait succédé à un temple de Jupiter.

La citadelle était au-delà de l'Escoutay. Les paysans se sont bâti sur ses ruines des habitations et beaucoup de pierres de taille employées par eux ne sont autres que d'anciennes pierres tombales ; on retrouverait sans aucun doute beaucoup d'inscriptions en les retournant.

Barbe s'étonnait, en parcourant la plaine, qu'une si grande ville eût pu subir une destruction si complète. Cela s'explique par l'incendie et par la facile décomposition, sous l'action du feu, de la pierre calcaire qui entrait à peu près seule dans sa construction. Si quelques parties ont résisté, il faut en faire honneur aux ciments romains dont on peut encore remarquer ici l'étonnante solidité. Soulavie y a observé des ciments *saillants*, tandis que les pierres, même granitiques, employées dans la bâtisse, avaient été détériorées et en partie pulvérisées. Les Romains avaient sans aucun doute reconnu dans l'Helvie la pouzzolane dont ils se servaient à Rome pour leurs constructions, et peut-être sa coexistence dans la région d'Albe avec les magnifiques bancs calcaires de Lussas, fut-elle un des motifs qui les déterminèrent à bâtir en cet endroit la capitale de l'Helvie. La blocaille que l'on trouve dans les ciments d'Albe avait pour but d'empêcher le retrait. La pouzzolane, formée des débris graveleux de la lave poreuse, sert à faire un beton sans pareil. Tous les ciments romains employés dans les monuments de Vienne, Nimes, Orange sont faits avec de la pouzzolane ou des briques pilées. La pouzzolane abonde au Coiron et dans nos autres montagnes volcaniques. Celle de Chenavari est renommée dans les environs. Soulavie rend compte (1) d'une expérience qui fut faite à Toulon en 1777 sur des pouzzolanes provenant du Vivarais et d'Italie, pour en apprécier les qualités respectives; il est fâcheux qu'il n'en fasse pas connaître les résultats.

Nous montâmes au village d'Aps où nous recueillîmes quelques rares traditions sur la destruction d'Albe. Ainsi on nous montra, non loin du château, le chemin du *Malconseil* où, dit-on, les chefs vandales décidèrent la destruction de la ville. Une partie des habitants se sauva vers Aubignas et périt dans la

(1) *Histoire naturelle de la France méridionale*, t. 2, p. 256.

Vallée du Massacre. Du côté de Mélas est le *Chemin des Dames* par où les Vestales se seraient enfuies. On assure que ces Vestales habitaient un temple de Diane sur le mont Juliau, et c'est peut-être à ce monument que se rapporte le passage suivant des Mémoires consulaires de la communauté d'Aps, bien que la tradition y voie le temple de César et d'Auguste :

« ... On a trouvé, à deux pieds dans la terre, sur la croupe du mont Juliau, faisant face à Alba, d'anciens bâtiments, plusieurs voûtes soutenues par de gros piliers de marbre d'une façon admirable, quantité de pierres de taille, d'une architecture accomplie, des médailles et des statues de faux dieux et autres choses curieuses (1). »

Il n'y a plus aujourd'hui aucun vestige de vieux temple, au sommet ni sur le versant du mont Juliau, mais on voit encore au pied de la montagne des débris qui semblent indiquer les restes d'un ancien temple converti ultérieurement en monastère. Ils sont connus dans le pays sous le nom de *Tige-Moine.*

Les plus beaux objets provenant des ruines d'Albe, se trouvent dans la collection de M. Valentin, à Montélimar, ou au musée Calvet, d'Avignon. La seule collection locale était celle de M. le vicaire Buffel, aujourd'hui curé à Freyssenet, où nous remarquâmes :

(1) Collection du Languedoc, t. 25.

Un Mercure en bronze oxydé, placé sur un piédestal, avec tous ses attributs (vingt-cinq centimètres de hauteur) ;

Un Priape en fer, assez détérioré ;

Un cerf portant sur ses branches une fiole lacrymatoire, couché et ayant l'air de dormir à côté d'une urne funéraire ;

Un lion en bronze, tenant sous ses griffes une boule, représentant sansdoute la puissance romaine, maîtresse du monde ;

Une chienne allaitant ses petits, protégeant de sa patte une urne ciselée, et munie d'un beau collier garni de grelots ;

Un beau bas-relief en pierre représentant un guerrier à cheval ;

Un chapiteau avec des feuilles d'acanthe artistement burinées ;

Un grand nombre d'urnes funéraires, de fioles lacrymatoires, de lampes en terre de formes variées, des médailles de bronze ou d'argent, des clochettes, des clés en bronze, des cassolettes à parfum, des peintures analogues à celles de Pompéï, des pierres tumulaires, enfin plusieurs émeraudes, destinées à orner des bagues, portant l'effigie de Mercure ou de Vénus, ou celle de la Victoire distribuant des couronnes et des lauriers.

Cette précieuse collection, qui suffirait à faire revivre la vieille Albe païenne, fut cédée à M. Odilon

Barrot et appartient aujourd'hui, nous dit-on, à M. Colomb, maire des Assions.

Un habitant d'Aps, nommé Vincent, possède une pierre précieuse, tirée des ruines d'Albe, assez semblable aux émeraudes de la collection Buffel, arrondie d'un côté, et de l'autre de couleur rose (un centimètre de long sur un demi-centimètre de large). Sur l'une des faces a été burinée une main tenant une coupe entrelacée de feuilles de vigne et d'épis de blé. Cette pierre passe pour guérir les maux d'yeux et on accourt en foule dans ce but chez Vincent.

M. Chiron, instituteur à St-Just, possède un opercule, trouvé à Aps, du petit mollusque du genre *turbo* auquel les Romains attribuaient aussi une vertu spécifique pour les yeux. On nous raconta que deux de ces coquilles, échues en héritage à une famille d'Aps, lui avaient été comptées huit cents francs dans le partage du mobilier. L'une d'elles ayant été prêtée à un jeune homme qui avait mal aux yeux fut égarée, et son propriétaire s'empressa de demander deux mille francs de dommages-intérêts. Heureusement on eut l'idée de s'adresser au Directeur du Musée de Bordeaux qui en envoya une pleine boîte, et c'est depuis lors seulement que la valeur des opercules de *turbo* a sensiblement baissé à Aps.

Les paysans d'Aps n'aiment pas qu'on vienne fouiller leurs terres, s'imaginant toujours qu'on va leur dérober quelque riche trésor. Une tradition locale veut qu'il existe quelque part, dans les ruines de la vieille cité, une chèvre avec son chevreau, tous deux en or et représentant une valeur de plusieurs millions.

*
* *

Quelques mots sur l'histoire d'Albe.

Ollier de Marichard a recueilli dans les ruines, et sous les maisons mêmes, de beaux outils en silex, d'où il conclut qu'Albe remonte aux populations celtibériennes. C'est bien possible, et l'on pourrait même trouver étonnant que les indigènes eussent attendu les Romains pour occuper un endroit aussi heureusement situé que le bassin d'Aps. Mais ce n'est pas l'intérêt préhistorique qui domine ici et l'on nous permettra de passer, sans autre préambule, à l'époque gallo-romaine.

Les historiens qui, à l'aide des vagues et rares données que nous ont laissées les écrivains grecs et latins, ont cherché à dissiper les ténèbres de nos origines, considèrent les *Galls* ou *Celtes* comme les plus anciens habitants de la Gaule : Ils y seraient venus plusieurs siècles avant les *Kymris* ou *Belges*, c'est-à-dire mille ou quinze cents ans avant Jésus-Christ.

Les Galls occupaient le midi et l'est de la Gaule. Les Kymris occupèrent le nord, puis l'ouest, d'où ils refoulèrent les Ibéro-Ligures ; enfin, tournant le plateau central, ils auraient reflué jusqu'à l'Helvie, d'après le passage suivant d'Amédée Thierry :

« A la place des Ligures domine un grand peuple de sang gaulois, maître des deux versants des Cévennes, qui porte le nom de *Volke* et se partage en *Arécomiques* et *Tectosages*. Le canton oriental, situé entre les montagnes, le Rhône et la mer, appartient aux premiers qui ont placé leur chef-lieu à *Nemausus* aujourd'hui Nimes; les seconds possèdent la partie de l'ouest et ont pour capitale *Tolose*, ville de nom tout à fait ibérien. Cet état de choses existait déjà en 280, époque d'une émigration des Tectosages pour la Grèce et l'Asie ; il n'avait pas changé en 218, lors du passage d'Annibal... (1). »

Séparées l'une de l'autre par la seule chaîne des Cévennes, les tribus arécomique et tectosage formèrent une nation unique qui continua de porter le nom de *Belg* auquel les Galls et les Ibères donnaient la forme de *Bolg*, *Volg* et *Volk* (2).

La conquête belge se serait arrêtée aux montagnes, habitées par les Galls-Helviens qui faisaient partie de la confédération des Arvernes, laquelle se composait aussi des Vélaunes, Gabales et Ruthènes (Velay, Gévaudan et Rouergue). Cette rencontre des deux races, qui probablement n'eut pas lieu sans luttes sanglantes, remonterait au IIIe ou au IVe siècle avant J.-C.

(1) *Histoire des Gaulois*, t. I, p. 36.
(2) *Histoire des Gaulois*, t. I, p. 211.

Voici, à partir de cette époque, les seules données que les historiens anciens nous fournissent sur les Helviens :

En l'an 118 avant J.-C., les Romains s'emparèrent du pays des Helviens, des Volkes-Arécomiques et des Sordes. Cette nouvelle acquisition paraît leur avoir coûté peu de peine (1).

Jules César trouva les Gaules divisées en trois parties habitées l'une par les Belges, l'autre par les Aquitains et la troisième par les Celtes ou Gaulois. Toutes ces nations, ajoute-t-il, diffèrent par la langue, les lois et les institutions.

Les Aquitains sont évidemment le produit de la fusion des Belges vainqueurs avec les Ibéro-Ligures vaincus.

Nos ancêtres, les Helves ou Helviens, qui étaient une tribu celte, sont nommés plusieurs fois dans les *Commentaires* de César. Nous savons par le témoignage du conquérant, que notre plus ancien prince se nommait Caburus et que ses fidèles sujets prirent parti tantôt pour et tantôt contre le Sénat romain, ce qui était fort absurde, vu la difficulté pour eux de savoir au juste ce que valait l'aune des factions qui se disputaient à Rome le pouvoir. Mal leur en prit, dans tous les cas, d'avoir soutenu la révolte de Sertorius, car Pompée les en punit en les dépouillant de leurs terres qu'il livra aux Massaliotes, et de là

---

(1) *Histoire des Gaulois*, t. I, p. 559.

sans doute l'accent marseillais qui nous est plus ou moins resté. Pompée n'eut pas, d'ailleurs, à se féliciter de cette politique spoliatrice; le prince helvien s'en vengea plus tard en prenant le parti de César contre lui. Valerius Procillus, fils de Caburus, élevé à Rome, fut l'intime ami du vainqueur des Gaules qui l'appelle l'homme le plus distingué de la Province romaine *(hominem honestissimum provinciæ Galliæ.)* Aussi, voyons-nous Procillus assister à l'entrevue de César avec Divitiac, quand César vint dévoiler à Divitiac les trahisons de son frère Dumnorix et demander sa punition.

Plus tard, nous trouvons Valérius Procillus choisi par César, à cause de sa fidélité et de sa connaissance de la langue gauloise, comme envoyé auprès d'Arioviste. César lui adjoignit M. Mettius, qui avait été l'hôte d'Arioviste, et il les chargea de recevoir et de lui rapporter les propositions du roi germain. Mais aussitôt que celui-ci les vit entrer dans son camp, il leur cria devant toute l'armée : « Qui vous amène ? Venez-vous ici pour nous espionner ? » Et, sans leur donner le temps de s'expliquer, il les fit charger de fers.

César, ayant battu l'armée d'Arioviste, retrouva Valerius Procillus que ses gardiens fugitifs emmenaient chargé de chaînes, et, si nous l'en croyons, cette rencontre ne lui causa pas moins de plaisir que la victoire elle-même. Procillus lui dit qu'il avait vu trois fois jeter le sort pour décider s'il serait livré aux flammes, ou si l'on renverrait sa mort à un autre temps, et que trois fois le hasard l'avait sauvé. Mettius fut aussi retrouvé et sauvé (an 58 avant J.-C.).

Six ans après, Vercingétorix fit attaquer la province romaine (Narbonnaise) par trois endroits à la fois. Les Gabales et quelques cantons arvernes assaillirent les Helviens, tandis que les Volkes-Arécomiques avaient sur les bras les Ruthènes et les Cadurkes insurgés.

Les Helviens furent battus et obligés de se renfermer dans leurs villes, après avoir perdu plusieurs de leurs chefs, entr'autres Valerius Donotaurus, le frère aîné de Procillus, qui tenait le premier rang parmi eux.

Quelle était alors la résidence des princes helviens ? L'histoire ne le dit pas, mais on peut présumer que c'était, sinon la plaine d'Aps, trop ouverte aux agressions étrangères, au moins une des hauteurs voisines.

Auguste voulut resserrer les liens de l'Helvie avec Rome par la fondation d'une capitale digne du pays, digne surtout de ses puissants protecteurs. L'emplacement choisi est un indice de la force militaire dont disposaient les Romains dans la contrée, car il impliquait la formation de plusieurs forts extérieurs ou camps retranchés pour en protéger les abords. Et c'est, en effet, ce qui eut lieu, comme le prouvent les camps romains de Mélas, de Jastres, de Champusas et de Viviers.

Alba Augusta jouissait de tous les privilèges du droit latin, et la tradition comme les débris de ses anciens monuments, suffisent à démontrer sa richesse et son importance politique.

La date des bornes milliaires de ses grandes voies, qui toutes remontent à l'époque des Antonins, montre qu'elle profita spécialement de l'ère de calme et de prospérité que ces empereurs donnèrent à l'empire romain. Constatons, en passant, que l'emplacement d'Albe, quoique ne pouvant faire l'objet d'un doute pour toute personne connaissant le pays et son ancienne histoire, a de plus, reçu de l'abbé Rouchier une démonstration mathématique, basée sur les bornes milliaires, découvertes sur divers points du Vivarais, et sur lesquelles le chiffre des pas indiqués correspond exactement à la distance qui séparait Albe des points où chacune d'elles a été trouvée.

Pline, dans son Histoire naturelle, mentionne deux fois l'Albe des Helviens. La première fois, il ne fait que la nommer comme une ville de la Narbonnaise. La seconde fois, c'est pour dire que la septième année après ce qu'il vient de raconter, on trouva à *Alba Helvia*, dans la province de la Narbonnaise, « une vigne, fleurissant en un seul jour, et à cause de cela très sûre, que la Province tout entière cultive aujourd'hui (1). »

Malte-Brun conclut de là que, déjà du temps de Pline, toute la Gaule Narbonnaise produisait des vins. Il ajoute :

« Tous les plants de vignes de la Narbonnaise étaient originaires d'*Alba Helviorum*, qui est Alps dans le Vivarais, ce qui doit faire croire la vigne indigène en France. » (2)

Amédée Thierry (3) parle de l'*Helvicum genus*. On dit enfin que le vin d'Albe a été cité avec honneur par Columelle. Confondu avec les *friands vins clérets* de Villeneuve, comme les appelle Olivier de Serres, que de fois il a fait depuis le bonheur des gourmets ! Il est à remarquer, du reste, que le plus important personnage d'Albe dont le nom soit parvenu jusqu'à nous, est un marchand de vins : il s'appelait Minthatius Vitalis et quoiqu'établi à Lyon, la cité d'Albe l'avait admis dans son sénat. Les marchands de vins de Lyon lui élevèrent à sa mort une statue dont l'inscription l'a seule sauvé de l'oubli auprès de ses compatriotes de l'Helvie moderne. (4)

(1) *Septimo hinc anno in Narbonensis provinciæ Albâ helviâ inventa est vitis uno die deflorescens, ob id tutissima, quam nunc tota Provincia conserit* (L. XIV, cap. IV.)
(2) Géographie de Malte Brun, t. 1, p. 201.
(3) *Histoire des Gaulois*, t. 1, p. 425.
(4) Rouchier, t. 1, p. 80.

Parmi les autres personnages d'Albe qui figurent dans les rares inscriptions exhumées du sol helvien, trois ou quatre méritent d'être signalés, à cause du jour qu'ils jettent sur les mœurs et les institutions du temps.

Deux sont des Sévirs Augustaux, c'est-à-dire faisaient partie du comité supérieur, composé de six membres, des Flamines chargés de desservir le culte d'Auguste, et l'on comprend l'importance que de telles fonctions devaient avoir dans la capitale de l'Helvie. L'un des deux, Petroninus Diadumius, ayant perdu sa femme, lui fit élever un tombeau à Lussas. L'autre, Apronius Eutropus, dont le tombeau a été retrouvé du côté de Limony, était de plus médecin de l'école d'Asclépiade, ce dont je lui fais mon compliment, car, autant qu'on peut en juger par les rares extraits qui nous restent de ce Grec célèbre, sa médecine était pleine de bon sens, puisqu'elle avait pour moyens principaux l'hygiène, la diète et l'eau fraîche. Asclépiade mourut à Rome vers l'an 90 avant Jésus-Christ.

Une autre inscription d'Albe nous a conservé le souvenir d'un certain Pinarius Optatus, prêtre des Lares.

D'autres inscriptions, que nous avons signalées dans un précédent volume, se rapportent à deux notabilités d'Albe qui portaient le titre de *Quatuorvir*, ce qui semble indiquer que l'autorité civile dans la cité se composait de quatre membres.

Enfin, l'inscription du taurobole de Die, cite parmi les assistants un *quindecemvir* d'Albe nommé Castricius·Zozimion, par où l'on voit qu'un des corps importants de la cité se composait alors de quinze membres.

Barbe fit un mouvement à ce nom de taurobole. Le malheureux taureau qu'on immolait dans ces sortes de cérémonies et dont le sang devait inonder toute la personne de l'officiant, lui inspirait une pitié profonde, et il se mit naïvement à célébrer le progrès moderne qui avait mis fin à ces absurdes sacrifices.

— Oh! pour le coup, lui dis-je, ami Barbe, les pailles du passé vous empêchent par trop de voir les poutres du temps présent. Sans doute, on ne tue plus de taureaux en grande pompe, mais les abattoirs ne chôment pas pour cela et la consommation croissante de beafteaks qui se fait aussi bien dans les républiques que dans les monarchies, n'est pas précisément un indice de notre humanité à l'égard des bêtes à cornes.

— C'est pourtant vrai! dit Barbe. Comment n'y avais-je pas pensé?

*
* *

Une légende fort ancienne a été rattachée, dans ces derniers temps à l'histoire religieuse d'Albe.

On lit dans les vieux bréviaires tricastins, à propos de St-Restitut, l'aveugle-né de l'Evangile et le premier évêque de St-Paul-Trois-Châteaux, qu'ayant été à *Alba* pour l'évangéliser, il y tomba malade, pressentit sa mort prochaine et ordonna à ses disciples de transporter son corps à St-Paul.

Or, l'Albe des Helviens a été pendant bien des siècles si profondément oubliée que personne ne s'était encore avisé de songer à elle pour expliquer ce point de la vie de St-Restitut. On supposa qu'il s'agissait d'Albe dans le Milanais et les esprits forts eurent une occasion de plus de faire ressortir l'invraisemblance d'un récit qui faisait courir en Piémont un évêque des bords du Rhône et qui obligeait ses disciples à rapporter son corps de l'autre côté des Alpes alors presque inaccessibles.

Notre Albe dissipe ces obscurités. Autant il était difficile d'admettre que St-Restitut quittât les Tricastins pour aller évangéliser les païens de l'autre côté des Alpes et enjoignît à ses disciples de rapporter son corps au siège épiscopal, autant l'un et l'autre deviennent naturels et même vraisemblables, si l'on songe que l'Albe des Helviens n'était qu'à une journée de marche des Tricastins, que les communications entre les deux pays étaient faciles par la voie romaine du Bourg à Valvignères et que la proximité d'une ville aussi importante qu'Albe devait nécessairement tenter le zèle d'un disciple du Christ. Le fait est du plus haut intérêt pour l'histoire religieuse de nos contrées, puisqu'il autorise à supposer que l'introduction du christianisme y est antérieure au martyre de St-Andéol, et qu'il donne un degré de vraisemblance de plus à la thèse de ceux qui veulent que le midi de la Gaule ait reçu les premiers enseignements évangéliques des ouvriers envoyés par les apôtres eux-mêmes, thèse fort contestée, il faut bien le dire, dans les régions classiques de la science, c'est-à-dire à l'Académie des inscriptions et belles-lettres.

*
* *

A quelle époque a eu lieu la destruction d'Albe ? Le Père Colombi accepte la version du moine Sigebert et la date de 411. Il suppose d'ailleurs, avec assez de raison, bien qu'ignorant la légende de St-Restitut, qu'Albe était déjà chétienne et avait un évêque au commencement du IIIᵉ siècle, lors de la mission de St-Andéol, sans quoi celui-ci, au lieu de s'arrêter à Bergoïates (le Bourg), serait allé, selon l'habitude des apôtres, prêcher la bonne nouvelle dans la ville la plus importante du pays. Son livre résume tout ce qu'on sait et ce qu'on ne sait pas, sur les premiers évêques de Viviers et la destruction d'Albe par Chrocus, en citant les divers auteurs qui en ont parlé. L'abbé Rouchier a adopté aussi la date de 411, par la raison surtout que l'extension et le prestige déjà acquis par l'Eglise lors de l'invasion de Chrocus, le nombre d'évêques massacrés par les Vandales et l'importance de la place qu'ils paraissent tenir à cette époque, ne peuvent guère être admis avant le Ve siècle. Cette raison a certainement un grand poids, mais elle ne nous paraît pas absolument probante et nous pencherions plutôt pour l'avis de l'abbé Constant qui, dans une récente brochure (1), démontre, par des raisons fort plausibles, que cet évènement eut lieu beaucoup plus tôt, c'est-à-dire en 259. — Il y a cependant, dans le livre de l'abbé Rouchier, un fait qui peut fournir le sujet d'une objection sérieuse à la thèse de l'abbé Constant. Une pierre milliaire trouvée à la lisière du bois de Lôou, sur la voie raccourcie d'Albe au Bourg par Valvignères et Gras, porte une inscription qui se rapporterait à l'année 286, la première du règne de l'empereur Maximien (2). Si cette date était confirmée, il serait difficile d'admettre qu'Albe fût déjà détruite à cette époque (3).

Ce problème archéologique serait depuis longtemps résolu, si les objets trouvés à Albe, et particulièrement les médailles et monnaies, au lieu d'avoir été dispersés aux quatre coins du monde, avaient trouvé un musée départemental pour y être réunis

(1) La *destruction d'Albe*, 1884.
(2) Rouchier, t. 1, p. 549.
(3) A cette objection que nous avions formulée dans le *Patriote de l'Ardèche* en février 1884, M. l'abbé Dufaut a essayé de répondre, en disant que la voie romaine existait déjà et que la pierre milliaire indique une réparation et non point un établissement. Il suppose, d'ailleurs, qu'Albe chercha à se relever de ses ruines, etc. Tout cela ne nous paraît pas concluant.

et classés. Il suffirait, en effet, d'un coup d'œil sur eux pour avoir la date au moins approximative de la prise d'Albe, car il est bien évident, par exemple, que si l'on n'y trouvait pas de monnaie postérieure à Valérien, qui régna de 253 à 260, la thèse de l'abbé Constant, qui fixe cet évènement à 259, en recevrait une force nouvelle et peut-être décisive.

On saurait bien vite aussi de cette manière la date de la destruction d'un autre centre important de population qui existait au dessous du Pradel dans la presqu'île formée par l'Auzon et Claduègne, et que les uns prétendent être encore le fait de Chrocus, tandis que d'autres la rapportent à une époque antérieure. Un quartier de ce terrain qui représente un kilomètre carré, s'appelle *Barone* ou *Baccone*, un autre *St-Denis*, un troisième *Croscillac*, un quatrième *les Hortous* et un cinquième *Pulève*. Les débris antiques y abondent, moins toutefois qu'à Aps. Si cette ville a été contemporaine d'Aps, elle devait en être le faubourg élégant, une sorte de St-Cloud. *Vanitas vanitatum*, le nom même s'en est perdu. Il est probable que la fondation des villages voisins : Mirabel, St-Laurent, St-Gineis, St-Andéol, Berzème, Darbres, Freyssenet, tous perchés sur des hauteurs et dans de bonnes conditions de défense, coïncida avec les catastrophes qui marquèrent la disparition d'Albe.

⁎⁎⁎

Albe resta longtemps abandonnée après sa destruction par Chrocus, mais l'on peut supposer que les survivants s'y réunirent au moins encore une fois pour jouir de la revanche que leur offrait Marianus, préfet d'Arles, lequel ayant battu Chrocus, le fit promener, disent les chroniqueurs, dans toutes les villes qu'il avait saccagées, avant de le mettre à mort.

Des moines vinrent plus tard s'y établir, mais les prieurs ne purent y rester, soit à cause de nouvelles invasions de barbares, soit par suite d'épidémies. D'autres leur succédèrent, et c'est ainsi que furent fondés les trois prieurés de *Saint-Pierre*, au nord-ouest, sur les ruines de l'ancienne cathédrale d'Albe; *Saint-Martin*, au sud-ouest, et *Saint-Philippe*, dans la vallée de Valvignères.

Catel (1), parlant d'Aps, dit :

« En ce lieu que l'on nomme encore *alb* paraissent les ruines de l'ancienne ville *Alba*, mesme le palais, les églises Saint-Pierre et Saint-Martin, et plusieurs autres édifices, pierres et tombeaux anciens. »

On peut inférer de ce passage que beaucoup de ruines, encore apparentes à cette époque (vers 1630), ont disparu depuis.

Le marquis de Jovyac écrivait à dom Bourotte, le

(1) Mémoire de l'histoire du Languedoc, p. 511.

7 septembre 1762 : « Le commandeur de Gaillard cadet, qui est fort curieux d'archéologie, alla l'autre jour à Aps, en venant des eaux de Vals, y acheta plusieurs médailles et releva plusieurs inscriptions. Il vient de déchiffrer les inscriptions de Jovyac, » c'est-à-dire de quelques bornes milliaires et autres pierres à inscriptions que le marquis avait fait transporter au château de Jovyac.

Lancelot, visitant Aps, vers 1720, releva deux inscriptions (citées par l'abbé Rouchier), l'une, dans un ruisseau entre Aps et Mélas, à la mémoire de Januaris, et l'autre, dans l'église de la Roche, à la mémoire de Perdula (1). Il trouva, dans le jardin du curé, une statue de Mercure « qui était de très bon goût. »

Faujas de Saint-Fond parle aussi quelque part d'un Mercure en bronze, d'un bon style, qui lui fut envoyé d'Aps.

« Les Gaulois, dit César, ont pour principale divinité Mercure, inventeur des arts, guide des voyageurs, dieu protecteur du commerce. Après lui, ils adorent Apollon, Mars, Jupiter et Minerve dont ils se font à peu près la même idée que les autres nations : ainsi Apollon guérit les maladies, etc. » (2).

Nous avons eu déjà l'occasion de constater que la

(1) Antoine Lancelot, membre de l'Académie des inscriptions et belles-lettres (1675-1740).
(2) Livre 3, chap. 18 des *Commentaires*.

statue de Mercure est celle qu'on retrouve le plus fréquemment dans l'Ardèche.

Le curé d'Aps écrivait en 1762 :

« Il n'y a aujourd'hui qu'une église sous le vocable de Saint-André bâtie environ l'année 1615, dans laquelle les deux curés de Saint-Martin et de Saint-Pierre font le service alternativement. — On y voit les ruines des trois églises de Saint-Martin, Saint-Pierre et Saint-Philippe, autrefois paroissiales et collégiales. Dans tout le terroir, et surtout au quartier appelé le *Palais*, d'environ un quart de lieue d'étendue, on voit les restes de l'ancienne ville. En fouillant la terre, il se trouve journellement quantité de médailles dont plusieurs sont d'argent, des urnes pleines de cendres et d'ossements ; on y trouve aussi des tombeaux bien bâtis dans lesquels il y a des ossements d'une grandeur extraordinaire. Il se voit encore aujourd'hui plusieurs pavés, les uns bien faits de grandes pierres bien travaillées, les autres à la mosaïque, plusieurs aqueducs de plomb, de belles colonnes dont quelques-unes sont encore entières, des statues de bronze et de pierres et bien d'autres antiquités, une infinité de pièces de marbre, et dans la terre de beaux glacis. On trouve sous les glacis d'autres bâtiments et du charbon mêlés » (1).

Il y avait dans le mandement d'Aps trois percevant dîmes, savoir : le prieur de Saint-Martin,

(1) *Collection du Languedoc*, t. 25, folio 17.

nommé par le prieur de Saint-Martin du Sauzet (près Montélimar), le prieur curé de Saint-Pierre nommé par l'abbé de Saint-Ruf, et le prieur de Saint-Philippe nommé par les Bénédictins du Saint-Esprit. Le curé de Saint-Martin était nommé par le prieur de Saint-Martin.

Le prieuré de Saint-Martin dépendait des Bénédictins de Cluny. Nous voyons par la visite qu'y fit en 1293 le délégué de la maison-mère, que le prieur de *Alpibus* ne résidait pas dans son prieuré et ses moines pas davantage. Injonction leur fut donc faite par le visiteur d'y résider désormais (1).

L'église d'Aps est formée d'une seule nef qui nous semble remonter plus haut que la date indiquée par la lettre ci-dessus du curé d'Aps. Comme la forme en est passablement irrégulière, une partie des assistants fait face aux murs latéraux plutôt qu'au maître-autel, d'où le dicton local qu'ils regardent le bon Dieu de travers. Le vieux bénitier en marbre jaune, orné de quelques sculptures, qui se trouve à l'entrée, repose sur un tronçon de colonne provenant des ruines d'Albe. Presque toutes les dalles du sanctuaire sont aussi des pierres tombales ou autres débris d'Albe. Plus d'une sans doute porte des inscriptions sur ses faces invisibles. Que de traces écrites de l'ancienne cité ne retrouverait-on pas si l'on

(1) Bibliothèque Nationale — manuscrits. — *Nouvelles acquisitions latines* (2270-71).

pouvait examiner un à un tous les blocs de pierres de taille qui ont été utilisés pour la bâtisse à Aps ou dans les environs ! Dans la campagne, toutes les croix ont pour piédestaux de vieux tronçons de colonnes.

L'église d'Aps tombe en ruines presqu'autant que celles d'Albe. Un vieux tableau de Saint-Andéol, diacre, d'autres disent de Saint-Vincent, patron des vignerons, provenant du prieuré de Saint-Martin, porte les traces d'un coup de bayonnette donné sous la Révolution : cette bayonnette intelligente croyait qu'il y avait quelqu'un derrière Saint-Andéol. Le tableau est curieux et ancien ; on y voit figurer deux paysans avec le costume de l'époque. Dans la même église est un tableau de Parrocel qu'on a abîmé en le restaurant. Les trois frères Parrocel, d'Avignon, ont laissé beaucoup de tableaux dispersés dans les églises de Provence.

Sur la façade de la maison d'école à Aps, on voit une tête en relief encastrée dans le mur : sans doute celle d'un vieux républicain d'Albe, car l'individu a l'air revêche et porte une grande barbe. On distingue autour de la tête les lettres B R V... le reste est effacé. Les démocrates de l'endroit ne doutent pas que ce ne soit un Brutus et lui ont fait plus d'une ovation.

Sur le mur opposé de la même maison, on aperçoit une autre tête de pierre grimaçant sous le toit :

jalousie de voisin sans doute, parce que celle-ci n'a jamais été l'objet d'aucune manifestation politique.

En face, encastrée dans le mur d'une autre maison, est l'inscription de Pinarius Optatus, prêtre des Lares, reproduite par l'abbé Rouchier.

Sur la place voisine surgit un vieux beffroi portant les débris d'une horloge en bois.

*
* *

L'ancienne seigneurie d'Aps, qui comprenait St-Pons, Sceautres et Aubignas, appartenait avant le xiii° siècle à une noble famille, portant le nom d'Aps, qui, du reste, la possédait conjointement avec d'autres seigneurs, et notamment avec Giraud Adhémar, seigneur du Teil et Rochemaure.

Au xiii° siècle, la famille d'Aps avait dû tomber en quenouille, car on la trouve remplacée par celle de Deux-Chiens.

Celle-ci restera immortelle, dans l'histoire du Vivarais, par un vieil usage dont il serait intéressant de retrouver l'origine. Columbi (1) rapporte qu'en 1241, l'évêque de Viviers, Sébastien, donna deux chiens au baron d'Aps, et il s'étonne de trouver ce fait consigné dans les archives de l'évêché. Vingt-un ans après, l'évêque Aimon donne aussi deux chiens au baron d'Aps, et le fait est encore consigné dans un acte public. Il est donc évident que ce cadeau de

(1) Columbi, p. 127 et 128.

deux chiens, fait par les évêques de Viviers aux barons d'Aps, probablement à chaque changement de baron, était une sorte de tribut résultant de quelque concession ou d'un service rendu. Et l'on comprend aussi fort bien que la singularité d'un pareil tribut ait suffi pour que le nom en restât attaché à la famille d'Aps. Le baron de Deux-Chiens avait pour armes parlantes deux chiens debout. M. Valentin, de Montélimar, a un sceau en plomb rappelant cette famille. Les armes des Adhémar sont sur la face et celles des Deux-Chiens sur le revers. Lgende : *S. Giraudi Adœmarii dni Grahinnani et de Alpibus*. Comme pendant de ce nom bizarre, on peut citer celui de *nobilis Bernardus de septem Canibus* qui habitait Mâcon en 1126 (1).

Pour donner une idée de l'extrême division où étaient alors tombées les seigneuries vivaroises, nous nous bornerons à dire que Pons de Deux-Chiens recevait : en 1240, d'Agnès de Rac, la *douzième* partie du fort de la Roche d'Aps; en 1245, de Bertrand de Sceautres, la *huitième* partie du château d'Aps, et, en 1249, de Guillaume de la Tour, autre *huitième* partie de ce même château. En cette même année, Pons de Deux-Chiens donnait à Giraud, seigneur de Monteil, les châteaux d'Aubignas et de Sceautres.

En 1287, Giraud Adhémar, seigneur de Grignan,

(1) Lacroix, L'*Arrondissement de Montélimar*, t. IV, p. 188.

épousa Blonde de Deux-Chiens, nièce et héritière de Pons de Deux-Chiens, qui lui apporta les fiefs d'Aps, Ajoux, Aubignas, Saint-Pons, la Roche-d'Aps, Saint-Andéol de Berg et Verfeuil. Le seigneur de Grignan rendait hommage, du reste, pour ces fiefs, aux Giraud Adhémar, seigneurs de Rochemaure (1). Ceux-ci paraissent jouer dans le pays un rôle de plus en plus important. En 1310, Giraud Adhémar, seigneur de Monteil, lègue à un autre Giraud, son fils unique, Monteil, Rochemaure, le Teil, Aps, la Roche d'Aps, St-Andéol de Berg, St-Pons, Sceautres, etc.

Les terres d'Aps, la Roche d'Aps, St-Pons et Aubignas, restèrent assez longtemps dans la maison des Adhémar de Grignan, où elles servaient ordinairement d'apanage aux cadets, Grignan restant à l'aîné. Elles furent l'objet d'un long procès à la fin du xvi° siècle entre les la Baume, comtes de Suze, et les Brunier, seigneurs de Larnage, qui tous deux les revendiquaient et qui, pendant de longues années, prirent également le titre de *barons d'Aps*. Cette baronnie finit par échoir en 1670 à la famille des Montagut, vicomtes de Beaune. Je renvoie ceux qui voudraient en savoir plus long sur ce sujet à l'intéressante étude qu'a publiée l'abbé Fillet dans le *Bulletin d'archéologie de la Drôme* (1881). Je relève seulement, dans cet article, pour l'édification de mon ami Barbe, que des libertés et franchises étaient accordées par les

(2) *Histoire de Montélimar*, par le baron de Coston, t. I, p. 187.

seigneurs d'Aps à leurs vassaux d'Aps en 1290, et à ceux d'Aubignas en 1303.

En 1626, le comte d'Aps, « se trouvant chez lui dans l'oisiveté, fit une partie contre ceux de Privas et de la vallée de Rochessauve, à laquelle il convia le comte de Rochefort son cousin, lesquels ayant vingt ou vingt-cinq chevaux et deux cents hommes de pied, ils en firent deux embuscades dans le Coiron, au-dessus de ladite vallée de Rochessauve... »

Le comte d'Aps fut tué dans cette belle partie de plaisir. Ceux qui trouvent tout naturel qu'on soulève les passions religieuses feront bien de relire les *Commentaires du Soldat du Vivarais*.

La baronnie d'Aps fut vendue au comte de Rochepierre, qui en transporta le titre à Saint-Remèze, et elle passa ensuite à son neveu, le comte de Rochemore.

En 1779, les habitants d'Aps refusaient d'acquitter certaines redevances dues au seigneur : quelques quintaux de bois, trois quartes d'avoine, une poule, un agneau. Ils furent condamnés à payer. En comparant les charges fiscales de cette époque à celles d'aujourd'hui, on ne peut s'empêcher de songer à la fable des grenouilles qui demandent un Roi. La nature humaine est ainsi faite : les soliveaux débonnaires ne lui suffisent pas ; il lui faut des grues qui la dévorent. Aujourd'hui, le budget dépasse trois milliards et personne ne sait au juste le chiffre de la dette publique : êtes-vous contents, citoyens ?

Le vieux château féodal était au siècle dernier, en assez bon état, mais inhabité, ce qui ne l'empêcha pas d'éprouver la violence des passions révolutionnaires. Il fut livré au pillage. Les vieillards du pays se rappellent encore cet évènement. Tous les objets qui n'avaient pas été enlevés, furent vendus aux enchères sur la place publique. On brûla les papiers ainsi que la bibliothèque qui devait contenir tant de documents intéressants pour l'histoire locale. On alla même jusqu'à s'emparer des pierres de taille qui servaient de couronnement à l'édifice sous prétexte de nivellement égalitaire. Finalement, le château fut vendu lui-même et partagé entre divers acquéreurs.

Un enfant d'Aps, M. Gaillard, médecin à Lyon, en a acheté dans ces derniers temps, la plus grande partie et y a fait exécuter d'importantes réparations, qui malheureusement ont un caractère plus confortable qu'artistique et jurent par conséquent avec le caractère général du monument. Nous avons remarqué dans l'une des nouvelles pièces, deux belles tables en poirier sculpté qui faisaient, dit-on, partie de l'ancien mobilier seigneurial. La famille Gaillard est originaire de Marcols.

Le château primitif d'Aps consistait en un simple donjon carré, avec un courtil, comme à Mirabel et Brison, posé sur un massif de basalte qu'un filon étroit, courant du levant au couchant, relie d'un côté à la Roche d'Aps et de l'autre aux dikes qui sont au pied du Mont-Juliau en face de St-Pons. Lorsque M. Gaillard commença ses travaux de restauration, il était assez facile de distinguer ce donjon carré au milieu des maçonneries en ruines, malgré les modifications qu'il avait subies et il est fâcheux qu'on n'ait pas songé à l'isoler et à le mettre en relief.

Les observateurs prétendent que le vieux levain de paganisme révolutionnaire a conservé dans la région d'Aps une énergie toute particulière. Les fêtes du carnaval y présentaient, du moins il y a quelques années, des traces de l'ancienne idolâtrie. On raconte qu'en 1820 le curé Terme, cédant à un mouvement d'indignation, s'élança de l'église vers une farandole qui venait troubler les prières des fidèles et d'un coup de poing enfonça le tambour. On faillit lui faire un mauvais parti, mais le respect l'emporta sur le ressentiment et la foule bruyante ne tarda pas à se disperser.

Cet abbé Terme était un homme des plus remarquables. Il a été missionnaire et curé de Lalouvesc. On lui doit la fondation de l'ordre des sœurs de Saint Régis qui s'est dédoublé depuis et a formé l'ordre des dames de la Retraite à Paris. L'abbé Terme était du Plagnal où il est retourné pour mourir le 12 décembre 1834. Les gens d'Aps feraient beaucoup mieux de se rappeler les leçons de ce digne prêtre que de se livrer aux caprices de leur humeur turbulente. Ils sont allés jusqu'à l'enterrement civil, sans bien comprendre probablement ce qu'ils faisaient. Ils ont trois écoles laïques, y compris la salle d'asile, mais l'eau leur manque pendant la moitié de l'été ; ceux d'entre eux qui sont obligés, pour boire, de descendre à l'Escoutay, pensent qu'il eût été plus sage de bâtir une école de moins et de créer de vraies fontaines — d'autant plus que l'instruction primaire avec les Frères valait au moins celle que distribuent les instituteurs laïques. Albe était alimentée d'eau par les sources de la rivière de Sceautres. Cette rivière fait mouvoir la fabrique de M. Borne. On a songé, dit-on, à la conduire à Aps, mais je n'ai pas ouï dire, depuis ma visite dans ce village, qu'on y soit parvenu. En attendant, on se chamaille ferme à Aps, à propos de fontaines, à propos d'écoles, à propos de processions, à propos de tout : c'est une continuelle tempête dans un verre d'eau. — Les têtes y participent décidément de la nature volcanique du sol, et ce n'est pas à Aps que je conseillerai à un bourgeois aimant la paix d'aller planter ses choux.

II

LE DÉSERTEUR DE SAINT-PONS

La Roche-d'Aps. — La fontaine du Médecin. — Les terminaisons *ac* et *as*. — Saint-Pons. — L'abbé Reboul. — Le cabaret de la Précenterie. — Un détachement autrichien à Aps. — Est-ce un déserteur ? — Saint-Jean-le-Centenier.

Sous le vieux château féodal d'Aps est le hameau de la Roche, un fragment momifié du moyen-âge. Le village a, en effet, son *barri*, c'est-à-dire son mur d'enceinte complet, ce que du Bartas appelle *barailles*. La roche basaltique isolée qui domine ce village était surmontée d'une tour. On y voit encore quelques restes de murs où conduisait un sentier des plus abruptes, ce qui n'empêchait pas autrefois les conscrits d'y monter en farandole.

Il y a dans le ruisseau de Chabanne, qui vient de Saint-Philippe, une source qui porte le nom de *Fontaine du Médecin* dont les eaux sont réputées pour la guérison des maux d'entrailles. On y va, du reste, beaucoup plus en partie de plaisir que dans un but de santé, et il faut bien avouer que la plupart de ses visiteurs, les jours de fête, ont le soin d'aromatiser ses ondes avec de l'absinthe ou de l'anisette. Nous en bûmes un verre et elle nous parut si douce et si légère que nous nous demandâmes si son mérite ne

venait pas simplement de son extraordinaire pureté.
Notons ici en passant, que quelques-unes des sources
les plus renommées, en Europe, spécialement celles
qu'on emploie contre la gravelle et la pierre, comme
Contrexéville, Wittel, Gastein, se distinguent uniquement par leur pureté et ne laissent à l'analyse aucune
trace de substances minérales.

On n'apprécie pas assez les bienfaits de l'eau pure.
Si elle ne suffit pas à guérir toutes les maladies, on
peut dire tout au moins que c'est le plus universel de
tous les remèdes et qu'un médecin qui saurait
toujours l'appliquer à propos et dans la juste mesure, étonnerait le monde par ses succès. Un romancier a mis ironiquement en scène le docteur Sangrado
qui guérissait toutes les maladies avec la saignée et
l'eau chaude. Le docteur Sangrado, ou du moins sa
moitié d'eau chaude, fait aujourd'hui fureur en
Amérique sous le nom de docteur Salisbury. Le praticien Yankee dit — et peut-être avec raison — que
l'eau chaude excite les mouvements péristaltiques
normaux du canal intestinal, déterge les muqueuses
gastro-intestinales des impuretés qui les recouvrent,
favorise l'écoulement normal de la bile et provoque
son élimination par les intestins en empêchant son
introduction dans le sang et son expulsion par la
voie des reins. Sangrado-Salisbury fait boire à ses
clients de l'eau chaude à la température du corps,
c'est-à-dire de 39° à 42°. La densité des urines lui

sert de guide pour la quantité à faire absorber, quantité qui varie de un quart à trois quarts de litre par jour. Le traitement dure ordinairement six mois. Je crains que ce système ait moins de succès dans l'Ardèche qu'à New-York. Au reste, si l'on songe à la quantité de tisanes inoffensives qu'absorbent une foule de malades, en vertu de la médecine traditionnelle des ménages, on peut dire que la pratique du docteur Salisbury n'est pas absolument nouvelle, et qu'elle rentre, ou peu s'en faut, dans une des lois les plus générales de l'hygiène. Avec de la tempérance, de l'exercice, de l'eau et du soleil, que de malades qui ne le seraient pas !

La *Fontaine du Médecin* est signalée comme purgative dans la lettre du curé d'Aps de 1762 et il paraît qu'elle était alors fort connue. Nous pensons que c'est d'elle aussi qu'a voulu parler Soulavie, en signalant l'existence d'une source minérale à Valvignères (1). Elle mériterait, dans tous les cas, d'être analysée.

**

Aubignas, où nous revînmes, était un faubourg ou un avant-poste d'Albe. M. de St-Andéol suppose qu'on l'appelait alors *Albina*. D'autres ont supposé que son nom lui venait d'*Alba Ignea*. Au moyen-âge on l'appelait tantôt *Albinhacium* et tantôt *Albi-*

(1) Histoire Naturelle de la France méridionale, t. 2, p. 211.

niacum. Il est à remarquer que Faujas et Soulavie disent *Aubignac*.

Pourquoi, parmi les nombreux noms de lieux de l'Ardèche qui, au moyen-âge, avaient la terminaison *ac* (ou *acum* en latin), les uns ont-ils conservé la finale *ac*, comme Sanilhac, Laurac, Chomérac, Orgnac, tandis que beaucoup d'autres ont pris la finale *as* comme Quintenas, Aubignas, etc. ?

Il est à remarquer que la finale dure *ac* a persisté principalement dans le midi de l'Ardèche, tandis qu'elle est devenue *as* dans le Haut-Vivarais, ou même s'est tranformée en *ieu*, comme à Roiffieux, Boulieu, Satillieu, etc.

Ces différences viennent, croyons-nous, des habitudes locales de langage, et vu la répugnance instinctive des bouches haut-vivaroises pour les consonnes dures, on comprend fort bien qu'elles n'aient pas eu besoin de contrainte pour changer les *ac* en *ieu* et *as*. Il est aussi à remarquer que les géographes locaux n'ont pas peu contribué à cette rudesse des appellations locales en se basant, pour écrire les noms, bien moins sur la prononciation locale que sur le primitif latin ; car chacun sait que le plus souvent, le paysan, dans son patois, ne fait pas sentir la consonne finale et dit Laura, — Sanilha, — Quintena et non pas Laurac, — Sanilhac, — Quintenas.

***

On a découvert récemment du côté de Sceautres, située plus haut sur le Coiron, une caverne remplie de débris d'animaux fossiles.

Dédaignant les grandes routes, ce qui est plus pittoresque mais parfois très fatigant, nous filâmes sur St-Jean par un sentier au nord du chemin de fer. De là, nous dominâmes pendant un certain temps toute la plaine d'Aps et, lâchant un peu la bride à notre imagination, nous pûmes nous figurer les Vandales arrivant sur elle du côté de Vogué, puis l'incendiant après l'avoir pillée, tandis que tous ses abords étaient couverts de malheureux des deux sexes, fuyant le feu et le glaive des barbares. Que de plaintes avait dû entendre le sentier que nous suivions, et que de malheureux dont les ossements avaient dû fumer ce côté du Coiron ! Un moment — faut-il le dire ? — l'illusion chez Barbe fut si forte, sous l'impression de nos discours, qu'il s'imagina être un fuyard d'Albe et qu'il pressa instinctivement le pas, en sorte que j'avais peine à le suivre. Cette absence fut de courte durée, et j'en ris de bon cœur quand il me la raconta.

Nulle part on ne voit mieux les caps superbes et les profondes découpures du Coiron que d'Aubignas à St-Jean. C'est un tableau vraiment féerique qu'on dirait plutôt le travail d'un architecte capricieux que l'œuvre de la nature.

Dans le ravin de Luol, on aperçoit un gros bloc basaltique surgi du sol ou détaché de la montagne, semblable à celui de la Roche d'Aps qui lui fait vis-à-vis là-bas au sud.

Dans un autre ravin, le village de St-Pons semble se dorloter au soleil.

Nous traversons ce village qui devait être un des plus joyeux points de la banlieue d'Albe. St-Pons avait du moins une certaine importance, comme le prouvent les nombreuses découvertes archéologiques qu'on y a faites.

L'eau des thermes d'Alba-Augusta venait en partie de St-Pons, et il y a encore dans ce village des noms de rues, comme celui de l'Orfévrerie, qui témoignent de son ancienne qualité de faubourg d'une capitale. Sur un des plateaux qui dominent St-Pons à l'est, on montre un camp où les Sarrasins, expulsés de la vallée du Rhône, seraient venus se réfugier.

Nous avons déjà dit à propos de St-Laurent, qu'en 1070, l'évêque de Viviers, Géraud II, donna les églises de St-Pons et de St-Laurent à l'abbaye de Pebrac.

En 1626, le 1ᵉʳ janvier, les protestants tentèrent de s'emparer du château de St-Pons, mais ils échouèrent dans leur entreprise.

St-Pons rappelle le souvenir d'un de ces humbles prêtres dont la vie toute de dévouement et de sacrifice ne fait pas grand bruit dans le monde, mais n'en est que plus glorieuse, même aux yeux des philosophes. L'abbé Etienne Reboul, né à St-Pons, fut ordonné prêtre en 1852. Il entra dans les Oblats et fut envoyé en mission au Canada. Il est mort en janvier 1877 à Hull, dont il avait été en quelque sorte le fondateur et où sa mémoire est restée en vénération. Ne peut-on pas comparer l'œuvre du missionnaire au sillon que trace silencieusement le bœuf dans la terre et d'où sort le grain qui nourrit les hommes, tandis que le vent qui fait grand bruit autour et détruit au lieu de produire, figure si bien les outres vides et sonores qui s'appellent des avocats et des politiciens ?

On nous montra sur la place de l'église l'ancien prieuré de St-Pons. Le logement du prieur avant la Révolution se composait de deux constructions contiguës qui n'étaient pas de la même époque. Peu élevées l'une et l'autre, elles n'avaient au midi qu'un seul étage qui, du côté du nord, se trouvait de niveau avec le sol de la place. La partie moins ancienne, où l'on voit encore l'entrée principale, avait été bâtie vers le milieu du xviie siècle par messire Jacques Mercoyrol, prieur de St-Pons et chanoine-précenteur (premier chantre) de la cathédrale de Viviers. Son portrait est aujourd'hui conservé au presbytère de St-Pons et plusieurs branches de sa famille existent à Viviers ou dans les environs sous le nom de Mercoyrol de Beaulieu. Le prieuré de St-Pons, uni avec le titre de chanoine-précenteur de la cathédrale de Viviers, fut occupé successivement par plusieurs membres de la famille Mercoyrol de Beaulieu. Les ouailles de messire Jacques avaient l'habitude de donner à leur pasteur le titre qui lui semblait le plus honorable. On ne disait pas *M. le Prieur*, mais *M. le Précenteur*. Par suite, le nouveau bâtiment qu'il ajouta à son habitation fut appelé la *Précenterie*, en langage du pays la *Precentário*. Le dernier prieur, au moment de la Révolution, était un simple minoré, l'abbé de Surville, qui servit ensuite dans l'armée des princes émigrés, rentra plus tard en France et mourut, croyons-nous, au Charnève, près du Bourg-St-Andéol vers 1830.

A la vente des biens ecclésiastiques, tout le prieuré de St-Pons fut acheté par un particulier nommé Boyer qui y ouvrit un cabaret. La salle de la Précenterie fut affectée spécialement aux consommateurs et c'est à cette occasion qu'un vieux paysan de l'endroit nous conta l'histoire, fameuse dans le pays, du Déserteur de St-Pons. La voici :

Pendant l'occupation étangère de 1815, la ville de Montélimar eut une garnison autrichienne. Quelques détachements, fréquemment renouvelés, étaient envoyés de temps à autre dans les principales localités des environs. C'est ainsi que, dans le Vivarais, les soldats de l'Autriche parurent souvent à Viviers, au Teil, à Rochemaure, à Aps, à Villeneuve, etc. Nos populations éprouvaient naturellement peu de sympathie pour ces étrangers. Si l'on n'osait pas toujours traduire par des actes les sentiments de répulsion qu'ils inspiraient, on se gênait moins pour les exprimer en paroles. Un très-petit nombre de ces soldats comprenaient quelques mots de français; aucun ne pouvait entendre le langage vulgaire du pays. Aussi arrivait-il souvent que les réflexions les plus malveillantes, même injurieuses, étaient librement échangées à la barbe des envahisseurs de la France.

Ce ne fut donc pas sans une grande surprise, mêlée de quelque effroi, que les patriotes d'Aps s'aperçurent un jour qu'un sous-officier récemment arrivé à la tête d'un nouveau détachement de cavalerie, comprenait non seulement le français, mais encore le patois, et même qu'il le parlait très facilement et avec plaisir. Du reste, caractère bienveillant, il n'abusa jamais de cet avantage pour faire de la peine à personne. Il causait volontiers avec les habitants, et paraissait écouter avec beaucoup d'intérêt les détails qu'on lui donnait, qu'il provoquait parfois lui-même, sur les familles d'Aps et des environs. Finalement il avait gagné toutes les sympathies; sa société était recherchée de tout le monde.

Lorsqu'on le questionnait sur sa patrie, et qu'on ui témoignait quelque admiration pour son habileté à se servir de tant de langues différentes, il mêlait à la conversation des termes italiens; puis il répondait vaguement que dans le nord de l'Italie on parlait presque comme dans le midi de la France ; qu'il avait longtemps fréquenté des prisonniers français, originaires de la Provence ou du Languedoc, et qu'il aimait à causer avec eux, enfin, que dans son pays tout se faisait comme à Aps. Ainsi, ajoutait-il, dans ce moment, on vendange chez moi comme ici.

— Quel est ce pays ? demanda-t-il un jour au garde-champêtre d'Aps, en lui désignant un village adossé au pied du Coiron.

— C'est St-Pons, renommé par son excellent vin blanc muscat.

— Du muscat ! il faut aller le déguster. Venez ! c'est moi qui paie.

— Mais vous allez seul ? vous ne prenez aucun de vos hommes ?

— Non ! C'est inutile : partons !

A peine en route, le sous-officier perd toute sa verve et sa loquacité : il devient sérieux, puis tout-à-fait morne et taciturne. Le garde tente vainement de lier conversation avec les gens qu'on rencontre sur le chemin, ou dans les vignes qui le bordent. Aucune question, aucune plaisanterie ne peut intéresser son compagnon, qui tantôt avance d'un pas précipité, et tantôt semble hésiter et sur le point de rebrousser chemin. On lui demande s'il est fatigué ou malade ; il répond négativement d'un ton dur et sec, qui ne permet aucune réplique.

Le voyage se poursuit donc en silence, et l'on arrive ainsi sur la petite place du Plot.

— Voici une auberge, dit le garde-champêtre, nous pouvons entrer.

— Non ! répondit l'Autrichien visiblement émotionné. Un peu plus loin, nous en trouverons bien une autre.

Et, sans aucune hésitation, il s'engage dans la ruelle qui aboutit sur la place de l'église, où se trouvait le cabaret de Boyer.

Les rues du village étaient presque désertes ; tout le monde travaillait à la vendange. Boyer, sa femme, ses enfants, étaient, comme les autres, occupés à leurs vignes. Ils avaient laissé l'auberge sous la garde de la vieille mère, dont les yeux, comme les jambes, étaient fort affaiblis par l'âge.

Le sous-officier, suivi par le garde-champêtre stupéfait, entre dans la salle de la Préconterie, puis dans la cuisine qui venait après et, sans s'y arrêter, pénètre dans la pièce du fond où il se jette sur un siège, près d'une table, en s'appuyant la tête dans les mains.

La vieille cabaretière, surprise, presque effrayée, suit en tremblant cet étrange visiteur. Le garde lui demande une bouteille de muscat, qu'elle apporte avec des verres ; puis elle se hâte de revenir dans la première salle. Elle se sentait mal à l'aise avec ce soldat étranger.

Celui-ci, sur l'invitation réitérée de son compagnon, relève enfin la tête et saisit son verre plein. Au moment de le porter à ses lèvres, un sanglot étouffé soulève sa poitrine, et, sans avoir bu, il laisse retomber sa tête sur la table. Le garde n'ose plus rien dire : un souvenir et un soupçon viennent de traverser son esprit : il se demande s'il doit immédiatement éclaircir ce mystère. Mais avant qu'il ait eu le temps de réfléchir, le sous-officier se relève, tirant fortement sa visière sur ses yeux pleins de larmes. Il jette une pièce d'argent sur la table, puis, du ton d'un homme qui vient de prendre une résolution violente, il s'écrie : « Misérable que je suis ! j'ai « abandonné mes soldats sans chef, au milieu d'un « pays ennemi. Vite en route ! » Et il part en courant.

Vainement le garde-champêtre veut le laisser aller tout seul : l'Autrichien l'oblige à le suivre. Tout en marchant rapidement vers Aps, il affecte cette fois de parler beaucoup, de parler sans cesse, de parler fort. Ce fut le tour du garde de se taire et de réfléchir. Ses réflexions ne firent que confirmer ses premiers soupçons. Dès le lendemain il revint à St-Pons, pour raconter tous les détails de cette aventure extraordinaire au cabaretier de la Précenterie.

Boyer avait eu un fils aîné, qui était parti du pays depuis une quinzaine d'années environ. Comme presque tous les jeunes gens valides de cette époque, il avait été appelé sous les drapeaux, et s'en était allé guerroyer en diverses contrées de l'Europe. A la suite d'une campagne, il cessa de donner de ses nouvelles. Peu de temps après, un de ses compagnons d'armes, enfant de St-Pons comme lui, apprit à ses parents que le jeune Boyer avait disparu dans un combat. Etait-ce une grande bataille, ou une simple escarmouche, ou peut-être seulement une marche périlleuse à travers un pays ennemi ? on l'ignore. Son corps avait dû être jeté, avec tant d'autres, dans une de ces vastes tranchées, qui recevaient pêle-mêle les restes des enfants de la France et ceux de leurs adversaires. Le silence et presque l'oubli se firent peu à peu sur cette nouvelle victime de la guerre. Tant de mères pleuraient alors leurs enfants moissonnés à la fleur de l'âge ! tant de pères, privés de leur soutien, gémissaient sous le poids des ans et du travail !

Or, ce fils que la famille Boyer avait pleuré, qu'elle avait cru être mort glorieusement en défendant le drapeau de la France, n'était-ce pas celui-là qu'on avait vu sous l'uniforme autrichien, s'asseoir un instant au foyer de la Précenterie ! A cette pensée, tout le patriotisme du père Boyer se révolte. Son fils dans les rangs des envahisseurs de la patrie ! son fils combattant avec l'étranger et refoulant les défenseurs de la France ! Cela ne pouvait être ! Ne serait-ce pas le comble du déshonneur et de la honte pour toute sa famille ? Aussi défendit-il au garde d'Aps de faire part de ses soupçons à personne, et surtout d'en rien dire à ce soldat, dont il n'avait pas rougi de faire son compagnon.

L'amour paternel cependant ne tarda pas à l'emporter sur le patriotisme, dans le cœur de Boyer. Etait-ce bien son fils qui était venu pleurer sous le toit de la famille, désormais perdue pour lui ? Après tout, son fils était-il un traître ? avait-il abandonné lâchement son poste plutôt que de périr les armes à la main ? Rien ne le prouvait. Ne pouvait-il pas avoir été blessé en faisant vaillamment son devoir ? Abandonné, comme tant d'autres, que l'on avait cru frappés mortellement, il avait pu être recueilli par une personne charitable. Rétabli après une longue convalescence, seul et sans ressource, à quelques centaines de lieues de son pays, ne pouvant écrire à sa famille, était-il donc bien coupable d'avoir accepté du service dans une armée étrangère ? La paix avait été signée sans doute à ce moment : comment pouvait-il deviner qu'il serait bientôt forcé de porter les armes contre sa patrie ? Et si cette victime d'une affreuse fatalité n'osait avouer sa honte, tant le sentiment de l'honneur et du patriotisme était encore vivant dans son cœur, fallait-il le rebuter ? n'était-il pas permis de lui faire entendre une parole de pardon et d'encouragement ?

Ces réflexions calmèrent peu à peu le premier sentiment de courroux du père Boyer. Deux jours après, c'était un dimanche matin, il appela son plus jeune fils Baptiste. Celui-ci, âgé de seize au dix-sept ans, était à peine né, lorsque son grand frère avait été appelé sous les drapeaux. Il ne pouvait donc le reconnaître. Mais un camarade de l'ancien soldat de l'Empire, qui avait ses traits gravés dans la mémoire, se chargea d'accompagner le jeune homme. L'aubergiste les envoya tous les deux à Aps, avec ordre de chercher à voir le sous-officier autrichien en tête-à-tête, de lui promettre toute la discrétion nécessaire, de l'obliger enfin à dire s'il était véritablement celui qu'on supposait.

En arrivant à Aps, les deux envoyés apprirent que tous les Autrichiens étaient à la messe, qui venait de commencer: ils se rendirent donc à l'église. Le sous-officier et ses soldats occupaient le premier rang de la place réservée aux hommes. Derrière eux, une masse compacte remplissait tout l'espace jusqu'à la porte : impossible de pénétrer bien avant. Ayant réussi cependant à se mettre en évidence, en montant sur une marche d'escalier, l'habitant de St-Pons prononça quelques paroles presque à haute voix. Ainsi qu'il l'avait prévu, le sous-officier autrichien se retourna vivement à ce bruit insolite. Mais à peine eut-il rencontré ce regard fixé sur lui, ce visage plein de bienveillance déjà, et qui s'éclaira soudain d'un sourire presqu'imperceptible, qu'il se détourna plus vivement encore. A la sortie de l'office, il passa froid et impassible à côté des deux étrangers, qui purent cependant le considérer plus à l'aise.

— C'est ton frère, dit à Baptiste son compagnon : très-certainement avant qu'il soit nuit, nous lui parlerons. Tu l'embrasseras, et nous nous entendrons avec lui pour qu'il vienne passer quelques moments dans sa famille.

Après la messe, les Autrichiens prenaient leur repas. Puis le chef du détachemement reçut des ordres ; il se rendit chez le maire ; il y avait des pièces à remplir, qui demandèrent un temps assez considérable. Les cavaliers autrichiens, consignés dans leurs logements, pansaient leurs chevaux. causant vivement et gaîment entre eux, sans que personne comprît rien à leur conversation. Les habitants d'Aps se dispersèrent dans les cabarets ; ceux de St-Pons firent comme eux, espérant réussir un peu plus tard à remplir leur mission. Bientôt la rue retentit sous le pas des chevaux du détachement. Les Autrichiens rentraient à Montélimar, d'où leur régiment partit quelques jours après.

Personne depuis lors n'entendit plus parler de celui que quelques-uns appelèrent dès lors le *Déserteur de St-Pons* Etait-ce bien un déserteur ? Beaucoup de gens prétendirent après coup l'avoir reconnu, mais l'imagination fait voir tant de choses qui ne sont pas, surtout quand il s'agit d'un visage que personne n'avait revu depuis quinze ans. Les circonstances que nous venons de rapporter, d'après le témoignage de Baptiste Boyer lui-même, mort en

1877, sont certaines, mais il faut bien avouer qu'elles ne sont pas décisives. D'ailleurs, nous devons ajouter que le père Mazoyer, décédé plus que centenaire, à St-Jean, a toujours affirmé que l'aîné Boyer, son compagnon d'armes, était mort sur le champ de bataille.

*

Tout en causant, nous étions arrivés à St-Jean-le-Centenier dont le nom vient, dit-on, de la fertilité de son terrain volcanique. — D'après la légende, un sac de blé en aurait produit cent. Il est vrai que d'après une autre version, ce nom viendrait de ce que St-Jean, au temps d'Albe, avait une garnison de cent hommes commandés naturellement par un *centenier*. Chacun prendra la version qui lui convient. — Les paysans de la contrée ne s'en inquiètent guère, car pour eux, ce n'est pas St-Jean-le-Centenier, mais *St-Jean-le-Noir*, dénomination dont l'étymologie se lit en caractères visibles sur la noire couronne de basalte qui domine ce village.

Entre St-Jean-le-Centenier et St-Pons est une petite métairie de M. Bertoye, appelée le Bousquet, qui est un ancien fief ayant appartenu à une famille de Barjac, puis aux la Boissière. Le baron de Coston cite un Pons de Barjac, médecin d'Aubenas, que le Dauphin envoya à Montélimar en 1453, parce que cette ville n'avait pas de médecin et à qui les consuls payèrent vingt-cinq florins pour cette année. Un

Thibaud de Barjac, mari de Bonne de Nicolaï, possédait des biens à Montélimar en 1558. Les Barjac avaient donné leur nom et celui de leur fief à un quartier qui leur appartenait, sur la route de Rochemaure à Montélimar (1).

Nous montâmes les rampes de Montbrul jusqu'à mi-chemin des Balmes pour examiner le dépôt de cailloux roulés que coupe la route et qui démontre l'existence d'un cours d'eau antérieur aux coulées volcaniques du Coiron. Nous avons déjà eu l'occasion de dire que ces cailloux ne diffèrent pas de ceux que roule encore l'Ardéche.

Sur la montagne de Maillas ou Jastres, au flanc de laquelle zigzaguent les rampes de Montbrul, on peut voir les vestiges de l'ancien camp romain qui, de ce côté, protégeait Albe et qui, paraît-il, avait été autrefois un' campement celtique.

Dans cette région les oreilles tintent de mille souvenirs historiques. — C'est le grand carrefour des batailles helviennes et vivaroises. — Pour le philosophe, Albe n'est pas morte et tout esprit un peu cultivé a dans son imagination une fée puissante pour la faire sortir du tombeau. — Du sommet de Maillas, je montrai à Barbe la direction des cinq grandes voies pavées (*cami ferrat*) conduisant d'Albe à Lyon, Arles, Nimes, Mende et Gergovie, et dont chacune a laissé les traces d'un pont sur Frayol, l'Escoutay,

(1) *Histoire de Montélimar*, par le baron de Coston, t. 2, p. 68.

Claduègne et l'Auzon. Nous évoquâmes les anciens temps ; nous vîmes Chrocus, roi des Vandales, venant de la Lozère où il avait détruit Javols, se précipiter sur Albe et la livrer aux flammes après en avoir exterminé tous les habitants. — Nous assistâmes, en esprit, à la longue destruction que le temps niveleur fit subir à la ville ruinée : nous vîmes les ronces, les herbes, les arbustes, puis les moissons annuelles se succéder à la surface aplanie des décombres, et des générations de chênes, de noyers et de mûriers pousser dans les fentes de ses édifices ruinés.

Le moyen-âge vint peu à peu substituer la civilisation chrétienne au vieux monde païen. — Les moines donnèrent l'exemple du défrichement, et tout un peuple d'agriculteurs vint se loger autour des églises et des monastères. Comme l'abus se glisse dans toutes les choses humaines, l'Eglise et les ordres religieux se relâchèrent des rigueurs primitives et la Réforme puritaine, compliquées des rancunes et ambitions seigneuriales, mit le pays sens dessus dessous. — Les morts d'Albe purent entendre les batailles des protestants et des catholiques, car on se battit souvent et jusqu'à la fin à deux pas de leur cercueil : à la Gorce, Villeneuve et Mirabel. Olivier de Serres lui-même, malgré son grand esprit, fut emporté dans cette mêlée furieuse et l'histoire impartiale est fort disposée à voir en lui ce capitaine Pradel qui reprit Villeneuve-de-Berg aux catholiques en 1573.

Une invasion, celle-là toute pacifique, vient clore cette lugubre série de meurtres et d'iniquités, et ici l'on peut sans craindre de contradiction, glorifier le Père de l'agriculture française. C'est lui, en effet, qui, par ses écrits et son exemple, a donné le plus vif essor à la culture du mûrier et à l'introduction du ver à soie en France.

Nous sommes allés déjà au Pradel, ami Barbe, honorer l'auteur de cette grande et pacifique révolution. Allons à Villeneuve saluer sa statue. Celle-là survivra à toutes les querelles civiles, parce qu'elle est, non le produit des passions politiques, mais le triomphe de la vie agricole et du ménage des champs.

III

VILLENEUVE-DE-BERG

Tournon et Turnus. — Les moustiques. — La grange de Berg. — Le paréage de 1284. — L'ancienne ville. — La maison Heyraud. — Villeneuve pendant les guerres religieuses. — Louis de la Motte de Chalendar. — Les prisons. — L'église paroissiale. — La maison Barruel. — La famille Bertoye. — La statue d'Olivier. — Ce qu'elle pense. — Vins de Montfleury. — Les voleurs de raisins. — Les *gibes*. — Les fourches patibulaires de Montloubier. — Processions pour la pluie. — La chapelle des Sept-Douleurs. — L'école laïque et l'école des Frères.

Villeneuve est au sommet d'une colline, à quatre kilomètres environ du chemin de fer qui passe à ses pieds. En suivant la belle montée qui y conduit, on peut voir non loin de la gare, dans un ravin à gauche, le long filon volcanique de la Chamarelle dont parle Faujas. On dirait un mur brun. Il ressort un instant de terre dans le champ voisin et va reparaître ensuite beaucoup plus loin.

Avant d'entrer à Villeneuve, on laisse à droite la route de Tournon. Cette localité est plus ancienne que Villeneuve. Les savants de village la font remonter à Turnus, ce qui doit singulièrement flatter Virgile si ce potin lui parvient dans l'autre monde. D'autres croient que Tournon est une colonie de Bergoiata (le Bourg-St-Andéol) et que son nom lui vient de sa belle fontaine qui aurait, comme celle du Bourg, porté le nom de Tourne.

Pauvre Villeneuve-de-Berg! Cette ancienne capitale judiciaire du Vivarais est de plus en plus délaissée et l'on peut prévoir le temps où la plupart de ses habitants abandonneront leurs demeures comme ceux du vieux Rochecolombe, du vieux Rochemaure et du Chastelas de Vallon, pour venir s'établir aux abords du chemin de fer. Ils y gagneront au moins d'être débarrassés des moustiques, car Villeneuve, sur ce point ne le cède en rien à Vallon, et à Aubenas. Les moustiques, comme le choléra, n'aiment pas les pays d'eaux vives et préfèrent ceux où l'on boit des eaux de citernes. Aussi sont-ils toujours plus abondants aux rez-de-chaussées qu'aux étages élevés des maisons. Ces petites bêtes piquent aussi de préférence les nouveaux venus et épargnent les indigènes. Est-ce amour de la nouveauté ou pure malice ? Dans tous les cas, les gens de la montagne, avec leur figure rougeaude, sont pour eux une proie appétissante.

Tout le monde connaît l'histoire ancienne de Villeneuve. Un membre de la famille de Vogué avait donné aux moines de Mazan le domaine de Berg (toutes les grandes abbayes de la montagne avaient des colonies dans le bas pays, autant pour leurs provisions de fruits et de vin que pour le séjour des Frères malades.) Les religieux de Mazan s'établirent à la métairie, encore appelée la Grange de Berg, qui est située entre la colline du Devois et le mont Julian, au bord du torrent de Roanel : cette propriété appartient aujourd'hui à M. Alexis Saladin, de St-Just. Mais les moines étaient là fort exposés aux vexations et aux rapines du tiers et du quart, sans compter les envahisseurs étrangers, car, une lettre du curé de St-Andéol (1) rapporte que la Grange de Berg fut détruite « les uns disent par les roystres, les autres par les Sarrasins. » Pour se mettre en sûreté, les moines se virent obligés de construire un petit fort qui devint le noyau même de Villeneuve. Ce fort

(1) Voir le très-intéressant ouvrage de M. l'abbé Mollier : *Recherches historiques sur Villeneuve-de-Berg*, auquel nous faisons de nombreux emprunts dans ce chapitre. Cet ouvrage a paru à Avignon chez Aubanel en 1866.

avait quatre tours, dont trois, plus ou moins remaniées, existent encore : l'une est la tour du Temple, près de la statue d'Olivier de Serres ; l'autre, la tour de la Bougette, et la troisième, la tour de l'Horloge ; la quatrième a été remplacée par le clocher actuel. Une galerie reliait ces quatre tours pour faciliter la défense. Le fort n'avait qu'une seule porte, entre la Bougette et l'Horloge, là où passe aujourd'hui la grand'route.

Le fort de Berg servait d'asile éventuel aux religieux, mais n'empêchait pas malheureusement leurs terres d'être pillées, tantôt par les seigneurs et tantôt par les paysans des environs. De graves démêlés surgirent, notamment avec les habitants de St-Andéol qui allèrent une fois jusqu'à mettre la Grange de Berg à sac en tuant plusieurs religieux. Il résulte des registres consulaires de cette communauté que l'abbé de Mazan pardonna aux meurtriers, mais en imposant aux consuls de St-Andéol l'obligation de se rendre à Mazan aux fêtes de l'Ascension et de l'Assomption et de se présenter à la grand'porte du monastère, en chemise et la corde au cou, pour être conduits ainsi jusqu'au maître-autel de l'église et y demander pardon de leur crime.

Pour mettre un terme aux vexations dont ils étaient l'objet, les moines cherchèrent un protecteur puissant et proposèrent à St-Louis de fonder une ville joignant leur fort et d'y établir une juridiction royale en partageant l'autorité et les revenus. Le roi accepta l'offre, mais l'acte de paréage ne fut conclu qu'en 1284 sous Philippe le Hardi. C'est un des plus grands événements de l'histoire du Vivarais, puisqu'il introduisit la justice royale dans un pays trop livré jusque-là à l'arbitraire féodal.

Une ville vint donc s'accoler à l'ancien fort. Elle formait un rectangle très reconnaissable aux quatre tours principales qui en marquaient les angles, et dont deux, la tour du Temple et celle qui est devenue le clocher de la paroisse, faisaient partie du fort primitif. La troisième est la tour ronde que l'on remarque à l'est. La quatrième fait partie de la maison Heyraud achetée aux Tavernol qui la tenaient eux-mêmes des barons de la Roche. La halle actuelle était donc en dehors de l'enceinte.

La maison Heyraud, dont il s'agit ici, a subi de nombreuses modifications depuis. La chambre où coucha Louis XIII en 1729 a même disparu, ainsi que le beau portail, d'ordre corinthien, supporté par deux colonnes de chaque côté, qui a été sacrifié pour faire de belles devantures de magasins.

La prospérité de Villeneuve, devenue ville royale, indépendante des Etats du Vivarais et des Etats du Languedoc, s'accrut rapidement et l'on peut dire qu'elle a été pendant plusieurs siècles la vraie capitale du Vivarais.

En mars 1551, Henri II créa à Nimes un présidial

auquel tout le Vivarais était uni. — Ce fut un grand malheur pour le pays. Le bailliage, se trouvant paralysé par les empiètements du présidial de Nimes, la sécurité publique diminua, et peut-être cet incident contribua-t-il à la désaffection générale qui se traduisit bientôt après par les troubles politico-religieux où Villeneuve ne joua que trop un rôle actif. Les protestants y furent les maîtres pendant longtemps de (1562 à 1621), sauf une petite interruption de quelques mois en 1572. Lors de la Saint-Barthélemy, les protestants et les catholiques de Villeneuve avaient convenu entre eux de rester unis et de se défendre les uns les autres pour résister aux massacres. Chaque parti avait choisi un capitaine de sa religion et chacun de ces officiers faisait les rondes et les revues tour à tour, le catholique veillant sur les protestants et le protestant sur les catholiques. Le lieutenant-général du bailliage, Louis de la Mothe de Chalendar, paraît avoir beaucoup contribué à cette œuvre de conciliation et sa mémoire doit à ce titre rester glorieuse parmi nous.

M. de Logères vint sur ces entrefaites prendre possession de Villeneuve au nom du roi. Mais son triomphe ne fut pas long, car le capitaine des protestants, un nommé Baron, qui s'était réfugié à Mirabel, surprit la ville deux mois après, de concert avec un autre gentilhomme appelé Pradel, et leurs hommes commirent d'affreux massacres.

*
* *

Ouvrons ici une parenthèse à propos de ce fameux *Pradel*. N'est-ce pas Olivier de Serres que les chroniques du temps ont voulu désigner sous ce nom ? Cette question a été agitée deux ou trois fois dans les journaux de l'Ardèche, et il nous semble qu'à défaut de témoignages nouveaux, qui ne se sont pas produits, il était parfaitement inutile d'y revenir après la discussion à fond qui a eu lieu sur ce même sujet dans l'*Echo* de 1872 (1), discusssion qui peut se résumer ainsi :

Il est probable, non pas certain toutefois, que ce Pradel était, en effet, l'auteur du *Théâtre d'Agriculture*, mais rien ne prouve qu'il ait participé directement ou indirectement aux horribles excès qui accompagnèrent ce succès de ses coreligionnaires.

Ainsi que le fait justement remarquer M. Eugène Villard, « si l'on observe que le sieur de Logères était venu, quelques mois auparavant, s'emparer de Villeneuve et y introduire une garnison catholique, le coup de main du 2 mars 1573 se résout en un fait de guerre dont les suites, si déplorables qu'elles soient, ne peuvent être mises à la charge du chef protestant. Dans les temps de luttes intestines, le meurtre d'aujourd'hui provoque l'assassinat de demain : vengeance et représailles, voilà le rêve des partis

(1) Voir *Echo de l'Ardèche* des 22 et 24 août, 5, 22 et 26 septembre, 4 et 11 octobre 1872.

tour à tour abattus et triomphants. La responsabilité de tels crimes retombe sur cet être impersonnel, enclin à toutes les ivresses, même à celle du sang, qui s'appelle la soldatesque ou la populace (1). »

*
* *

Le duc de Montmorency rendit définitivement Villeneuve aux catholiques en 1624.

Louis XIV établit à Villeneuve en 1646 et 1657 une cour présidiale. Plus tard, cette ville devint le siège d'une maîtrise des eaux et forêts dont le ressort embrassait le Vivarais, le Velay et le diocèse d'Uzès.

Les anciens remparts de Villeneuve existent encore en partie. Le palais de l'ancienne cour royale est devenu la mairie. C'est un fort modeste bâtiment qui ne répond guère à l'importance de l'autorité qui y a siégé si longtemps. Il servait aussi de prison et l'on s'étonne, en voyant la solidité des murailles, que les évasions y fussent si fréquentes. Une série de cachots porte le nom de *Purgatoire* : c'était le lieu réservé aux condamnés à temps et aux prévenus. L'autre série qui comprend un vaste cachot où l'on voyait encore les ceps, il y a quelques années, était réservée aux condamnés à mort et portait le nom d'*Enfer*. Tous les murs sont formés d'énormes blocs calcaires de la Villedieu. On remarque dans l'Enfer un des blocs qui est descellé et sorti de quelques centimètres de

(1) *Olivier de Serres et son œuvre*, p. 2.

son alvéole: c'est le travail d'un prisonnier qui cherchait à s'évader. Il fallait à ce malheureux une grande patience, et il devait avoir un instrument solide et un rude poignet. Eût-il réussi à arracher le bloc, il n'aurait pu s'évader, car derrière le mur qu'il voulait ouvrir se trouvait encore un cachot. Un autre prisonnier tenta de s'échapper par un égoût qui passe sous les cachots, mais sans succès. L'égoût est très-étroit et sa longueur de quatre à cinq cents mètres. Le fugitif était à moitié asphyxié quand on le ressaisit.

L'église paroissiale de Villeneuve date de la canonisation de St-Louis et lui fut consacrée comme au bienfaiteur du pays, mais elle a subi, depuis, bien des remaniements. Il paraît que son clocher était un des plus beaux de France; il s'écroula en 1707 et sa chute occasionna de graves dommages à l'église. Celle-ci a été l'objet d'intelligentes et considérables réparations, il y a vingt-cinq ans.

Parmi les tableaux que possède l'église de Villeneuve, le plus remarquable est celui de la mort et de l'apothéose de St-Louis commencé par Pierre Parrocel et terminé par son fils Joseph (*Petrus Parrocel delineavit, Josephus pinxit*). On raconte que Joseph avait été chargé de peindre deux fois ce même sujet: pour Villeneuve et pour l'Hôtel des Invalides de Paris. Quand il eut terminé son tableau pour Villeneuve, il le trouva trop réussi pour une petite localité où peu de personnes pouvaient l'apprécier, et le réserva pour Paris. Dans l'intervalle, étant allé visiter l'atelier de sculpture d'un autre artiste avignonnais, il aperçut un rétable d'ordre corinthien qui lui parut admirablement exécuté et de proportions irréprochables.

— A quelle église est donc destiné ce rétable ? dit le peintre au sculpteur.

— Je l'ai fait, dit celui-ci, pour Villeneuve-de-Berg ; on m'a dit qu'il devait encadrer un tableau d'un peintre d'Avignon et j'ai pensé que c'était vous.

— En effet, dit Parrocel, et le rétable est digne de mon tableau.

Et, changeant alors d'idée une fois de plus, au lieu d'envoyer à Paris ce qu'il appelait son chef-d'œuvre, il l'envoya à Villeneuve.

Les deux médaillons peints sur bois, représentant l'un l'enfant Jésus et l'autre la Sainte Vierge, qui figurent dans le rétable, furent apportés d'Allemagne par le frère Grivolas, originaire de Villeneuve, après que les armées de la République eurent dispersé sa communauté. Les tableaux de la tribune et celui de la Présentation viennent de l'ancien couvent des Capucins qui les avait reçus de Rome.

On remarque à Villeneuve bon nombre de belles maisons qui, par leurs proportions et leur ornementation, révèlent l'importance des anciennes familles, nobles ou bourgeoises qui les ont possédées. Les maisons de Barruel, Heyraud, et Dupré ont appartenu à la famille des Astards. La première, où se tint l'assemblée de la noblesse en 1789, a été achetée l'année dernière, au prix de huit mille francs, par MM. Bertoye, de Lafarge et de Bournet et mise par eux à la disposition de l'évêque qui en a fait un orphelinat. Dès cette même année, elle recevait une quinzaine d'enfants que le choléra avait rendus orphelins. Notons, en passant, que l'honorable famille Bertoye a des traditions religieuses fort anciennes. L'abbé Vernet, qui a été en quelque sorte le restaurateur du culte dans l'Ardèche après la Révolution, était fils d'une Bertoye. La vénérable mère Arsène, qui succéda à Mme Rivier dans la direction des sœurs de la Présentation, était aussi une Bertoye.

※
※ ※

Le seul monument de Villeneuve est la statue d'Olivier de Serres, élevée en 1858 sous l'administration de M. Levert. L'emplacement a été admirablement choisi. — Du haut de son piédestal, le Père de l'agriculture française domine, non-seulement la grande vallée qui sépare le Coiron des montagnes de Berg, mais une bonne partie du Vivarais: au premier plan, les villages de Mirabel et de St-Laurent-du-Coiron avec leurs vieilles tours, puis le massif de Ste-Marguerite, le Coiron, l'Escrinet, le

Tanargue, la tour de Brison, tout le magnifique cercle de montagnes que nous avions admiré dans nos précédents voyages, du sommet de la Dent de Retz et du haut de la montagne de Leyris. Quelques nuages flottent sur ces hauteurs lointaines. On sent à leurs mouvements l'attraction qu'exercent sur eux les pics pointus d'où se dégagent sans doute des flots d'électricité.

La statue d'Olivier est l'œuvre du sculpteur Hébert. Elle porte sur le piédestal les deux inscriptions suivantes :

A
OLIVIER DE SERRES
PÈRE DE L'AGRICULTURE FRANÇAISE
VILLENEUVE-DE-BERG SA VILLE NATALE
A ÉLEVÉ CE MONUMENT
SOUS LE RÈGNE DE L'EMPEREUR NAPOLÉON III
1858

—

OLIVIER DE SERRES
SEIGNEUR DU PRADEL
AUTEUR DU THÉÂTRE
D'AGRICULTURE
NÉ A VILLENEUVE-DE-BERG
EN 1539
MORT DANS LA MÊME VILLE
LE 2 JUILLET 1619

La statue regarde l'orient et tourne presque le dos au Pradel, qu'on ne peut, du reste, apercevoir, masqué qu'il est par la colline de Montfleury. Olivier a la main droite sous le menton et de l'autre tient une branche de mûrier. La figure est lumineuse, intelligente, pensive sous un certain jour, et animée d'une sorte de sourire ironique si on la regarde d'un autre côté. Que l'artiste y ait songé ou non, il est certain que ce double sentiment répond admirablement aux impressions que doit éprouver le grand homme au spectacle du temps présent. Lui qui croyait naïvement à Dieu, que dirait-il en voyant les soi-disant progressistes de notre temps soutenir que le monde est l'œuvre du hasard, que l'homme n'est qu'un singe perfectionné, que la Bible et l'Evangile sont des contes de fées et que les sociétés humaines peuvent vivre et prospérer sans aucune croyance à un être supérieur et à une vie meilleure ?

Ce qu'il dirait ? — C'est peut-être ce qu'on a trouvé un jour sous sa statue :

> Je ne sais trop, Messieurs, pourquoi
> Vous m'avez mis sur cette pierre.
> Franchement, entre vous et moi
> Les avis ne concordent guère.
>
> J'adorais un Dieu, je voyais
> Partout sa main, sa Providence,
> Son bras puissant, et je croyais
> En l'âme, en une autre existence.
>
> La terre me parlait du ciel.
> Mon Théâtre-d'agriculture
> N'est qu'un hommage solennel
> Au grand maître de la nature.

Le ver qui file le cocon
Qui s'enferme et meurt dans la soie,
Sort transformé de sa prison;
Son vol au soleil se déploie.

Ainsi la mort est le chemin
Menant aux splendeurs éternelles ;
Pour trouver l'idéal divin,
L'âme au sépulcre prend des ailes.

Aux champs, tout élève le cœur ;
C'est le contraire dans les villes :
Ici travail, vertu, bonheur,
Là conflits et débats stériles.

Retournez donc bien vite aux champs
Et moquez-vous des politiques.
C'est là, croyez-moi, braves gens,
La meilleure des Républiques.

*
* *

Les grands et beaux vignobles de Villeneuve s'étendaient principalement sur les collines de l'ouest, à St-Giraud, à Montfleury et jusqu'à Mirabel. Mais dans le commerce, ils portaient le nom de Montfleury, dont le coteau passait pour produire les meilleurs crûs. La cave la plus renommée était celle de M. de Barruel dont les terres à Montfleury ne comprenaient que des plants d'Ermitage. Il récoltait environ deux cents hectolitres vendus invariablement à raison de cent francs l'hectolitre. Ce vin était expédié surtout en Belgique, en Angleterre et, en dernier lieu, au Japon. Il gagnait beaucoup à voyager. Les premières années, il était âpre et dur et ne devenait réellement bon qu'après six ans. A dix ans il était exquis. Dans les derniers temps, avant que le phylloxera eût fait main basse sur la région, les raisins étaient achetés en masse par des marchands de Tain ou de Châlons-sur-Saône et entraient ainsi, sans faire de bruit, mais certainement sans rien gâter, dans la composition des plus hauts crûs de Bourgogne et de la vallée du Rhône.

Il fut un temps où le vin était si abondant dans la région qu'on pouvait l'avoir pour cinq ou dix centimes le litre. L'ouvrier, qui n'en récoltait pas, faisait sa provision en allant travailler à la journée chez les propriétaires. On le payait en vin au lieu d'argent, à raison d'un setier (vingt-six litres) par jour. Pendant longtemps, à Villeneuve, la journée de l'ouvrier a été tarifée un franc cinquante centimes avec un litre de vin, ou bien un franc soixante centimes sans vin. On nous a cité un propriétaire qui, faisant construire, détrempait sa chaux avec du vin, attendu que (Villeneuve n'ayant pas encore de fontaine) l'eau transportée de l'Ibie lui aurait coûté plus cher.

Lorsque le raisin était mûr, on organisait à Villeneuve une sorte de garde nationale qui avait pour mission de surveiller les maraudeurs et aussi d'empêcher la vendange avant l'époque fixée chaque année par arrêté municipal. Quand la garde surprenait un maraudeur, on le promenait dans la ville portant au cou un chapelet de raisins volés, avec un panier au bras rempli des mêmes fruits et un écriteau sur le dos: *Voleur de raisins*. La garde l'escortait l'arme au bras et tambour battant. La dernière exécution de ce genre remonte à 1830. Des remontrances adressées alors par le parquet au maire et au commandant de la garde nationale mirent fin à ce système, un peu arbitraire mais fort efficace, d'intimider les maraudeurs.

Aujourd'hui, toutes les anciennes vignes ont été détruites par le phylloxera. On plante beaucoup de ceps américains qui paraissent réussir. — Mais rendront-ils jamais le vieux, l'excellent vin d'autrefois?

Olivier de Serres cite, parmi les vins blancs renommés de son temps, ceux de Joyeuse, de Largentière, de Montréal, de Lambras (Vinezac), de Cornas, et parmi les *friants vins clerets*, ceux de Monssen-Giraud, de Baignols, de Montélimar, de Villeneuve-de-Berg « *ma patrie.* »

Le *Monssen-Giraud* est évidemment ici pour Mont-St-Giraud (la colline voisine de Monfleury), et *Baignols* indique sans doute le quartier de ce nom que nous avons signalé près du cirque d'Aps.

Dans un autre endroit, Olivier dit que « en Vivarets, aux quartiers de Joyeuse et Largentière, on garde les raisins un couple d'années dans des feuilles de figuier, dont ils sont enveloppés un à un, desquels sont faits de petits paquets comme des saucissons de Milan, où ainsi mignardement ployez se maintiennent fort nettement. Les gens du pays appellent ces paquets *Supplications* et *Gibes*, et à Paris où quelquefois les marchands y en apportent *Virecots..* »

Nous nous souvenons encore d'avoir vu, il y a une quarantaine d'années, à Largentière, de ces paquets de *gibes* ; aujourd'hui on conserve, comme partout, les raisins dans des sacs de papier.

A propos du figuier, Olivier de Serres dit :

« Marseille abonde en précieuses figues cogneües par toute la France. Aussi en autres divers endroits de la Provence en croissent de fort bonnes : en plusieurs lieux du Languedoc avec, comme à Montpellier, Nismes, au Pont-St-Esprit, au Bourg-St-Andéol, ma patrie, à Aubenas et ailleurs. »

On s'est demandé là-dessus si Olivier n'était pas né à Bourg-St-Andéol, mais il nous semble évident que le mot *ma patrie*, séparé ici par une virgule de Bourg-St-Andéol (tandis qu'il ne l'est pas dans la citation précédente, où il s'applique à Villeneuve-de-Berg), est mis là simplement pour Villeneuve où les figues, en effet, abondent et sont aussi bonnes qu'au Pont-St-Esprit, au Bourg et à Aubenas. Soit que l'éditeur ait omis le mot *à* ou *dans* avant *ma patrie*, soit qu'Olivier lui-même ait employé cette forme qui aujourd'hui serait peu correcte, l'idée de l'écrivain est, dans tous les cas, assez claire et on la suit fort bien remontant du sud le long du pays des bonnes figues, en désignant Villeneuve par le qualificatif *ma patrie* qu'il lui avait déjà donné, supposant que cela suffisait pour les lecteurs de bon sens et ne se doutant pas des démangeaisons de parler ou d'écrire que cela pouvait occasionner chez les autres.

Le monticule de Montloubier, ou Montnoubier, qui est aussi à l'ouest de Villeneuve, rappelle un funèbre souvenir. C'est là qu'étaient les fourches patibulaires. Le président Challamel rapporte une tradition locale d'après laquelle, un prêtre ayant été condamné à mort et son corps ayant été exposé à Montloubier, l'évêque de Viviers mit Villeneuve en interdit, et la municipalité fut obligée d'aller faire amende honorable au pied du pendu et de le faire enterrer convenablement. Le président Challamel rattache à ce fait une ordonnance de Philippe de Valois, en date du 13 septembre 1335, qui défend à l'évêque de mettre Villeneuve en interdit sans un mandement du pape.

Sur ce même sommet de Montloubier était un vieil ermitage dédié à St-Joseph, où l'on se rendait en procession aux époques de sécheresse pour obtenir de la pluie. D'après l'abbé Mollier, ces processions pour la pluie avaient lieu aussi sur le monticule voisin de St-Giraud et même aux ruines de la ville détruite de St-Denis. Il est à remarquer que, dans ce même lieu de St-Denis, on a trouvé une inscription antique consacrée aux *Mères Augustes*, divinités qu'invoquaient autrefois les païens pour obtenir la fertilité de leurs terres.

⁂

Du côté de l'est, l'aspect de Villeneuve est des plus riants. La colline s'incline doucement de ce côté jusqu'à la rivière d'Ibie. Le mamelon brun qu'on aperçoit de l'autre côté de la rivière s'appelle le Devois. Les terres y sont excellentes. Le Devois fut donné à Villeneuve par Jeanne de Beaumont, dont le nom est resté en vénération dans le pays. Cette dame qui avait épousé son cousin Jacques Arlempde de Mirabel, neveu du brave Brison, mourut en 1705, à l'âge de soixante-douze ans. Le Devois fut partagé entre les habitants en 1797. Ne serait-ce pas cette dame de Beaumont dont la conversion au catholicisme fit grand bruit en 1655 ? (1).

Il y a au pied du Devois, en face de Villeneuve, une chapelle des Sept-Douleurs qui remonte au XVI° siècle. Réparée par l'ancien curé, elle a été agrandie par le curé actuel, M. l'abbé Coulomb dont nous avons déjà eu l'occasion de signaler la belle conduite pendant l'épidémie cholérique de 1884. Cette chapelle, de style roman, est d'un ensemble très-harmonique, et beaucoup de petites paroisses seraient heureuses de posséder un semblable édifice. Le rétable de cette chapelle fait l'admiration des amateurs par la finesse des sculptures qui encadrent ses colonnes torses. Il vient de l'ancien couvent des

(1) Voyage autour de Valgorge, p. 514.

Capucins. — On dit qu'il est l'œuvre d'un religieux, fort mal outillé, puisqu'il aurait travaillé uniquement avec la pointe de son couteau, mais qui aurait mis dix ans à ce travail. De la porte de la chapelle, on a une large vue d'ensemble sur Villeneuve au premier plan, avec le panorama lointain du Coiron et du Tanargue au nord et à l'ouest. Le clocher de la chapelle, quand il y en aura un, sera un merveilleux belvédère d'où l'on dominera tout le Bas-Vivarais. Il existe aussi sur le territoire de Villeneuve une chapelle de Notre-Dame-de-Pitié.

La nouvelle école laïque de Villeneuve est située à l'entrée de la ville quand on vient de la gare. Elle a été bâtie en contre-bas de la grand'route, à l'extrémité opposée à l'église, comme si l'on avait tenu à éloigner les enfants du curé. Dans tous les cas, on les a exposés à des refroidissements dangereux, et les pauvres petits qu'on y enverra payeront probablement la vanité administrative par plus d'une fluxion de poitrine. Ici comme ailleurs, nous retrouvons l'ostentation comme le caractère dominant de tous les nouveaux édifices scolaires. Ce sont des réclames électorales bâties à chaux et à sable, toujours à l'endroit le plus en vue et non pas à l'exposition la plus favorable à la santé. D'ailleurs, l'école de Villeneuve, outre qu'elle est mal placée, nous a fait l'effet d'un château de cartes. On aurait pu beaucoup mieux employer les quatre-vingt mille francs qu'elle a coûtés, par exemple en restaurant l'ancienne école. Il est vrai que, si cela eût paru plus sensé, cela n'aurait pas fait autant d'effet auprès des imbéciles. Au reste, les folies auxquelles ont donné lieu ces constructions d'écoles, depuis qu'on s'est imaginé que nous avions été vaincus en 1870 par une armée d'instituteurs, sont innombrables. Pour n'en citer qu'une de plus, notons ici qu'aux Salelles (près des Vans) on a choisi pour bâtir l'école une hauteur où il n'y a pas même de l'eau pour boire, en sorte que les enfants en été sont obligés d'y aller avec une gourde bien garnie.

Les Frères de Villeneuve doivent à la générosité de M. Bertoye d'avoir un local infiniment plus sain que le laïque, avec une exposition en plein midi, sur la rivière d'Ibie. Cette rivière qui prend sa source un peu au-dessus de Villeneuve, a toujours de l'eau dans ces parages, tandis qu'en aval l'eau se perd dans les graviers. Les Frères ont une centaine d'élèves, c'est-à-dire le double au moins de l'école laïque. De même, les sœurs ont environ cent cinquante élèves, tandis que quarante au plus vont chez l'institutrice. La salle d'asile congréganiste compte enfin près de cent enfants, tandis qu'il y en a une vingtaine au plus à la laïque.

La population de Villeneuve a notablement diminué par suite des fléaux naturels qui accablent les agriculteurs de la contrée. On a constaté néanmoins qu'il y avait moins de pauvres qu'autrefois. Ce ne sont pas les plus fortunés naturellement qui émigrent. Par suite, le bureau de bienfaisance n'a plus à assister qu'un assez petit nombre de personnes.

IV

PROFILS ET USAGES LOCAUX

Michel. — Trois jours de courses et de bavardages. — L'esprit et la race à Villeneuve. — La farandole. — Le jeu de peaume. — Les fêtes. — St-Vincent et St-Eloi. — La fête des cuisinières. — St-Lâche. — Le carnaval. — L'âge des filles écrit aux portes. — La fête des Bergères. — La source fécondante de Tournon. — La croustade. — Fille de ville et *Bousaou* du Coiron. — Blé, noyers et amandiers. — Oliviers séculaires. — Les truffes et la penchinelle. — Les *cendrousos*. — Filatures et tissages. — Les fontaines. — Les *cérous*. — Le prophète Deleuze. — Foires et pâches. — Les parjades. — La solidarité chez les porcs. — Le parricide de Lussas. — Les sobriquets du canton. — *Mandjo-châbro*. — Une inscription tumulaire à St-Andéol-de-Berg. — Etymologie de Claduègne. — Le duel grec dans le patois local. — La gaîté baisse. — Eloge de la naïveté.

Au moment de quitter Villeneuve, nous fîmes la rencontre d'un ancien camarade de collège, qui poussa des exclamations en nous voyant : — Le docteur ! L'ami Barbe ! Comment ! vous partiez sans être venus vous reposer à la maison, sans avoir demandé à goûter mon vin blanc, sans m'avoir consulté sur Villeneuve; mais c'est abominable ! —

Voyons, qu'avez-vous recueilli sur notre vénérable cité ?

Je lui fis brièvement le résumé de mes notes, c'est-à-dire de tout ce que contient le chapitre précédent.

— Oui, oui, murmura-t-il, les moines de Berg, le bailliage, les guerres religieuses, Olivier de Serres, le bon vin d'antan : mais, mon cher, tout cela est connu, archi-banal; c'est de l'histoire officielle, c'est-à-dire ennuyeuse au possible. Cela représente Carpentras tout aussi bien que Villeneuve, et nos braves concitoyens, après vous avoir lu, connaîtront la vieille ville de St-Louis et de l'abbé de Mazan exactement comme je connais la localité la plus inconnue de la Chine et du Kamtschatka. — Le caractère d'un pays, retenez bien ceci, n'est pas dans les grands faits de son histoire, mais dans les petits côtés, dans les profils et usages locaux, dans les traits de caractère, dans les détails intimes, dans une foule de mœurs et coutumes que les écrivains dédaignent ou ne savent pas voir, et qu'un homme d'esprit comme vous, devrait chercher avant tout.

— Merci du compliment, répondis-je, mais je pense que vous allez me trouver encore plus spirituel quand je vous aurai dit que je suis entièrement de votre avis. — Seulement, ces traits de mœurs et de caractère dont vous parlez, il est assez difficile de les saisir, et bien qu'ils courent les rues, personne ne songe à vous les signaler, comme choses de trop peu d'importance. Il faudrait, pour les attraper au passage, passer des semaines ou des mois dans chaque endroit, à moins de rencontrer, comme la Providence nous l'envoie en votre personne, un fil conducteur et un guide précieux.

Bref, nous nous rendîmes le plus volontiers du monde à l'invitation de Michel — c'est ainsi que nous désignerons notre vieux camarade. Nous nous installâmes chez lui pendant trois jours qui furent consciencieusement employés, non seulement à faire honneur à son vin blanc, mais encore et surtout à courir les environs, à causer avec tout le monde, à voir et entendre autant que nos yeux et nos oreilles en étaient capables, à bourrer de notes notre carnet de voyage, et c'est le résultat de ces trois jours de courses, d'observations et de bavardages, que nous allons faire défiler le plus brièvement et le plus clairement possible sous les yeux de nos lecteurs.

Il semble que les gens de Villeneuve aient au physique et au moral conservé quelque chose de l'ancienne splendeur de leur ville. A leur esprit délié, à leur extérieur qui dépasse la moyenne de la vulgarité provinciale, on sent la race et des traditions de supériorité qui, malgré un siècle de décadence, ne sont pas encore effacés. Il n'y a pas un de nous, dit Michel, qui n'ait dans ses veines quelques gouttes de sang de bailli ou de magistrat. Chacun a parmi ses aïeux quelque personnage à large crâne qui a porté une toque de conseiller ou de président.

Le fond du caractère local est, d'ailleurs, essentiellement méridional: on dirait une colonie marseillaise. Les gens de Villeneuve sont aussi bruyants, aussi tapageurs, aussi chauds que les enfants de la Cannebière. Ils en ont la tête et les mœurs. On dit qu'en France tout finit par des chansons : à Villeneuve, tout finit par la farandole. Après une élection, on fait la farandole. Un maire peu sympathique est-il renversé : en avant la farandole. En arrive-t-il un autre qui plaît davantage, comme tout plat nouveau : encore la farandole. Apprend-on une victoire de nos armées : tout le monde se met à la farandole. Le roi vient-il : les blancs font la farandole ; s'il s'en va : ce sont les républicains. Les conscrits ne manquent pas de la faire tous les dimanches jusqu'au jour du tirage. Pendant les trois jours de la vogue, il y a bal jusque vers une heure du matin; quand le bal cesse, tout le monde, hommes et femmes, garçons et filles, sort son mouchoir et on fait en farandole un petit tour de ville avant d'aller se coucher. On a vu à Villeneuve des farandoles de six cents personnes. En 1815, au retour des Bourbons, il y en eut une dont on parle encore : Mme de la Boissière et Mme de Barruel étaient à la tête.

Le jeu de paume, qui est un jeu provençal et espagnol, est aussi le jeu favori des Villeneuvois. Les exercices ont lieu à l'endroit appelé les Balais. Là, vingt ou trente joueurs, formant deux camps, lancent et se renvoient la peaume à qui mieux mieux. Il y a chaque dimanche des centaines de spectateurs attentifs, manifestant leur approbation, quand il se produit un beau coup, par des éclats de voix, des trépignements, des battements de main. Ce jeu est assez compliqué. Il n'est guère pratiqué dans l'Ardèche qu'à Villeneuve et dans le canton, et hors du canton, à Valvignères. Le lundi de la vogue, il donne lieu à un concours, et un prix est décerné. Le concours a lieu non par individus, mais par communes. Lorsqu'il y avait du vin et des cocons, et par suite de l'argent, le dimanche ne suffisait pas aux amateurs du jeu de peaume : la partie se faisait presque toutes les après-midi.

A cette population ardente, il faut des fêtes. Aussi chaque corps de métier célèbre conscieucieusement celle de son patron. Les plus fêtés sont St-Vincent, patron des vignerons, et St-Eloi, patron des serruriers et maréchaux-ferrants.

Le jour de St-Vincent, les vignerons se réunissent le matin à la mairie pour nommer le président de l'année suivante, lequel est vice-président pour l'année courante. On part pour l'église : le président est en tête du cortège, portant à la boutonnière un énorme bouquet. Il est conduit par le président d'honneur, qui a été pendant longtemps M. de Barruel. Après la messe, on promène dans la ville la statue de St-Vincent placée dans une niche et munie d'une serpette. Viennent ensuite naturellement le dîner et la farandole — et il faut bien avouer que Bacchus fait une rude concurrence à St-Vincent.

Pour St-Eloi, tout se passe comme pour St-Vincent. Seulement les ferronniers n'ayant pas de statue de St-Eloi, les vignerons leur prêtent St-Vincent à qui on enlève sa serpette et qu'on affuble d'un petit manteau.

Il n'y a pas jusqu'aux cuisinières et aux femmes de chambre qui n'aient eu leur fête à Villeneuve. C'était celle de Ste-Marthe. Ce jour là, toutes les Marion et Marinette de la ville se levaient de grand matin et préparaient d'avance le repas des patrons, lesquels devaient ensuite s'arranger comme ils pouvaient. L'heure venue, elles allaient à la messe. — Puis il y avait banquet et bal exclusivement féminin où l'on dansait au son des casseroles et des couvre-plats, musique, comme on voit, toute de circonstance.

St-Louis est le patron de la paroisse. Par suite, ce jour-là on danse et on fait la farandole.

Le lendemain (lundi) de la vogue, on faisait autrefois la *St-Lâche*: c'était la fête des flâneurs. Ici encore la farandole, mais le tambour remplaçait la marche vive et alerte des sons ordinaires par des *fla* et des *ra* qui vous donnaient la *flême*. Les farandoleurs avaient de la peine à lever le pied et il leur fallait toute une demi-journée pour faire le tour de la ville. En tête de la farandole, on portait une bannière représentant les plus grands flâneurs de la ville. C'était C. dévidant du fil, S. se versant à boire, ayant de la peine à soulever la bouteille, manquant son verre et inondant la nappe, R. piochant à genoux, et M. monté sur un âne pour semer des pommes de terre. Les ressemblances étaient parfaites et les originaux n'étaient pas contents.

On comprend qu'avec ces dispositions populaires, le carnaval avait à Villeneuve plus d'entrain qu'ailleurs. — Le mardi gras, le caramautran (ne serait-ce pas le *carême entrant ?*) était brûlé avec solennité, après avoir été préalablement condamné par des juges revêtus, en guise de surplis, de chemises de femmes, et qui avaient l'air de prendre leur rôle très au sérieux.

Le mercredi, les carnavaliers étaient à leur tour condamnés. — Ils portaient une longue échelle placée horizontalement, chacun sortant sa tête dans l'intervalle des échelons, coiffés d'un bonnet de nuit et enveloppés de draps blancs qui leur cachaient le corps et les pieds, en sorte qu'on ne voyait qu'une sorte de long catafalque ambulant d'où sortaient douze ou quinze têtes. — Les tambours en tête du cortège battaient une marche funèbre — et les enfants escortaient en chantant: *Adieou, paouré cornoval !*

Nous avons vu ces mêmes usages à la Voulte, à Largentière et ailleurs, mais nulle part ils n'étaient pratiqués avec la même conviction que dans l'ancien siège de la cour royale.

Dans la nuit du mardi gras au mercredi des cendres, les jeunes gens allaient (et cela se fait encore un peu) marquer avec des cendres détrempées les portes des maisons où il y avait des jeunes filles, en y inscrivant l'âge de chacune, surtout de celles qui avaient coiffé Ste-Catherine. Mais celles-ci, qui s'y attendaient, étaient toujours levées le matin de bonne heure et, les manches retroussées jusqu'au coude, faisaient prestement disparaître à coups de torchons et de balais les chiffres indiscrets, et quelquefois ce n'était pas sans peine, car on avait eu soin de délayer les cendres avec de l'huile.

Le premier dimanche de Carême était connu à Villeneuve sous le nom de dimanche des Bergères. Ce jour-là, les jeunes gens en pantalon blanc, veste blanche et chapeau de paille, d'autres déguisés en bergères, avec robe blanche et houlette à la main, conduisant de petits agneaux enrubannés, parcouraient les rues et les places de Villeneuve, s'arrêtant à tous les carrefours, à toutes les places pour chanter une romance tirée du roman de Florian, *Estelle et Némorin*: ce sont les adieux des bergers aux bergères lorsque ceux-ci vont partir pour conduire les parjades (grands troupeaux) en montagne.

Le dimanche après Pâques, qu'on appelle dans tout le midi de l'Ardèche le dimanche de *Pasquette*, c'est la vogue à Tournon-lès-Villeneuve. Les Villeneuvois y vont en famille pour boire le lait et manger la *grêle*, c'est-à-dire l'omelette au lard dont les lardons en fondant et s'arrondissant à la poêle, forment de petits grêlons.

Autrefois, les noces étaient très-gaies. On allait à l'église et à la mairie au son du violon. Le ménétrier a disparu. Mais ce qui n'a pas disparu, c'est la promenade à Tournon. Ce village possède une fontaine célèbre dans le pays. Après le dîner, la noce se rend à Tournon pour faire boire à la *nôvio* de l'eau de cette fontaine. Cette eau passe pour avoir des vertus fécondes et, de plus, si la *nôvio* en boit le jour de son mariage, elle est assurée que son premier né sera un garçon. La source ne coule pas au grand jour ; elle sort au fond d'un puits et il faut un seau pour tirer de l'eau. Aussi dès qu'une noce paraît, tous les gamins du village accourent avec des seaux pour offrir leurs services et gagner des dragées. Comme il n'est pas de noce qui n'aille à Tournon et pas de mariée qui ne boive de l'eau merveilleuse, tous les premiers nés à Villeneuve devraient donc être du sexe masculin — ce qui ne paraît pas confirmé par les registres de l'état civil.

La *Croustade* est le mets friand du pays. C'est un pâté de la dimension d'une tourte ou pain de ménage, mais très-mince (deux doigts d'épaisseur). La pâte se fait comme celle du pâté, et entre les deux croûtes se trouve une légère couche de viande, surtout de porc frais. La principale différence entre la croustade et le pâté, c'est que la viande est salée dans celui-ci et sucrée dans celle-là. Tous les estomacs ne s'accommodent pas de cette friandise, mais à Villeneuve il faut qu'une famille soit bien pauvre pour ne pas se passer une croustade le mardi gras et ne pas inviter les amis à en manger une autre le dimanche qui suit l'égorgement du *Gras*. Il n'y a pas de noces non plus sans croustade.

Les jeunes filles de Villeneuve ont la réputation d'être curieuses et moqueuses, — mais n'est-ce pas un péché commun au sexe tout entier ? On prétend cependant qu'elles l'ont à un degré plus accentué. Lorsqu'un étranger et surtout une étrangère passe dans la rue, on accourt à la fenêtre ou sur le seuil de la porte pour examiner la dégaîne et l'accoutrement de la personne. Et en route les quolibets et les lazzis, souvent à haute voix, aux dépens du prochain. Malheur à la fille du Coiron qui porte un bonnet de mauvais goût ou des souliers crottés, le pauvre *bousaou* (boueux) est assuré de faire rire et surtout caqueter. Mais il arrive parfois que le *bousaou* n'a de grossier que sa robe et sait mettre à sa place les Villeneuvoises moqueuses. — Et l'on entend des dialogues comme celui-ci :

> *Quon vendés vosté soroçou,*
> *Bousdou dóou Couïrou ?*

(Combien vendez-vous votre mauvais fromage, fille crottée du Coiron ?)

Le *soroçou* est un fromage de qualité inférieure qu'Olivier de Serres mentionne sous le nom de *sarasson*.

Et le *bousaou* de répondre :

> *Fillo dé villo,*
> *Mouré d'anguillo,*
> *Spincho fenéstro,*
> *Licho plats,*
> *Quon mé n'én voulés douna ?*

(Fille de ville, museau d'anguille, regardeuse aux fenêtres, licheuse de plats, combien voulez-vous m'en donner ?)

Ce petit échange d'aménités n'empêche pas, du reste, les transactions, et une verte riposte semble même donner plus de saveur à la marchandise. Le *mouré* joue un grand rôle dans les appréciations et les apostrophes rurales. *Museau d'anguille*, comme *museau pointu* signifie qu'on lève beaucoup trop le nez, qu'on est effronté et qu'on risque de tourner mal.

*
* *

Une plaine de trois kilomètres sépare Villeneuve du mont Juliau. Tous les terrains de la commune sont bien cultivés et, comme leur étendue est assez considérable, on y récolte une moyenne de trente mille francs de blé, outre celui qui est nécessaire à la consommation locale. Sur le marché d'Aubenas, le blé de Villeneuve, comme celui de Lussas, se vend généralement un ou deux francs par sac plus cher que celui des autres provenances. Beaucoup de propriétaires d'Aubenas, de Joyeuse, de Largentière viennent chercher à Villeneuve leur blé de semence.

Il y avait autrefois beaucoup de noyers sur le territoire de Villeneuve. A mesure que les communications sont devenues plus faciles, il est arrivé des leveurs pour les faire abattre et les envoyer aux ébénistes des grandes villes ou aux armuriers, car ce bois est très-recherché pour les crosses de fusil.

Par contre, les amandiers ont augmenté. En 1882, Villeneuve a exporté pour soixante-cinq mille francs d'amandes, expédiées la plupart à Verdun pour les dragées ou à Montélimar pour le nougat. Quand, pendant les soirées d'hiver, on passe dans certaines rues de Villeneuve, on est frappé par le bruit d'une sorte de crépitement continu qui n'est autre que celui des amandes que l'on casse. Les leveurs donnent à quelques familles ce travail, d'ailleurs peu rémunérateur : vingt-cinq centimes par double décalitre ; il est vrai que les coquilles restent aux casseurs et font dans le foyer une flamme très-vive qui dispense souvent d'allumer le *chalel*.

Gras et St-Remèze sont, avec Villeneuve, les trois seules communes de l'Ardèche où l'on récolte beaucoup d'amandes. Gras retire parfois de ce produit autant que Villeneuve. On évalue la récolte annuelle de St-Remèze à une trentaine de mille francs. Nous avons connu à Paris un ancien négociant de Villeneuve et d'Aubenas, nommé Bonnaure, qui avait vendu en une seule année aux fabricants de dragées et de parfumeries pour deux cent mille francs d'amandes de l'Ardèche : les amères pour la parfumerie et les sirops. Il nous racontait que la ville d'Aix en Provence, qui est renommée par ses amandes, en faisait acheter dans notre département et les revendait sous son nom.

On récolte encore à Villeneuve une certaine quantité d'huile d'olive. Les oliviers prospèrent à St-Giraud, à Montloubier, à la Valette et à Montfleury ; l'huile est de bonne qualité, mais avec un goût de fruit assez prononcé, ce qui tient simplement à sa préparation défectueuse. L'olivier est très ancien dans le pays, car aux Pradiers et du côté d'Aps, au milieu des chênes séculaires, on trouve des troncs d'oliviers, donnant encore des jets, qui étaient là certainement avant les chênes. Les restes de murs de soutènement que l'on aperçoit dans ces terrains montrent qu'ils ont été autrefois cultivés.

Les truffes se trouvent dans tous les bois de chênes de Villeneuve, mais surtout aux Prades, à Fesquier et au sud, du côté de St-Maurice. On nous a cité une femme de Mirabel qui se faisait un petit revenu de trois ou quatre cents francs par an avec la cueillette des truffes.

Dans les mêmes terrains, au milieu des lavandes et de la javelle, on trouve ce qu'on appelle dans le pays la *penchinelle*, espèce de chardon ou plutôt d'artichaut sauvage. On le récolte avant qu'il soit ouvert ; on enlève toutes les feuilles garnies de piquants et on garde le cœur qui a un goût *sui generis* très prononcé et très parfumé. De pauvres femmes vendent ces penchinelles par assiettées; cela remplace les truffes. La penchinelle sert de baromètre à nos fermiers; lorsqu'elle est mûre, on la cloue à la porte de la ferme; si elle est bien ouverte, si elle forme bien ce qu'on appelle le soleil, il fera beau; si elle se ferme, c'est la pluie. Il n'y a pas de grange où l'on ne voie une ou deux penchinelles clouées à la porte de la basse-cour.

Une autre industrie des pauvres gens de Villeneuve, c'est la vente des cendres pour la lessive. Des femmes parcourent les fermes et se font donner les cendres du foyer. Le samedi, elles vont les vendre à Aubenas et, avec le produit, achètent du beurre, des pommes et des poires qu'elles viennent débiter à Villeneuve. Le petit sac de cendres se vend quinze ou vingt sous. Les *cendroüsos*, c'est ainsi qu'on les appelait à Aubenas, étaient autrefois une vingtaine et il était curieux de les voir partir ensemble le samedi matin, conduisant chacune son âne. Aujourd'hui il n'en reste plus que deux ou trois.

Une industrie beaucoup plus importante naturellement, est celle de la filature et du tissage de la soie.

M. Leydier, le gendre de M. Lacroix (de Montbouchet), a établi à Villeneuve, en amont de l'Ibie, une filature à vapeur qui emploie une soixantaine de personnes. M. Lacroix a eu le mérite d'appliquer le premier dans notre région une grande et généreuse idée, dont l'honneur appartient à M. Bonnet, filateur dans l'Ain : celle de l'emploi des sœurs dans les ateliers industriels pour surveiller et moraliser les ouvrières. C'est dans cet esprit, qui est une précieuse garantie de sécurité pour les familles, que sont organisés les ateliers de M. Leydier, ainsi que le tissage de M. Bernard, qui occupe une cinquantaine de personnes.

Un autre tissage a été établi à la Villedieu par M. Chambon.

***

Dans la prairie que domine la place Olivier de Serres prend naissance le ruisseau de *Chauvel*, dont il est question dans l'acte de paréage ; notons en passant que ce nom de *Chauvel* se retrouve à Creysseilles, pour désigner le lit caillouteux de la rivière.

A trois ou quatre cents mètres de là coule une source très fraîche et abondante, mais dont l'eau passe pour être lourde et malfaisante, soit à cause du voisinage du cimetière, soit plutôt ou simplement à cause de son excessive fraîcheur.

La fontaine de la Nicolasse, à deux cents mètres du nouveau pont de Claduègne, n'a pas meilleure réputation. Ses eaux sont aussi très-fraîches. L'imprudence des buveurs fait le reste.

Au confluent du Chauvel avec Fontaurie, une source pétrifiante sort d'un rocher couvert de mousse.

Au Chade est une fontaine portant le nom de *Cure-biace*, qui lui vient, dit-on, de ses qualités apéritives. Lorsqu'en été, les ouvriers, travaillant aux environs, trouvent leur pain trop sec, ils vont le tremper dans cette fontaine, mais quelques instants seulement, car, au bout de quelques minutes, il tomberait en bouillie. Un certain nombre de sources au Coiron portent ce même nom de *Cure-biace* et ont, dit-on, les mêmes propriétés.

La fontaine de Basse-Rue à Villeneuve coulait, avant la Révolution, au couvent des Capucins. Une bonne vieille nous a raconté qu'on l'avait abandonnée parce que le lutin s'amusait à jeter du sable dans les *ferrats* (les seaux de ménage qui sont en fonte.)

De tout temps, on a parlé à Villeneuve du projet d'amener les sources de la Chaumette. Il paraît que le projet est sérieux cette fois. Les études sont faites et la dépense ne dépasserait pas une quarantaine de mille francs.

Les grandes crevasses du terrain calcaire, qu'on

appelle *avins* du côté de Vallon et du Bourg, sont rares dans la région de Villeneuve, où la roche nue est généralement recouverte par une couche plus ou moins épaisse de cailloux ou de terre végétale. Cependant il en existe quelques-unes d'une grande profondeur ; elles portent le nom de *cérons*. Il y en a une à Vaseilles, du côté de St-Maurice, dont les bergers se servaient autrefois comme d'un piège à loups. Ils recouvraient l'orifice avec des menus branchages et y plaçaient un appât. Un loup pris de cette façon, put s'arrêter à une certaine profondeur à une saillie de rocher. Pendant quelques jours, ce furent des hurlements épouvantables. Au bout de quatre jours, les hurlements devinrent rares et faibles. Le neuvième jour, on entendait encore des gémissements, et ce n'est que le onzième qu'on n'entendit plus rien. On a fait, je crois, l'expérience que l'homme pouvait aussi vivre une dizaine de jours sans manger : voilà un point de ressemblance de plus entre l'homme et le loup.

L'écho porte à Villeneuve le nom de *peïro-mudo*. Pourquoi *pierre muette*, puisqu'elle parle ?

L'arc-en-ciel, appelé généralement dans l'Ardèche *Pont de St-Bernard*, s'appelle ici *Pont de St-Martin*.

Quand les gens du pays, ayant chaud, se reposent à l'ombre d'un noyer, ils ne manquent jamais avant de s'en aller, de lancer une pierre contre l'arbre. Sans cette précaution, gare la pleurésie ou la fluxion

de poitrine. La raison en est dans ce dicton local :
Marquo lou sé vos pas qué té marqué !

Le vendredi est encore appelé à Villeneuve par beaucoup de gens *le jour des liards*, parce que les pauvres de la ville et des environs choisissent spécialement ce jour-là pour aller dans les bonnes maisons recevoir leurs aumônes.

.

Au commencement du siècle, Villeneuve a eu ses prophètes. Le plus célèbre de tous fut Deleuze, le grand'père du maire actuel. Ses prophéties ont même été imprimées, et nous avons rencontré, à l'époque néfaste de 1870, un bon paysan de la Villedieu, qui les lisait avec respect, pour voir si la grande catastrophe du moment ne s'y trouvait pas prédite. La célébrité de Deleuze lui venait surtout de ce qu'il avait annoncé la chute de Bonaparte et le retour des Bourbons. Lorsque l'exilé de l'île d'Elbe revint aux Cent jours, on reprocha à Deleuze de n'avoir pas prévu que Louis XVIII resterait si peu de temps. Il répondit : Lorsque la première charretée de foin entrera dans Villeneuve, on apprendra le départ définitif de Napoléon et le retour du Roi. Il avait annoncé des guerres meurtrières qui ne se réalisèrent que trop sous l'empire. Il blâmait ceux qui arrachaient des noyers pour planter des mûriers, en disant que le mûrier serait un jour la ruine du pays et qu'on ramasserait sa feuille pour en faire du fumier. Quand vint la maladie des vers à soie, on se rappela naturellement beaucoup de prophéties de Deleuze. Du reste, il avait perdu, de son vivant, c'est-à-dire en 1822, une bonne partie de sa réputation de prophète. Il devait y avoir, cette année-là, avait-il dit, une sécheresse épouvantable au commencement du printemps et les épis de blé ne pourraient pas se former. La sécheresse fut grande, en effet, mais la pluie étant arrivée à temps, la récolte fut magnifique : presque pas de paille, mais beaucoup de grains : ce fut une des plus belles récoltes dont on ait gardé le souvenir. Quant à Deleuze, il fut le seul à n'avoir rien, parce qu'il avait, dit-on, arrosé son blé, en sorte que les épis ayant pu lever s'échaudèrent. D'où le public tira la conclusion qu'il vaut toujours mieux laisser agir le bon Dieu.

Aujourd'hui, il n'y a pas de prophètes à Villeneuve, sauf peut-être en politique, mais il y a deux *voyantes de morts* fort consultées par les badauds des deux sexes. On dit que ces voyantes ne sont pas généralement des modèles de tempérance.

.·.

A Villeneuve, comme dans tous nos pays, les parties font *pâche* ou *patcho*, c'est-à-dire concluent un marché, en se frappant mutuellement dans la main. Quand le coup donné a été rendu, la pâche est aussi solide que si le notaire y avait passé.

La foire de Pâques était autrefois la plus considérable ; c'était celle des moutons ; elle durait trois jours ; on y amenait des troupeaux de toute la montagne et les Provençaux y affluaient pour des achats. Une année, sous le premier empire, lorsque les troupeaux étaient en route, il tomba du verglas ; les moutons, ayant été tondus depuis peu, périrent presque tous. Les fossés de la route, les champs, les ravins, où ils s'étaient précipités dans leur affolement, étaient couverts des cadavres de ces pauvres bêtes. Ce fut un vrai désastre ; bien des propriétaires furent ruinés, et ce fut aussi la ruine de cette foire qui depuis lors n'a plus d'importance.

La foire de Noël (13 décembre) porte le nom de foire des *merluches*, parce qu'on vient s'y approvisionner de morues sèches.

La foire de St-Jean-le-Centenier, qui se tient le 25 juin, est renommée dans toute la contrée. Les Villeneuvois qui, à part les boutiquiers, s'occupent très-peu de leurs foires, ne manqueraient pas celle de St-Jean pour un royaume : c'est là qu'ils vont faire leur provision d'ail ; il faut dire aussi que la St-Jean est l'époque des payements ; on s'acquitte alors vis-à-vis de son épicier et de son cordonnier ; les emprunteurs fixent souvent à cette époque la date des remboursements. A la St-Jean, en effet, les cocons, quand il y en avait, avaient été vendus, et c'était bien le moment où l'on avait le plus d'argent.

Les fermiers prennent possession de leur ferme à la St-Michel. Dans les environs de Privas et de St-Pierreville, c'est à Notre-Dame-de-Mars, et en Dauphiné à la St-Martin. Notons ici qu'à Villeneuve il n'y a que des métayers, tandis qu'à Privas, la plupart des fermes se payent en argent.

Aux foires du 1er mai et de la St-Michel (30 septembre), les domestiques de ferme, bergers et bergères, affluent à Villeneuve sur la place Olivier de Serres pour louer leurs services à l'année. Les bergers apportent leurs sonnailles ; quelques-uns en ont trente ou quarante; ce sont les plus considérés, car cela prouve qu'ils ont dirigé un grand troupeau. Ces sonnailles ont chacune un nom ; celles des grands béliers s'appellent les *rédons*. Ces braves gens portent aussi leur fifre, leur fouet et leur carnier. Ils ont enfin un floquet de laine sur leur chapeau tant qu'ils ne sont pas engagés. La *pache* faite, le floquet est enlevé. Un bon berger des grandes fermes est payé jusqu'à deux cents francs par an. Le berger des *parjades*, c'est-à-dire de grands troupeaux qui vont estiver sur les montagnes, est ordinairement payé vingt francs par mois et nourri.

Il y a des entrepreneurs généraux de *parjades* qui reçoivent les troupeaux des propriétaires, et ont leur personnel à eux pour les soigner. Le propriétaire leur donne un ou deux francs par bête. L'entrepreneur afferme les pâturages qu'il ne paye jamais bien cher, car on tient surtout au fumier. Le berger doit rapporter à l'entrepreneur ou au propriétaire la peau des bêtes mortes dans la saison ; aussi toutes les parjades qui descendent en Provence sont-elles suivies de deux ou trois ânes portant des peaux sèches. Il paraît que les bergers se nourrissent bien. Dans tous les cas, le chargement des ânes prouve que tous les partants ne reviennent pas. — D'où le dialogue suivant que racontent les loustics du métier :

Un mouton qui part pour la première fois :
 Vount'onén ? (Où allons-nous ?)
La brebis (faiblement) :
 En Mezén (Au Mézenc.)
Le petit agneau :
 Tournorén ? (Reviendrons-nous ?)
Le gros bélier (gravement) :
 Beléou (peut-être.)

Les parjades qui passent à Villeneuve viennent ordinairement du haut Gard, des environs de Barjac. Il y a pour elles une voie spéciale qui suit la vieille route royale de Villeneuve tombée au rang de route de parjade, par le Terme-Nègre et Leyris. A Villeneuve, elles campent au pied de la statue sous l'œil bienveillant d'Olivier. Le lendemain du passage, le balayeur public fait une bonne journée, en emportant plusieurs brouettées de *cacarelles*.

Nous vîmes arriver à Villeneuve une belle *parjade* c'est-à-dire un troupeau de trois ou quatre mille moutons, appartenant peut-être à cinquante propriétaires différents avec lesquels avait traité l'entrepreneur.

En tête du troupeau marchaient cinq ou six chèvres, précédées du bouc reconnaissable à sa grande barbe, ses cornes et son *redon* (grande sonnaille.) Jamais on ne voit les chèvres au milieu ni à la queue du troupeau, car, toujours prêtes à quelque méfait, elles vont d'instinct à l'avant-garde, pour avoir toute liberté de mouvements. Le bélier-chef, appelé *oré*, venait ensuite ; il avait trois houppes de laine liées par un ruban rouge, une sur les épaules, l'autre au milieu du dos, et la troisième un peu au-dessus de la queue.

Le *vulgum pecus* portait sur le dos diverses marques à la craie bleue ou rouge, des lettres, des ronds, des carrés — chaque propriétaire a son chiffre.

Les chiens se tenaient sur les côtés et les ânes, portant les nippes des bergers, formaient l'arrière-garde.

Le convoi était fermé par l'entrepreneur à cheval. *Parjade* vient sans doute de *parc*, à cause de la clôture en planches où l'on enferme les bêtes la nuit. Tous les matins le berger change trois côtés du parc : c'est ainsi qu'on fume les terres méthodiquement autour des fermes. A Montélimar, on appelle les parjades les *abeilles d'Arles*.

A propos de troupeaux, je ne puis résister au désir de faire ici l'éloge d'un animal qui vaut mieux que sa réputation et qui, à un certain point de vue, pourrait donner des leçons à l'espèce humaine. Il s'agit de celui que nos paysans appellent : *un habillé de soie, en parlant par respect.* Eh bien ! cet animal possède à un très haut degré une qualité que nous n'avons pas et dont nous aurions grand besoin pour le quart d'heure: il a le sentiment de la solidarité de l'espèce et de la défense sociale. Faites-en crier un, tous accourent à son secours. On nous raconte que, sous le premier empire, un évêque (de Digne, je crois) qui avait gardé les quadupèdes avant de garder les bipèdes, rencontra un pâtre qui se lamentait parce qu'il avait perdu un porquet. L'évêque pinça l'oreille d'un autre porquet, et tous, y compris le perdu, s'empressèrent d'accourir. Ah ! dit le berger, je l'avais oublié ! Et s'adressant à l'évêque, il ajouta : On voit bien que vous êtes du métier !

Les cochons se défendraient du loup, si le loup n'emportait pas lestement sa proie. Ces bêtes-là ne font ni discours, ni articles de journaux sur la solidarité, mais ils la pratiquent.

*

Parmi les chroniques judiciaires de l'ancien temps qu'on se raconte le plus fréquemment dans les veillées, la suivante est celle qui a toujours le plus grand succès d'émotion :

Une jeune fille de Lussas, en service à Villeneuve,

voulait se marier avec un soldat, mais ce mariage ne plaisait pas à sa mère qui refusait son consentement. Un jour, la fille se rendit à Lussas auprès de sa mère dans l'espoir de la fléchir, mais elle rencontra une résistance inébranlable. Elle conçut alors un horrible projet et, ayant attiré sa mère dans une cave où se trouvait un puits, elle parvint à l'y précipiter.

La malheureuse femme, ayant pu surnager, s'accrocha aux pierres mal jointes formant les parois du puits et arriva presque à l'orifice. Elle était sauvée si sa fille voulait lui tendre la main. Elle la conjura de ne pas consommer son crime. La fille tendit le bras, en effet, mais pour précipiter une seconde fois sa pauvre mère au fonds du puits. La victime put encore surnager, sans avoir la force de tenter de nouveau l'escalade. Elle supplia encore sa fille de l'épargner en allant chercher du secours. Au lieu de se rendre à cet appel désespéré, la fille s'arma d'une énorme pierre et en écrasa la tête de sa mère.

Le crime étant découvert, la fille fut condamnée à mort par la cour royale de Villeneuve. Cette malheureuse était, dit-on, d'une beauté remarquable et elle avait de coupables relations parmi les officiers de la garnison qui essayèrent, mais en vain, de la faire évader. Le jour fixé pour l'exécution, un régiment étranger arriva subitement, entoura l'échafaud et rendit tout coup de main impossible à tenter. Avant d'exécuter la coupable, le bourreau fit l'essai de son arme sur un balai qui fut coupé du premier coup. La patiente mit ensuite sa tête sur le billot, mais l'exécuteur ne fit qu'une blessure bien que le coup portât juste. Des murmures se firent entendre. Le second coup ne fut pas plus heureux. Cette fois, ce furent des cris et des menaces à l'adresse du bourreau qui s'écria : Le doigt de Dieu est là ; cette malheureuse a condamné sa mère trois fois à mort; Dieu a voulu que je la tue en trois fois. Et au troisième coup, en effet, la tête fut séparée du tronc.

Nous lisions, il y a quelque temps, dans les *Ephémérides vivaroises*, de M. Dubois, qu'en........ le froid fut excessif et que les oliviers exposés au midi souffrirent beaucoup, tandis qu'à l'exposition du nord, ils n'eurent aucun mal. Le même phénomène s'est reproduit en 1870 dans les environs de Villeneuve et les paysans se l'expliquaient fort bien par le fait que, s'il gelait fort la nuit, on avait pendant le jour un beau soleil et du dégel, et que ces alternatives de froid et de chaud étaient bien plus dangereuses pour les arbres qui avaient à les supporter, qu'une température plus rigoureuse, mais sans variations subites, ne l'était pour les autres, à l'exposition du nord.

Les gens de Villeneuve ont sur les gens d'Aubenas, qui n'ont qu'un surnom (*fouïro-barri*), celui d'en avoir deux : ce sont des *séméno saou* (sème-sel) et des *mondjo-chabro* (mange-chèvres.) Le premier leur vient sans doute des anciens greniers royaux de sel que possédait Villeneuve du temps du bailliage. Toute la région était obligée de venir là s'approvisionner de sel, et les naïfs ont bien pu croire qu'on l'y récoltait.

Le second de leur sobriquet s'explique par le fait que Villeneuve possédait et possède encore des boucheries de chèvres. Autrefois, la viande de chèvre se vendait de cinq à six sous la livre ; aujourd'hui elle est montée à huit sous. Le docteur Larmande, qui est resté quelque temps à Villeneuve, faisait servir de cette viande à sa table, afin, disait-il, de réagir contre le préjugé populaire qui la croit malsaine. A ce propos, un coutelier de Villeneuve qui reçoit des bouchers d'Aubenas beaucoup de cornes d'animaux pour faire des manches de couteau, nous a raconté que bon nombre avaient appartenu à des chèvres et il en tirait naturellement la conclusion que les gens d'Aubenas mangeaient peut-être, sans le savoir, encore plus de viande de chèvre que ceux de Villeneuve. A certaines foires, des leveurs viennent à Villeneuve acheter des chèvres par centaines et les embarquent en chemin de fer. Les mauvaises langues prétendent que les bouchers ont le talent de les métamorphoser en mouton avant leur arrivée sur l'étal. Au reste, Villeneuve n'est pas la seule ville qui ait cette mauvaise réputation de manger de la viande de chèvre. Elle la partage avec Joyeuse, Laurac et même avec Béziers, Nimes et Montpellier.

Les gens de Laurac sont aussi surnommés *mondjochàbro*, et ne s'en portent pas plus mal.

Les habitants de St-Maurice d'Ibie portent le nom d'*estèsto voïrou*, à cause de l'habitude qu'ils ont de pêcher le véron de la rivière en frappant d'un coup de marteau les cailloux sous lesquels le poisson s'est réfugié. Le gibier abondait autrefois à St-Maurice et à St-Andéol, mais il y en a bien moins depuis qu'on a détruit la plupart des bois de chênes pour en faire des traverses de chemins de fer. On fait à St-Maurice beaucoup d'huile de cade. C'est de St-Maurice que vient le charbon de bois qui se consomme à Villeneuve et à Aubenas, surtout à l'époque des vers à soie.

Les gens de St-Andéol de Berg sont connus sous le nom de *couocho letro* (poursuiveur de lézards.) Il y a, en effet, beaucoup de lézards à St-Andéol à cause des bois et landes incultes, mais on peut supposer que les habitants ont autre chose à faire qu'à les poursuivre.

Le curé de St-Andéol-de-Berg, au milieu du siècle dernier, écrit que cette paroisse avait autrefois un prieur curé dont le revenu ne dépassait pas trois ou quatre cents livres. Le bénéfice fut réuni en 1662 par l'évêque de Viviers à la maîtrise du chœur de la cathédrale et la cure érigée en vicairie perpétuelle.

L'abbé Mollier reproduit une curieuse inscription prise sur une tombe de l'ancien cimetière de St-Andéol de Berg. Il faut la lire de droite à gauche comme l'hébreu :

*M'esjouir pense je Quand
dormir ou manger, Boire
oreille mon à résonne Il
réveille me qui voix Une
étrangement fort Disant
monument du tous Sortez
somme vous je comparoir De
homme vrai est qui Dieu Devant
différemment ouïr Pour
jugement dernier Votre.*

*
* *

Quelle est l'étymologie de Claduègne, la rivière souvent à sec, qui baigne les coteaux de l'ouest ?

M. de St-Andéol y voit la trace d'un massacre et d'un incendie exprimés par les mots *Clades ignis*. Mais peut-être va-t-il chercher bien loin ce qui est sous nos pieds. Remarquons que dans cette région *cla* signifie pierre, caillou. Il n'est pas rare d'entendre un gamin dire à l'autre: *Té baïle 'en co de cla* (je te donne un coup de pierre.) Faire un *moulou de clas*, c'est faire un tas de pierres roulantes. Les grands tas de pierres qu'on voit dans les environs de Villeneuve et qu'on appelle ailleurs des *chiers* ou des *cheyres* s'appellent ici des *clopas*. Les enfants qui jettent des pierres sont des *clopeyroux*. Mistral dit dans *Mireio* :

E di dindenti clapeirolo
Emé soun bastounet bandissié li fréjau.

(Et des sonores tas de pierres, avec son bâton il chassait les cailloux...)

Comme Claduègne roule beaucoup de laves et de cailloux basaltiques, on peut donc supposer, en tenant compte du *cla* celte ou patois et de l'*ignis* latin, que son nom signifie *pierre brûlée*.

Une curieuse remarque linguistique a été faite par un des hommes les plus intelligents du pays. Les paysans, à Villeneuve, à la Villedieu et aux environs, semblent avoir un article particulier pour les objets qui vont par paires. Ainsi, ils disent : *én oï* (ou bien *ouï*) *gan*, (une paire de gants), *én ouï bottos* (une paire de bottes); *loï lunettos* (les lunettes). Ils disent aussi : *mouï gans, moï brayos* (mes gants, mes pantalons), et non pas *mos gans, mos brayos*. Mais ils disent : *mous tortiflés, mos terros* (mes pommes de terre, mes terres) N'est-ce pas un vestige du *duel* grec ? On sait que le grec a trois genres : singulier, pluriel et duel.

Nous avons lu quelque part qu'au siècle dernier, on recueillait des paillettes d'or dans la rivière de Claduègne et dans le ruisseau de Fontaurie (*Fons auri.*)

Cela semble bien extraordinaire dans un terrain comme celui du Coiron et de Villeneuve, et nous croirons, jusqu'à preuve du contraire, que la tradition populaire ne repose ici sur aucune base sérieuse.

A propos du nom de l'Auzon, le principal affluent de Claduègne, il est à remarquer que beaucoup de cours d'eau, grands et petits, portent ce même nom. Il y a des Auzon dans Vaucluse, le Gard, la Haute-Loire, l'Aube et ailleurs. Et puis nous avons en Vivarais des Auzon, des Auzonne, des Auzonnet. Ces noms n'auraient-ils pas la même origine qu'*Ay-Aix*?

⁎
⁎ ⁎

A propos de l'origine de Villeneuve, dit Michel, il est essentiel de noter un fait qui se dégage fort clairement des recherches historiques de ce siècle, c'est que cette origine se rattache à un grand mouvement de notre histoire nationale. Du onzième au douzième siècle, les populations rurales, éprouvées par des maux de tout genre, cherchent à se grouper pour se mieux défendre. Les monastères leur offrent des terres à défricher et, de plus, grâce à leurs immunités et au droit d'asile, peuvent leur assurer une certaine sécurité. C'est alors qu'on voit se fonder une foule de villes neuves, construites d'un coup, sous les noms de *Villefranche*, *Neuville*, *Sauveté*, *Bastide* et surtout *Villeneuve*. Les seigneurs suivent plus tard l'exemple des moines. Enfin les rois s'y mettent aussi, et, une fois lancés dans cette voie, y dépassent les moines et les seigneurs dans un but facile à comprendre.

Toutes ces villes neuves reçurent des chartes plus ou moins libérales mais qui étaient un énorme progrès pour l'époque, car on y voit poindre la liberté personnelle et la règle fixe substituée à l'arbitraire féodal.

* *

Au moment de prendre congé de notre ami, il nous dit encore :

N'oubliez pas de noter que la gaîté a joliment baissé à Villeneuve, comme ailleurs, depuis quelques années, plus qu'ailleurs même, car le chemin de fer a fait de notre ville une sorte d'impasse où personne ne vient plus. Quand une voiture arrive, c'est un événement, alors qu'autrefois Villeneuve était le grand passage du Bas-Vivarais. Aussi toute notre jeunesse s'en va dans les grandes villes, et ceux qui reviennent n'en rapportent pas l'amour de cette vie patriarcale qui fait le charme du livre d'Olivier de Serres. Ne vous étonnez donc pas que Villeneuve fête beaucoup moins tous ses saints que précédemment. Mais il était essentiel, il était même urgent, de rappeler son animation, son entrain, sa prospérité d'autrefois parce qu'au train dont vont les choses, les derniers vestiges en auront bientôt disparu, en sorte que les futures générations ne s'en douteraient même pas si elles n'en retrouvaient la trace dans quelque musée d'antiquités, c'est-à-dire dans vos récits de voyages.

N'oubliez pas non plus de constater que l'esprit d'indépendance de la vieille Helvie n'est pas tout-à-fait mort parmi nous. Nos pères, les conseillers de l'ancienne cour royale, ont été le plus solide rempart des droits du peuple contre la tyrannie féodale. Nous cherchons à être dignes d'eux en résistant aux petites tyrannies modernes, qui ont remplacé l'ancienne et que résume si bien aujourd'hui la coterie politico-protestante, dont tant de crédules républicains de l'Ardèche se sont faits les humbles et féaux sujets. Nous l'avons battue sous les yeux d'Olivier de Serres souriant et nous espérons bien que notre exemple se généralisera tôt ou tard dans le département.

Barbe qui avait été fort réservé pendant ces trois journées, crut cette fois devoir protester.

— Tais-toi, grand naïf! lui répliqua Michel.

— Qui sait, dit Barbe, si l'événement ne démontrera pas comme il l'a déjà fait tant de fois, que nous le sommes tous un peu ?

— Je pense, dis-je à mon tour, que nous pouvons nous donner la main. Et, d'ailleurs, rappelons-nous ce mot d'un vieux juge du Bas-Vivarais : Si on n'était pas naïf.... on se jetterait par la fenêtre !

8

V

TROIS PROTESTANTS ILLUSTRES

Jean de Serres. — L'acte de baptême d'Antoine Court. — Ses *Mémoires*. — Les prédicantes du Vivarais. — La prophétesse Tibaude. — Un apôtre huguenot. — Une lettre de Marie Gébelin. — *L'Histoire des Camisards.* — Court de Gébelin. — Le *Monde primitif.* — Un Vivarois inhumé dans les jardins du roi d'Yvetot. — A la recherche d'un tombeau.

Villeneuve-de-Berg a produit beaucoup d'hommes distingués. Nous renvoyons pour la plupart à l'ouvrage de M. l'abbé Mollier (1). Pour nous, qui faisons plutôt de la chronique que de l'histoire, nous nous bornerons à quelques notes sur tel ou tel d'entre eux, soit pour en faire mieux ressortir la physionomie, soit pour donner quelques détails inédits sur leur vie et leurs travaux.

Au premier rang de ceux qui mériteraient d'être mieux connus de leurs concitoyens, nous plaçons Jean de Serres, le frère cadet d'Olivier.

Jean naquit à Villeneuve en 1548. M. Anatole de Gallier a publié sur lui en 1874 (2) un très-intéressant article que nous signalâmes alors à l'attention du public vivarois (3). Une courte note, écrite de la

(1) *Recherches historiques sur Villeneuve-de-Berg.*
(2) Bulletin d'archéologie de la Drôme.
(3) Petites notes ardéchoises, 2ᵉ série. Privas, imprimerie du *Journal de l'Ardèche*, 1874.

main de Salomon de Merez, de Valence, un des gendres de Jean de Serres, confirme les dissidences de son beau-père avec les grands meneurs protestants du xvi⁰ siècle. « Estoit l'oracle de son temps pour avoir heu grande amitié avec Theodore de Beze, puis furent ennemis sur le subject de son livre : *Apparatus ad fidem catholicam*. Et depuis, des autres ministres pour un autre livret manuscript intitulé : *Advis de Jean de Serres pour composer les différends de la Religion*. »

Jean de Serres a écrit de nombreux et importants ouvrages, notamment l'*Inventaire de l'histoire de France*, et c'est comme historien et littérateur érudit qu'il est surtout connu parmi les lettrés. Mais ce n'est pas là ce qui dans sa vie et ses travaux nous intéresse le plus, et l'on nous permettra de reproduire ici ce que nous disions déjà sur ce même sujet en 1874 :

« Un trop petit nombre connaissent et apprécient les efforts qu'a faits Jean de Serres pour éclairer les convictions et surtout apaiser les passions religieuses de son temps, efforts sous lesquels il succomba. C'est à ce point de vue cependant que la figure de Jean de Serres nous paraît particulièrement remarquable. C'est à ce point de vue qu'à nos yeux elle se détache avec le plus d'éclat du fond obscur que forment les logomachies fanatiques et les aveuglements acharnés du milieu où il vivait. Rien de plus rare, aux époques d'effervescence politique ou religieuse, que les hommes doués d'assez de bon sens et de force de caractère pour rester calmes et raisonnables au milieu de la folie générale. Leur rôle est certainement des plus ingrats et des plus difficiles, car ils sont à peu près sûrs de déplaire à tout le monde et presque toujours ils sont, comme Jean de Serres, écrasés par le choc des partis entre lesquels ils essayent de se porter médiateurs. Mais leur rôle en est-il moins beau pour cela, et ne leur mérite-t-il pas, au contraire, de la part de l'impartiale postérité, une plus belle couronne ? En cherchant à démontrer que les dissidences existantes ne motivaient pas la rupture de l'unité chrétienne, Jean de Serres ne faisait que voir de plus haut et de plus loin que ses coreligionnaires contemporains, et chacun sait que bien des protestants illustres, parmi lesquels il nous suffira de citer Leibnitz et M. Guizot, ont partagé cette opinion. En sacrifiant son repos à l'œuvre de réconciliation des deux Eglises, laquelle était aussi une œuvre de pacification et de consolidation nationales, il prouvait aussi qu'il était plus pénétré du véritable esprit chrétien que tous ses contradicteurs catholiques ou huguenots. »

Une autre belle figure de protestant est celle d'Antoine Court. La plupart des biographes le font naître à Villeneuve le 17 mai 1696; d'autres, à la *Tour-*

d'Aigues, en Vivarais ; mais comme personne n'a encore pu nous renseigner sur cette Tour-d'Aigues, on peut supposer qu'il s'agit d'un nom estropié ou de pure imagination. Dans tous les cas, voici une pièce authentique transcrite sur les registres de Villeneuve, qui permettra aux biographes futurs de rectifier les informations de leurs aînés :

ACTE DE BAPTÊME (textuel.)

L'annee mille six cent nonante-cinq et le vingt-septiesme jour du mois de mars a esté baptisé Anthoine Court, fils à Jean Court et à Marie Jabelin. Son parrain a esté Anthoine Gebellin et sa marraine Marie Ladet soubsignés et moi.

Gebelin. —*Chambon prêtre et vicaire.*

Il est à remarquer que le nom du parrain, qui est aussi celui de la mère, n'est écrit correctement que dans la signature. Les biographes de Court disent que sa mère, Marie Gébelin, venait du Languedoc, mais on peut tenir le fait comme improbable, attendu que ce nom de Gébelin n'était pas rare, à cette époque, dans la région d'Aubenas et de Villeneuve. Un Pierre Gébelin, d'Aubenas, compromis dans la révolte de Roure en 1670, fut banni de cette ville pour six ans. Ne serait-ce pas un parent d'Antoine Gébelin qui figure dans l'acte de baptême comme parrain et qui était sans doute un frère ou un cousin de la mère ? Le nom de Court était aussi fréquent dans le pays. Le sommaire des Archives de l'Ardèche (1576 à 1729) mentionne même un Antoine Court, papetier à Vals.

Le père de notre héros mourut en 1700, et c'est de lui probablement qu'il est question dans les registres de Villeneuve, à la date du 20 janvier 1700, où se trouve mentionnée l'inhumation de *Louis Court*. On a vu que l'acte de baptême d'Antoine donne à son père le nom de *Jean*, mais si l'on songe que les noms de Jean et Louis sont encore très-fréquemment associés dans le pays sur la même personne, on s'explique fort bien que le père d'Antoine se trouve inscrit, sous le premier de ces noms, à l'acte de baptême de son fils, et sous le second, à son propre acte de décès.

Marie Gébelin était une zélée protestante qui éleva son fils dans toute l'ardeur de sa foi, si bien que l'enfant, dès sa plus tendre jeunesse, accompagnait sa mère au *Désert*, c'est-à-dire aux assemblées clandestines, que les huguenots persécutés tenaient ordinairement la nuit dans des granges isolées ou même au milieu des bois.

Les *Mémoires d'Antoine Court*, que vient d'éditer M. Edmond Hugues (1) contiennent de curieux détails sur la jeunesse de l'apôtre protestant. Nous y

(1) *Mémoires d'Antoine Court*, publiés avec une préface et des notes explicatives par Edmond Hugues, Paris 1885. M. Hugues, aujourd'hui sous-préfet aux Andelys, avait déjà publié en 1876 l'*Histoire de la restauration du protestantisme en France*, ouvrage qui fut couronné par l'Académie, et dont une grande partie est consacrée à l'œuvre d'Antoine Court.

voyons que ses jeunes camarades le tourmentaient et le huaient comme huguenot, et qu'un jour même quelques-uns employèrent la violence pour obliger Antoine à venir avec eux à la messe, sans se douter, les petits imbéciles, que les procédés de ce genre ne font qu'affermir dans leurs convictions religieuses les âmes bien trempées.

Les prédicantes paraissent avoir exercé une profonde influence sur l'esprit et le cœur du jeune Antoine. La première Assemblée à laquelle il assista, avec sa mère, était tenue par une veuve Rainsel, de Vallon. En 1709, Court entend deux autres prédicantes du Haut-Vivarais, Jeanne Balestière, de Vernoux et Isabeau Chalancon, de Chalancon. Plus tard, c'est la prédicante Marthe qu'il accompagne à Vallon, où ils rencontrent Abraham Mazel, le seul survivant « des trois chefs camisards que la Reine Anne avait envoyés en France pour y faire soulever les protestants. » Deux autres prédicantes, Martine et Suzanne Bouge, viennent à Vals, et Court les amène à Villeneuve. Il en est de même de la veuve Caton et de Claire. « Jamais, dit Court, on ne parla avec tant de véhémence que Claire. Quel dommage que son zèle, mais plus particulièrement ses prophéties, la jetassent dans des égarements extrêmes!... » Il paraît que la plus capable et la plus raisonnable de toutes ces prophétesses était une nommée Isabeau Dubois, de Villeneuve. Les autres personnages les plus actifs du parti protestant en Vivarais étaient Jacques Bonbonnoux, un ancien chef camisard, Jean Rouvière, de Blaizac, et le prophète Pierre Chabrier, dit Brunel. C'est ce dernier qui, en emmenant Court avec lui dans le Haut-Vivarais, décida en 1713 sa vocation de missionnaire protestant.

La tâche que Court assumait était doublement difficile et dangereuse. D'un côté, l'autorité, au lendemain de la révolte des Camisards, n'était pas tendre pour les prédicants et le gibet était ordinairement leur partage. D'autre part, les malheureux calvinistes du Midi, aigris par la persécution et privés de leurs pasteurs réguliers, étaient tombés dans des égarements mystiques qui touchaient à la folie. Le peu que dit Court des extravagances du prédicant Vesson et du prophète Monteil (ce dernier exerçait dans les environs de St-Pierreville) suffit pour indiquer à quel point leur cervelle était dérangée. Une autre fois, c'est la veuve Caton qui, avec Claire, exorcise une prétendue possédée du démon. Il paraît que cette Claire s'imagina de prédire un jour une grande assemblée qui devait se tenir au pré de Lacour à Chalancon, le jour de Noël 1713. On devait y administrer la Sainte-Cène. La prophétesse désignait même les officiants : Besson, de Blaizac, distribuerait la coupe et Grel, de Baix, verserait le vin. On verrait des Anglais à cette assemblée. Mais l'événement donna tort à la prophétesse : le pré resta seul, le jour de Noël, avec la neige qui le couvrait, et pas l'ombre d'un Anglais !

L'histoire de la prophétesse Tibaude, de Nimes, est encore plus amusante. C'était la femme d'un fabricant d'aiguilles pour les métiers de bas. Ecoutons Court: «...Elle chanta, elle parla un langage qu'on n'entendait pas, elle versifia et il n'y eut aucune des dix-sept personnes dont la petite assemblée était composée, qui n'eût son couplet en vers... Son mari était âgé et avait les cheveux gris. Elle lui parla en ces termes :

> Pour toi, mon pauvre grison,
> Je m'adresse à toi tout de bon.

Puis s'adressant à un nommé Rand, dont les sentiments ne lui avaient pas toujours été favorables sans doute, et le prenant par les cheveux, elle dit :

> Et toi, avec tes cheveux tortus,
> Tu auras toujours l'esprit bossu.

« Je souffris beaucoup, ajoute Court, pendant toute la comique scène, et je ne savais de quoi je devais être plus surpris, ou des extravagances dont j'étais témoin, ou de la folle crédulité de ceux qui les recevaient comme émanant de l'esprit divin...»

Ces inepties étaient accompagnées naturellement d'appels à la révolte, et l'on comprend la situation fâcheuse qui en résultait pour l'Eglise protestante constituée ainsi en état de lutte ouverte et contre l'autorité légale et contre le bon sens. Court se donna pour tâche de faire cesser une anarchie politique et religieuse dont il avait vu de plus près les tristes effets. Il se fit le grand missionnaire du *Désert*, combattant les inspirés, prêchant à ses coreligionnaires non seulement le retour à l'orthodoxie calviniste, mais encore le respect des puissances, c'est-à-dire de l'autorité du prince, pour tout ce qui n'était pas en opposition avec la conscience. Il reconstitua les églises, leur donna de nouveaux pasteurs et mérita le titre de *Restaurateur du protestantisme en France*.

L'apostolat d'Antoine Court se prolongea pendant une quinzaine d'années, et eut pour théâtre toute la région des Cévennes, depuis le Haut-Vivarais jusqu'à Montpellier, mais principalement la région de Nimes et d'Uzès. En 1719, le Régent fit parler à Court, afin de prévenir une révolte des protestants que cherchaient à provoquer les ennemis de la France à l'extérieur. Court fit assurer le Régent de la fidélité des réformés des Cévennes. En 1720, il fit un voyage à Genève et la peste qui éclata, sur ces entrefaites, à Marseille et se propagea jusqu'en Vivarais, le retint deux ans en Suisse. L'ouvrage de M. Hugues contient une lettre adressée de Villeneuve pendant cette période (12 octobre 1721) par Marie Gébelin à son fils. Nous en extrayons le passage suivant qui montre les terreurs occasionnées dans nos montagnes par la présence de l'épidémie à St-Genest-de-Bauzon :

« Quant à ce grand fléau, dont nous sommes me-

nassés et qu'il est à notre porte, cela fait beaucoup
de paine; mais, toutefois, la volonté de Dieu soit
faite et non pas la nôtre ! ce mal contagieux n'est
qu'à quatre ou cinq lieues de chez nous; car il est à
Saint-Jinieys, à demy lieu en delà de Joyeuse, et re-
cognou estre en plusieurs villages de ce côté-là, où
l'on fait continuellement des lignes gardées par des
gens de guerre, afin qu'aucune personne ne passe en
delà d'Ardèche, à peine d'estre fuzilhée. Nous travaillons actuellement à clore tous nos faux bourgs,
en y laissant des portes aux principales advenues, et
faisant garde continuelle. Veuille le Seigneur nous
en préserver par sa sainte grâce !...»

Court revint en France au mois d'août 1722. L'année
suivante, le gouvernement lui fit offrir des passeports
pour quitter le royaume, avec autorisation de vendre ses biens fonds s'il en avait. Il fit répondre que,
si on le connaissait mieux, au lieu de l'expulser, on
travaillerait à le retenir. La prime offerte aux déla-
teurs pour la prise de Court, qui n'avait été jusques
là que de mille livres, fut élevée cette année à trois
mille et la situation devint de plus en plus périlleuse pour le courageux pasteur, ce qui ne l'empêcha
pas de venir donner la consécration à Pierre Durand
et de faire une visite générale des églises du Vivarais.
En 1728, les efforts pour le prendre redoublèrent.
Le 30 novembre de cette année, on exécuta à Montpellier le pasteur Roussel. « On trouva, dit Court,

divers papiers sur lui qui firent connaître aux puissances l'influence que j'avais sur les affaires. » Le marquis de la Fare, commandant militaire en Languedoc, promit alors dix mille livres à qui livrerait Court mort ou vif. Bref, après avoir couru les plus grands dangers, Court se décida à prendre sa retraite et passa en Suisse à la fin d'août 1729.

Il resta à Lausanne jusqu'à sa mort, et y fonda le séminaire protestant qui ne cessa de fournir des pasteurs aux réformés du Midi de la France. Sa correspondance avec les pasteurs du Désert, conservée à la bibliothèque de Genève, contient une foule de détails précieux pour l'histoire de nos contrées au xviiie siècle. Court ayant parcouru lui-même, pendant ses missions, tous les lieux qui furent le théâtre de la révolte des Camisards, avait écrit sur ce sujet un travail consciencieux, bien que portant naturellement l'empreinte de ses sympathies personnelles, auquel son fils, Court de Gébelin, paraît avoir donné la dernière main et qui parut en 1760, c'est-à-dire l'année même de sa mort. Cette *Histoire des Camisards* est devenue assez rare, bien qu'ayant été réimprimée à Alais en 1819. Court dit quelque part, à propos de cet ouvrage, qu'il l'a composé pour fournir une des plus fortes preuves de la nécessité de la tolérance religieuse, attendu que « l'histoire des Camisards n'est qu'un tissu des plus affreux effets dont l'intolérance ait jamais été la source. »

Court a laissé bon nombre d'autres ouvrages qui font honneur à la droiture et à l'élévation de son esprit. C'était un homme de cœur et de foi qui mettait au service de ses convictions religieuses un zèle et une ardeur que ses coreligionnaires d'aujourd'hui, au moins dans l'Ardèche, mettent trop à accaparer les emplois et à taquiner les catholiques, comme s'ils avaient une revanche à prendre pour les persécutions d'autrefois.

Les *inspirés* que Court a si courageusement combattus nous font penser aux exaltés politiques de notre temps, et nous comprenons fort bien la peine qu'il eut à les convaincre, par l'impossibilité absolue où nous nous trouvons aujourd'hui de ramener les nôtres au bon sens. Il est vrai que, dans aucun des partis aujourd'hui florissants, on ne poursuit guère cette utile tâche.

Ah ! mes chers confrères, rationalistes et philosophes, écrivains légers ou profonds, spirituels ou ennuyeux, journalistes blagueurs de toutes les nuances, que nous sommes petits à côté de ces apôtres de la folie évangélique, qui s'appellent Antoine Court, Saint-Jean-François Régis, madame Rivier ou dom Bosco ! Et je ne puis me défendre d'un sentiment d'effroi, quand je vois que cette force immense, que donne le sentiment religieux, est appréciée, utilisée, exaltée par les Allemands, les Anglais, les Américains, les Russes, les Turcs, les Arabes, par tous les peuples du globe, tandis que la coterie dominante en France se fait comme un jeu infernal de la déprécier et de la détruire ! (1)

*
* *

Court de Gébelin, le fils d'Antoine, fut un des plus illustres érudits de son temps. Rabaut de St-Etienne, qui fut son élève et son ami, le fait naître à Nimes en 1725, mais il semble résulter de la correspondance de son père qu'il naquit seulement en 1728 ; quant au lieu de sa naissance, on peut supposer que ce fut, en effet, du côté de Nimes ou d'Uzès, puisque sa mère, Etiennette Pagès, était d'Uzès, mais on n'a à cet égard aucune donnée certaine, car Gébelin vint au monde pendant la période errante et militante de la vie de son père, et ne fut inscrit sur aucun registre d'état civil.

Court de Gébelin montra dès sa jeunesse une aptitude merveilleuse pour les langues, ce qui le conduisit naturellement à l'étude spéciale de l'antiquité. En 1755, il était professeur de logique et de morale à Lausanne, mais en 1763, il vint se fixer à Paris avec le titre et les émoluments d'agent et de député général des Eglises réformées de France. Il profita de son séjour à Paris et de ses relations avec tous les hommes

(1) Un pasteur de Nimes, M. Borel, a publié la biographie d'Antoine Court, mais les deux publications de M. Edmond Hugues constituent le travail le plus complet qui ait été fait sur ce personnage.

éminents de son temps, pour se livrer avec passion à ses recherches scientifiques et commença en 1772 la publication du *Monde primitif analysé et comparé avec le monde moderne*, ouvrage immense interrompu par sa mort. Rivarol dit : « C'est un livre qui n'est pas proportionné à la brièveté de la vie et qui sollicite un abrégé dès la première page. »

Le *Monde primitif* est consacré surtout à l'étude des vieilles mythologies, à l'origine de la parole et du langage, à l'anatomie des langues et l'on y trouve le dictionnaire étymologique du français, du latin et du grec. L'ouvrage complet, à en juger par ce qui a paru, devait comprendre quinze à vingt volumes. L'auteur en était au neuvième quand il mourut.

L'idée principale de Gébelin, celle qui l'a guidé dans toutes ses recherches, c'est que les anciennes allégories ont des origines naturelles qui doivent se retrouver dans les travaux, les usages et surtout les besoins des premiers hommes. C'est ainsi qu'à ses yeux, l'histoire de Saturne rappelle les heureux effets de l'agriculture, celle de Cérès la culture du blé et celle d'Hercule les défrichements et l'assainissement de la terre.

De même, la parole et les langues ne sont pas des inventions arbitraires ; elles procèdent de l'organisation physique de l'homme et il a dû exister une langue primitive universelle formée par un certain nombre de sons et d'intonations naturelles qui doivent se retrouver dans tous les idiomes. Gébelin croyait que les voyelles représentaient les sensations et les consonnes les idées. Il considérait l'écriture comme une sorte de prolongement du langage, d'abord hiéroglyphique, ensuite alphabétique. Il passa sa vie à chercher cette langue primitive et le sens des anciennes allégories.

Nous aurions sans doute bien des réserves à faire sur le système de Gébelin et en particulier sur la part trop exclusive qu'il fait aux besoins physiques de l'homme. Il oublie trop l'élément moral qui a bien dû jouer aussi son rôle dans la formation des antiques allégories, et c'est cette lacune que les mythologues allemands se sont attachés principalement à faire ressortir. Mais, en somme, le point de départ de l'illustre érudit ne manquait pas de justesse et son principal défaut était de viser un but beaucoup trop au-dessus des forces d'un homme et hors de toute proportion avec la somme des connaissances contemporaines. Aussi, quand le prospectus parut en 1772, comprend-on fort bien que d'Alembert ait demandé si un pareil programme pouvait être réalisé même avec quarante collaborateurs. Le *Journal des Savants*, de son côté, exprima fort justement le doute « qu'une société des plus savants hommes de toutes les nations, qui sauraient toutes les langues, qui auraient sous les yeux tous les monuments, pût y réussir. »

Comment, en abordant seul une entreprise si ardue, Gébelin ne serait-il pas tombé, malgré sa grande érudition, dans bon nombre d'hypothèses gratuites et de rêveries? Mais s'il est permis aux demi-savants d'en rire, nous sommes convaincu que les vrais savants se rappellent, dans un tout autre sentiment, les immenses recherches de l'auteur du *Monde primitif*, sachant combien les travaux de ce genre, même semés d'erreurs, contribuent aux progrès de l'esprit humain et, d'ailleurs, ne songeant pas sans appréhension à ce qu'on pourra penser de leurs propres recherches, quand un siècle aura passé dessus, comme sur celles de leur illustre prédécesseur.

Gébelin eut, paraît-il, beaucoup d'ennuis avec ses coreligionnaires qui lui reprochaient ses relations avec de hauts fonctionnaires et de grands personnages, sans réfléchir que ces relations étaient toutes à leur avantage, et avaient singulièrement facilité l'adoucissement qui fut apporté à leur situation pendant la seconde moitié du 18ᵉ siècle.

Gébelin fut très-lié avec les économistes et le fameux Quesnay l'appelait son disciple bien aimé; ce qui prouve combien l'esprit de Gébelin était ouvert aux idées justes et vraiment progressives. Sans doute les initiateurs de la science économique au xviiiᵉ siècle n'ont pas atteint d'emblée la perfection de la doctrine, mais ils n'en ont pas moins eu l'éclatant mérite d'inaugurer des études qui deviendront la base la plus solide de la politique, le jour où la politique deviendra sérieuse. En somme, l'économie politique est à la science de gouverner les hommes ce que l'anatomie est à l'art de guérir. Les individus qui prétendent faire de la politique, sans avoir étudié sérieusement la science économique, sont de la même force que ceux qui se mêlent de médecine sans avoir appris, au préalable, comment le corps est conformé et comment ses organes fonctionnent.

Gébelin toucha aussi à la politique active en travaillant avec l'illustre Franklin et quelques autres à une sorte de publication périodique intitulée *Affaires d'Amérique* qui parut en 1776 et les années suivantes.

Gébelin mourut le 10 mai 1784, victime, dit-on, des procédés magnétiques de Mesmer dont il aurait abusé pour relever sa santé compromise ; d'où l'épitaphe épigrammatique suivante :

> Ci-gît ce pauvre Gébelin,
> Qui parlait grec, hébreu, latin :
> Admirez tous son héroïsme,
> Il fut martyr du magnétisme.

Gébelin laissa des affaires fort embarrassées, par suite de sa participation au *Musée* dont il fut le fondateur. Les créanciers firent saisir cet établissement ainsi que tous les papiers de Gébelin. Le tout fut vendu aux enchères et les manuscrits de Gébelin paraissent être venus plus tard en la possession du célèbre bibliophile Gabriel Peignot.

L'abbé Mollier établit que Gébelin était franc-maçon, ce qui n'a rien d'étonnant, car une foule d'hommes distingués l'étaient à cette époque où la franc-maçonnerie n'était pas encore devenue la grande association de la rhubarbe et du séné, c'est-à-dire le lien commun d'une immense coterie.

Gébelin fut inhumé à Franconville, près de Paris, dans les magnifiques jardins de son protecteur, le comte d'Albon, à côté des monuments que celui-ci avait déjà élevés à la mémoire de Haller et de Guillaume Tell. Le corps fut mis dans un cercueil de plomb couvert d'une pierre sur laquelle on voyait une déesse traçant des caractères hiéroglyphiques; quatre colonnes mutilées et tronquées inégalement l'environnaient. Sur un côté du mausolée on lisait ces mots :

PASSANTS, VÉNÉREZ CETTE TOMBE, GÉBELIN
Y REPOSE.

*
* *

Le 9 mai 1884, nous venions de relire l'éloge de Gébelin par le comte d'Albon. En songeant que le centenaire de sa mort tombait précisément le lendemain, nous résolûmes d'aller à Franconville visiter son tombeau. Si son ombre est encore sensible aux choses humaines, peut-être, pensâmes-nous, sera-t-elle touchée autant qu'étonnée de voir un Vivarois venir, au nom des compatriotes oublieux de son père, rendre cet hommage à sa mémoire.

Le lendemain, fort heureusement, le temps était magnifique et nous pûmes, avec deux jeunes compagnons, réaliser ce projet.

Nous descendîmes à la station de Sannois qui n'est éloignée de Franconville que de deux kilomètres. C'était par une belle journée de printemps, qu'une ondée avait rafraîchie le matin, en semant de perles le feuillage des arbres et des arbustes. Et le soleil, en faisant étinceler tous ces petits globes vivants, prouvait que le plus beau, comme le plus fugitif des diamants, est encore la goutte d'eau. Les lilas étaient en fleurs et des milliers de boutons se balançaient aux branches, dans les champs et les jardins, guettant l'heure de montrer leurs frais visages. On sentait les battements de toute la nature végétale d'un bout à l'autre de la vallée de Montmorency dont les deux rangées de collines vertes dominent tant de riants villages. Oh ! qu'il est plus agréable de voir pousser l'herbe, perler la rosée et s'épanouir les fleurs, que de rester face à face avec les innombrables verrues physiques et morales qui déshonorent la plante humaine !

Nous nous étions plus d'une fois demandé en route si le monument de Gébelin existait encore. Allait-on au premier mot nous y conduire, ou bien était-il tombé sous la faulx du temps et sous l'indifférence encore plus meurtrière des hommes ?

A l'entrée de Franconville, nous avisâmes un vieillard, à figure intelligente, qui causait avec deux ou trois paysans.

Nous lui demandâmes où se trouvait le parc du comte d'Albon.

— Ah! je vois bien, dit-il, vous venez voir la maison du roi d'Yvetot.

Cela nous rappela qu'en effet le comte d'Albon avait été le dernier seigneur d'Yvetot. Il paraît que le type imaginaire créé depuis par Béranger, en excitant la curiosité des Parisiens, n'a pas été sans profit pour Franconville.

J'expliquai au vieillard que nous venions voir un tombeau dans l'ancienne propriété du comte d'Albon.

— Ah! le tombeau de *Jobelin*, nous dit-il, mais il est détruit depuis longtemps! A la première Révolution, on y avait établi une batterie de canons.

Il nous raconta que le parc du comte d'Albon avait été vendu. La plus belle partie, celle où sont les fontaines, appartient depuis deux ou trois ans à M. Pinet, un célèbre cordonnier de Paris. Quant aux bois, où se trouvait le tombeau, ils avaient été divisés entre de nombreux acquéreurs.

La propriété Pinet est située à l'extrémité du village. Le jardinier, bien qu'il fût là depuis douze ans, ne connaissait pas même le nom de *Jobelin*, mais il avait entendu dire qu'il y avait autrefois des monuments dans les bois.

Nous montâmes dans les bois, comptant sur notre bonne fortune et sur les rencontres éventuelles pour trouver le monument ou ses débris. Hélas! c'est en vain que nous questionnâmes tous les promeneurs indigènes, jeunes ou vieux : personne ne savait ce dont nous voulions parler et nous saisîmes plus d'une envie de sourire aux lèvres des personnes à qui nous nous adressâmes. Les plus étonnés furent deux individus, qui faisaient des bouquets sauvages et qu'à leur allure nous reconnûmes tout de suite pour des instituteurs. L'un d'eux nous montra une sorte de borne placée à l'angle de deux sentiers, et recouverte par les aubépines, sur laquelle on lisait les deux lettres D et S en nous demandant d'un air goguenard si cela ne voulait pas dire *Deus Super*. Nous lui fîmes compliment de sa haute science épigraphique et il fut reconnu, dans tous les cas, que ce n'était pas là une borne ordinaire, mais probablement un débri de quelque édifice détruit. Bref, après être redescendu au village pour consulter les personnes qu'on nous désigna comme les plus compétentes et à la suite d'une enquête qui dura deux ou trois heures, nous finîmes par trouver un vieillard, fabricant de cerceaux dans le bois, qui s'engagea à nous mener à l'endroit précis où existaient autrefois les monuments que nous cherchions.

Il nous y conduisit, en effet, et c'est dans un taillis formé de châtaigniers, de sycomores et de noisetiers, au quartier dit des *Rinvas*, qu'il nous fit voir, émergeant à peine au milieu des mousses et des détritus végétaux, deux ou trois amas de pierres et de plâtras. Il y avait eu là évidemment quelque chose, et il nous sembla reconnaître les traces d'une terrasse qui avait dû servir d'emplacement à une construction quelconque ; mais toute preuve matérielle était absente et, à défaut de certitude, il fallut se contenter d'une simple probabilité basée sur l'ensemble des informations recueillies sur les lieux.

L'endroit était, du reste, admirablement choisi pour un philosophe, et l'ombre de Gébelin, du milieu de sa colline, pouvait fort bien échanger ses impressions post-mortuaires avec l'ombre de Jean-Jacques Rousseau perchée de l'autre côté de la vallée, sur la colline d'Erménonville.

Il est à noter que la borne, qu'on nous avait montrée pour rire un moment auparavant, n'est qu'à deux ou trois cents mètres de distance de l'emplacement du tombeau, en sorte qu'elle pourrait fort bien en être un dernier débri.

Nous avons depuis consulté, au sujet de Franconville, l'*Histoire des environs de Paris*, de Dulaure, et nous y voyons que tous les monuments du parc d'Albon n'existaient déjà plus en 1838. Dulaure constate, comme une singularité assez piquante, que le comte d'Albon, tout roi d'Yvetot qu'il fût, était le premier en France qui, bien avant la Révolution, avait planté un arbre de la Liberté. Le monument de Guillaume Tell consistait en un long mât, couronné par le chapeau, «véritable symbole de liberté.» On y lisait deux inscriptions. La première, adressée à Guillaume Tell, le légendaire restaurateur de la liberté helvétique, était ainsi conçue :

*Helvetico liberatori Guillermo Tell
anno 1782.*

La seconde portait :

*A la liberté — Camille d'Albon
1782*

Ce brave roi d'Yvetot eut la chance de mourir en 1788, dans la plénitude de ses illusions libérales. Quel excellent président du centre gauche on aurait pu en faire sous la troisième république !

Les Biographies générales mentionnent, à l'article d'Albon, un recueil de dix-neuf gravures in-8° paru en 1784 et donnant les *Vues des monuments construits dans les jardins de Franconville-la-Garenne, appartenant à M*^{me} *la comtesse d'Albon.*

Nous avons vainement cherché ce recueil à la Bibliothèque Nationale, mais nous avons pu en retrouver deux planches à la section des Estampes (1) et l'une d'elles représentait le tombeau de Gébelin sous la forme d'un sarcophage, portant des caractères

(1) *Topographie générale de la France* — arrondissement de Pontoise.

hiéroglyphiques, avec quatre colonnes tronquées et d'inégale grandeur aux quatre angles. Il résulte du titre placé au bas de la gravure que Gébelin fut inhumé en cet endroit le 10 juillet 1784, c'est-à-dire deux mois juste après sa mort. Son corps est-il encore à cet endroit ou bien a-t-il été exhumé pour la seconde fois et transporté au cimetière du village ou ailleurs ? C'est ce qu'il nous a été impossible de découvrir.

Les habitants de Franconville s'occupent de leurs terres, de leurs récoltes, de leurs maisons qu'ils louent le plus cher possible aux Parisiens pendant la belle saison, et ce n'est pas le souvenir de Court de Gébelin ou de Guillaume Tell qui les empêche de dormir ! N'importe ! notre illustre déchiffreur de hiéroglyphes aura fourni la matière d'une charade de plus. Il valait bien la peine d'être un des hommes les plus savants de son siècle, ou, comme le proclamait le comte d'Albon, un des plus vastes génies qui aient jamais existé, pour n'avoir à son centenaire qu'un malheureux touriste qui n'est pas même bien sûr d'avoir retrouvé l'ombre de son tombeau.

VI.

AUTRES SILHOUETTES LOCALES.

Les Barruel d'Ecosse et du Vivarais. — Le commerce de la soie ne déroge pas. — Les Barruel-Beauvert. — Le Père Jésuite Augustin de Barruel. — Jean-Louis de la Boissière. — Simon de Tavernol. — Les aventures du sieur de Chambeson chez les sauvages. — L'abbé Feuillade et lord Bristol.

La famille de Barruel remonte au XIII° siècle. Les généalogistes lui donnent une origine écossaise, et son nom *Barwel* qui signifie *porte bien*, est celui d'une très-ancienne famille d'Ecosse. On dit que lord Barwel venu à Paris en 1780, reconnut les Barruel du Vivarais pour ses cousins. Cette famille fut deux fois ruinée pendant les guerres religieuses et obligée de se livrer au commerce pour rétablir sa fortune; ses titres anciens périrent dans ces désastres et ce fut sans doute à cause de cet effacement momentané que les Barruel ne figurent point parmi les familles qui furent recherchées en 1666 pour avoir pris la qualité de nobles, ni parmi celles qui firent enregistrer leurs armes dans l'Armorial général de France en 1696. Plus tard, quelques titres retrouvés furent envoyés à Chérin, généalogiste du Roi, qui établit leur filiation régulière (1).

Il est assez piquant de constater que la famille de

(1) Voir au t. 13 du Nobiliaire de St-Allais.

Barruel, si connue aujourd'hui par son dévouement à la cause catholique et dont la principale illustration est un Jésuite des plus militants, a compté dans son sein de zélés calvinistes. Parmi les défenseurs de Privas en 1629, figurait un Antoine de Barruel qui, ayant eu tous ses biens confisqués, se retira au Cheylard où il se fit marchand de cocons. Quand il eut rétabli sa fortune, il demanda sa réintégration dans la noblesse, mais la chancellerie lui répondit que c'était inutile, attendu que le commerce de la soie ne dérogeait pas.

Son fils Timothée, émigré pour cause de religion, fut capitaine dans l'armée de Frédéric-Guillaume, électeur de Brandebourg. C'est un de ses enfants, René, qui acheta les fiefs de Bavas, St-Cierge, Durfort, St-Quintin et St-Vincent.

Les Barruel-Beauvert, qui ont joué un rôle dans la Révolution, n'auraient, d'après M. Deydier, rien de commun avec ceux du Vivarais.

Joseph Antoine Barruel-Beauvert né à Bagnols, en 1756, de parents pauvres, était le cousin du fameux Rivarol. Il était maréchal des logis des gardes du corps du roi quand, le 10 août, la Reine lui confia Mademoiselle Royale depuis duchesse d'Angoulême, qu'il sauva en l'emportant dans ses bras. Plus tard, il s'offrit comme otage de Louis XVI après le voyage de Varennes. Enfin, en 1798, il rédigeait avec Rivarol, le courageux journal réactionnaire, les *Actes des apôtres*, ce qui lui valut la déportation.

Les Barruel du Vivarais ne se montraient pas moins dévoués à la cause royale, pendant cette même période. L'un d'eux surtout, le P. Jésuite Augustin de Barruel, fils d'Antoine de Barruel, lieutenant général au bailliage de Villeneuve, se distingua par la guerre de plume qu'il soutint pendant un demi-siècle, avec autant d'énergie et d'activité que de talent, contre les philosophes, les francs-maçons et les révolutionnaires. Le P. Barruel était né à Villeneuve le 2 octobre 1741. Il fit ses études au collège de Tournon, entra dans l'ordre des Jésuites, professa dans plusieurs collèges d'Allemagne, rentra en France en 1772, devint en 1774 le précepteur des enfants du prince Xavier de Saxe, frère de la Dauphine, et en 1777 aumônier de la princesse de Conti. Obligé de fuir en 1793, il se réfugia en Angleterre d'où il ne revint qu'en 1802. Il mourut le 5 octobre 1820. Peu d'hommes ont écrit autant que lui. Nous citerons seulement parmi ses ouvrages: les *Helviennes*, les *Mémoires pour servir à l'histoire du Jacobinisme*, l'*Histoire du clergé pendant la Révolution française*, le *Pape et ses droits religieux*, le *Principe et l'obstination des Jacobins*, etc., etc. Si nous avions à juger l'œuvre du Père Barruel, nous nous demanderions, avec tous les égards dus à son caractère et à son talent, si, dans sa longue lutte contre les idées modernes, il n'a pas vu trop souvent le petit côté des choses, c'est-à-dire l'effet des conspirations secrètes, là où il fallait voir simplement le besoin d'agir, d'innover, de révolutionner, si on veut, qui est le fond de la nature même de l'homme, et qu'on peut bien se donner pour tâche de modérer et de diriger, mais non pas d'arrêter court ou de faire reculer. Nous admirons certainement le courage et les fortes convictions du célèbre Jésuite, mais on nous permettra de croire que, s'il eût pu vivre soixante ans de plus et assister à toutes les évolutions morales et à tous les bouleversements matériels dont nous avons été témoins, ce spectacle eût apporté quelque tempérament dans sa manière de voir. Au reste, le P. Barruel est une figure trop remarquable pour que nous prétendions esquisser sa biographie en quelques lignes, encore moins prononcer sur sa personne et son œuvre, et nous sommes heureux d'apprendre à nos lecteurs qu'une étude sérieuse et approfondie sera prochainement publiée sur lui par le P. Regnault, de Toulouse. Il paraît que ce religieux a trouvé à Dijon beaucoup de documents nouveaux sur son éminent confrère.

Alfred de Barruel, mort à Villeneuve en 1883, était un neveu du Père Augustin. Les Barruel de Villeneuve possédaient les fiefs de Chaix, St-Pons, Bassonègues, la Roche-Chérie, et la co-seigneurie de Villeneuve-de-Berg, Mirabel, la Villedieu, St-Laurent et autres lieux.

Les branches de la famille Barruel sont assez nombreuses. Nous nommerons seulement celles de Sâou, près de Montélimar, de Grignan et de Pont-de-Veyle.

C'est à une de ces branches devenues étrangères au Vivarais, qu'appartient l'abbé Camille de Barruel, né en 1851, qui, après avoir quitté la robe d'avocat près le tribunal de Valence, est devenu religieux salésien, prêtre et secrétaire du St-Vincent de Paule moderne, le vénérable dom Bosco.

***

Un autre enfant de Villeneuve, qui a fait moins de bruit dans le monde que Jean de Serres, les deux Court et le P. Barruel, mais dont la sympathique figure apparaît dans toutes les chroniques de la fin du siècle dernier ou du commencement de celui-ci comme le type du travailleur patient et érudit, qui cherche à reconstituer l'histoire de son pays, est M. de la Boissière.

Jean-Louis de la Boissière, né à Villeneuve le 6 septembre 1749, était fils du lieutenant principal du bailliage. Il fut avocat général du Parlement de Grenoble, juge de paix de Villeneuve en l'an xi et enfin conseiller à la cour de Nîmes, où il mourut en 1835. C'est lui qui accompagna Arthur Young lors de sa visite au Pradel, et nul n'était mieux qualifié pour servir de guide à l'écrivain anglais, puisqu'il connaissait à fond la langue de Sterne, dont il avait traduit le *Voyage sentimental*. Faujas de St-Fond, Soulavie, le géologue italien Marzari-Pencati, tous les hommes intelligents qui ont visité le Vivarais à cette époque, célèbrent l'érudition, l'esprit et les manières aimables de M. de la Boissière. M. Deydier dit dans ses manuscrits (article Surville) qu'il s'occupa de recherches historiques sur le Vivarais, mais que les difficultés l'arrêtèrent. La Boissière est l'auteur des notes insérées dans l'Annuaire de l'an XI sur les hommes célèbres du Vivarais. Mais son meilleur titre est la publication des *Commentaires du Soldat du Vivarais* avec notes explicatives. Nous avons déjà eu l'occasion de dire (1) que cette précieuse chronique était l'œuvre de Pierre Marcha et que toutes les copies en circulation au siècle dernier émanaient du manuscrit unique que possédait M. de St-Pierreville, manuscrit qui est encore dans les archives de M. de Gigord. La publication de la Boissière est de 1811. L'ouvrage a été réimprimé en 1872 par M. Roure.

M. de la Boissière avait épousé vers 1773 Angélique de Chambonnet, fille de Pistre de Chambonnet, qui était originaire de Vallon. Il laissa trois fils et une fille, tous morts aujourd'hui. L'aîné, Charles, qui a été maire de Nimes vers 1815, n'a eu qu'une fille décédée sans enfants. Les manuscrits et papiers de famille tombèrent entre les mains de son gendre, le marquis de Moynier Chamborand, et l'on suppose qu'ils ont été brûlés ou dispersés.

(1) *Voyage autour de Privas*, p. 572.

Le fils cadet Hippolyte, sous-préfet de Montélimar pendant toute la Restauration, épousa Emma de Belleval dont un des ancêtres a fondé, sous Henri IV, le jardin botanique de Montpellier.

Le troisième, Sébastien, a été maire de Villeneuve.

Hippolyte de la Boissière, eut trois fils d'Emma de Belleval : Henri, capitaine d'état-major tué en montant à l'assaut de Sébastopol ; Armand, inspecteur principal du chemin de fer de Lyon et Raymond, qui naguère était encore conservateur des bois et forêts à Privas. Leur sœur est veuve de M. Pavin de Lafarge de Montélégier (2).

*
* *

Simon Pierre de Tavernol, lieutenant-criminel au bailliage de Villeneuve avant la Révolution, a laissé un *Essai sur les changements à faire à la procédure criminelle*.

Ses deux fils, Pierre et Alexandre, appelés, l'un le chevalier de Tavernol, et l'autre le sieur de Chambeson, furent forcés d'émigrer, et l'on peut voir dans les manuscrits de M. Deydier le récit de leurs aventures.

Le premier, réfugié à New-York, tua en duel un officier anglais qui s'était permis de parler mal de la France, mais il mourut lui-même peu après des suites de ses blessures.

(2) Hist. de Montélimar, par M. le baron de Coston, t. 2, p. 192.

Le second, qui avait suivi son frère en Amérique, fut pris par les sauvages qui se disposaient à lui faire subir une mort cruelle quand, s'étant aperçus de son adresse à réparer les armes, ils jugèrent plus sage de se l'attacher comme armurier. Chambeson dut remplir, assez longtemps, bien qu'à contre-cœur, ces importantes fonctions parmi les Peaux-Rouges. En 1799 seulement, il parvint à s'évader, mais pour tomber entre les mains d'un commandant de navire républicain qui le fit jeter, comme émigré, dans les prisons de Cherbourg. La fin de la tourmente approchait heureusement, et de plus il eut l'appui de son parent, Perrotin, lieutenant-colonel du génie, qui obtint de Carnot sa mise en liberté. Quel malheur que ce Chambeson ne nous ait pas laissé un récit détaillé de ses romanesques aventures !

*
* *

Un personnage d'un genre tout différent et dont la vie agitée doit servir d'enseignement et non de modèle, est celui d'un autre enfant de Villeneuve, l'auteur de quatre volumes tombés dernièrement entre nos mains.

L'abbé Pierre Lafond Feuillade, était, avant la Révolution, vicaire au Bourg-St-Andéol ; un de ses frères était curé à St-Sernin, et l'autre curé et chanoine à Viviers. Il prêta serment à la constitution civile du clergé, mais il se rétracta ensuite, et à l'exemple de ses deux frères, se montra prêtre digne et fidèle pendant les mauvais jours. L'abbé Mollier nous apprend qu'il était même de ceux que les révolutionnaires poursuivaient le plus activement. Feuillade était entré dans l'état ecclésiastique en 1775. Il en sortit en 1810, « non par la crainte des hommes, dit-il dans la préface de son principal ouvrage, mais par celle de Dieu et par l'amour de la vérité. » Feuillade était alors vicaire à Privas. Il prétendait avoir perdu la foi un jour qu'il disait la messe. Il suspendit sa messe — c'était du moins sa version — alla trouver son curé et lui dit : J'ai perdu la foi, cherchez un autre vicaire. Son curé lui répondit : Ce n'est pas une raison pour faire un pareil scandale.

Le pauvre prêtre s'était laissé séduire par les théories de Dupuy et Volney. Il était devenu partisan de la religion dite naturelle et n'admettait d'autre révélation que celle que Dieu a faite aux hommes en leur donnant la raison. Dans une autre dissertation sur la nature de l'homme, il tombe dans le plus grossier matérialisme en cherchant à établir que les substances spirituelles ne sont autre chose que la partie la plus subtile et la plus déliée de la matière. Finalement, il concluait, comme les anciens Perses, au culte du soleil. Telles sont, en résumé, les théories que Feuillade a développées dans ses quatre volumes.

Son premier ouvrage, intitulé *Projet de réunion de tous les cultes* (3 volumes), était terminé en 1810, mais ne parut qu'en 1815. Feuillade fit deux voyages à Paris, en 1810 et en 1812, pour trouver un éditeur, mais il rencontra dans la censure d'invincibles obstacles. Il fut plus heureux en 1815, grâce à la confusion produite par les événements. Son livre fut toutefois saisi, mais à la suite d'une pétition qu'il adressa à Louis XVIII, la saisie fut levée.

En 1812, il publia un *Examen critique du judaïsme et du mahométisme,* dans lequel il s'attache à réfuter quelques-unes des attaques dirigées contre lui.

Feuillade a aussi édité l'*Analogie de la religion avec la nature,* traduit de l'anglais

Une personne qui a beaucoup connu Feuillade, nous l'a représenté comme un homme simple, naïf et sincère dans ses erreurs. Après son interdiction, Feuillade se rendit à Paris, où il logeait dans une mansarde et vivait de la pension de trois cents francs faite par l'Etat aux anciens ecclésiastiques. Un hasard le sortit de la misère. Son ouvrage, étalé chez les libraires, attira l'attention d'un grand personnage anglais, lord Bristol, qui fut plus tard l'un des représentants de l'Angleterre au sacre de Charles X. Lord Bristol, qui s'intéressait aux questions traitées par Feuillade, acheta le livre et demanda à être mis en relations avec l'auteur. On causa longuement.

— Mais comment vivez-vous, dit l'Anglais, car je je ne suppose pas que la vente de votre ouvrage soit bien fructueuse ?

Feuillade répondit que sa pension de trois cents francs lui suffisait. L'Anglais répliqua que c'était impossible et le pria d'accepter une pension de quinze cents francs par an, que Feuillade n'eut garde naturellement de refuser et qui lui fut servie jusqu'à sa mort. De plus, lord Bristol fit faire à notre auteur deux ou trois fois le voyage d'Angleterre.

Vers la fin de sa vie, Feuillade consentit, sur les instances de sa famille, à quitter Paris pour venir habiter Villeneuve. Quelques jours avant son départ, il se trouvait avec Laurent (de l'Ardèche) et un de ses amis de Pierrelatte, le poète Tossat. Celui-ci dit à Feuillade : Tu as tort d'aller là-bas; tu n'en reviendras plus ; nous te voyons pour la dernière fois.

Peu de temps après, en effet, Feuillade mourut étouffé par une figue qu'il avait mangée trop vite et qui avait pénétré dans son gosier.

VII

LE PRÉSIDENT CHALLAMEL ET LES ANCIENS ETATS DU VIVARAIS

La vie et les œuvres de Challamel. — Le Vivarais a-t-il apppartenu aux comtes de Toulouse ? — Les vrais souverains étaient les barons. — L'origine des Etats du Vivarais. — Les douze barons de tour. — Une république féodale. — Les Etats du Vivarais et l'ancien sénat helvien. — Les barons supplantés par leurs baillis. — Les Etats du Vivarais absorbés par les Etats du Languedoc. — Le présent éclairé par le passé

Deux autres enfants de Villeneuve, distingués à différents titres, vont nous fournir l'occasion d'une double digression sur les époques les plus reculées de notre histoire, l'une au point de vue des institutions locales, l'autre au point de vue de nos anciens monuments.

Ces deux hommes sont le président Challamel et le vicomte Ferdinand de St-Andéol.

Challamel (Pierre-Joseph-Henri) naquit à Villeneuve-de-Berg, le 7 octobre 1763. Son père était médecin. Sa mère était de la famille de Joubert, de Donzère en Dauphiné. Il fit avec beaucoup de succès ses études au collège d'Aubenas. Son père aurait voulu en faire un médecin, mais, comme il ne montrait aucun goût pour cette carrière, on l'envoya à Toulouse, en 1781, faire ses études de droit. Il en revint en 1783 avec le grade de docteur. Deux ans après, il fut nommé juge à la maîtrise des eaux et forêts de

Villeneuve-de-Berg et en exerça les fonctions jusqu'à la suppression de cette administration en 1790.

Challamel avait adopté avec enthousiasme les idées nouvelles. Son emploi étant supprimé, il fut nommé membre du bureau de paix du district de Villeneuve. Mais le bureau en question ne dura pas longtemps, et deux ou trois mois après, Challamel fut élu à l'unanimité par une assemblée électorale, juge près le même tribunal. Plus tard, une loi supprima les trois tribunaux du département et les remplaça par le tribunal unique de Privas, où Challamel fut nommé juge le 27 vendémiaire an IV. De ce poste, il passa le 23 prairial an VIII, à celui de président du tribunal de Largentière, où il resta jusqu'en 1816. La Restauration le destitua sans lui donner de pension de retraite. Il se retira alors à Villeneuve où il vécut fort modestement en donnant quelques consultations d'avocat et en occupant surtout les loisirs forcés que lui faisait la politique, à mûrir et à coordonner les résultats de ses recherches sur l'histoire du Vivarais.

En 1830, quelques amis se souvinrent de lui et le signalèrent au premier président et au procureur général de la cour d'appel de Nimes, ainsi qu'à M. de Pelet, préfet de l'Ardèche. Celui-ci se hâta de le faire réintégrer à la présidence du tribunal de Largentière, en déclarant que c'était une bonne fortune pour le pays. Mais hélas ! il était trop tard. Les événements l'avaient vieilli autant que les années, et il ne fit que reparaître à son ancien poste pour retourner presque immédiatement à Villeneuve-de-Berg, où il s'éteignit le 18 mars 1832.

Deux mots sur le caractère de l'homme termineront cet aperçu biographique. Challamel était, au témoignage de tous ceux qui l'ont connu, un homme d'une modestie et d'un désintéressement rares.

Nous avons publié dans un autre opuscule (1) une lettre qu'il adressa en 1800 au ministre de la justice pour demander une amnistie en faveur des *chouans de l'Ardèche*, lettre qui montre chez lui autant d'esprit politique que d'humanité. Un bon curé, son contemporain, nous disait de lui : « C'était un *révolutionnaire*, mais un brave homme et très estimé. »

Challamel a laissé un certain nombre de notes et de manuscrits, qui furent pieusement recueillis par son neveu, M. Mazet, ancien percepteur et sont aujourd'hui entre les mains de M. Dagrève (de Montélimar), gendre de M. Mazet. Parmi ces manuscrits on distingue deux œuvres principales :

1º Un *Essai sur l'antiquité des États du Vivarais et sur les changements qu'ils éprouvèrent en différents temps* (manuscrit in-4º de quatre-vingt-treize pages) ;

2º Des *Notes et observations chronologiques pour servir à l'histoire du Vivarais* (manuscrit in-4º de quatre cent dix-huit pages.)

(1) *Petites notes ardéchoises*, 2ᵉ série 1874.

Le premier de ces ouvrages se trouve, d'ailleurs, fondu et reproduit dans le second, dont il forme pour ainsi dire la partie doctrinale. Ce dernier va jusqu'au milieu du xviii° siècle. L'un et l'autre prouvent que l'auteur avait longuement et profondément étudié l'histoire de son pays et dénotent chez lui un grand esprit d'observation et un jugement sain et élevé. Quoiqu'un peu trop imprégné des passions politiques du temps, l'*Essai des Etats du Vivarais* mériterait d'être publié. En attendant, nous allons en résumer les traits principaux. C'est une page d'histoire que nos lecteurs sérieux liront, pensons-nous, avec intérêt. Les autres n'ont qu'à tourner quelques feuillets et à passer au chapitre suivant.

Après la ruine d'Albe, une nuit profonde se répand sur le passé de l'Helvie. On sait seulement qu'elle ne tarda pas à devenir un champ de bataille entre les Burgondes, établis entre le Rhin et l'Isère, et les Wisigoths fixés à Toulouse. Il paraît certain qu'Euric, roi des Wisigoths, et son fils Alaric régnèrent dans cette contrée qui prit dans l'intervalle le nom de Vivarais. Challamel, relevant une erreur de dom Vic et dom Vaissette, démontre que la réunion du haut et du bas Vivarais fut l'œuvre d'Euric mort en 484.

La victoire de Clovis à Vouillé (507), fit passer ce pays sous la domination des Bourguignons alliés des

Francs. Nous restâmes Bourguignons pendant plus de trois siècles et demi, c'est-à-dire jusqu'en l'an de grâce 873 où Boson nous comprit dans son royaume éphémère de Provence.

Mais, après Boson ? Oh ! après Boson, les historiens ne s'entendent guère. Ceux de Toulouse veulent à toute force que nous ayons été les vassaux de leurs comtes et les autres trouvent que le fait n'est rien moins que prouvé.

Les savants auteurs de l'*Histoire du Languedoc* prétendent qu'à la mort de Louis l'Aveugle, fils de Boson, en 928, les marquis de Gothie s'emparèrent du Vivarais, « ce qu'ils firent, ou au nom de Charles le Simple, qu'ils reconnaissaient toujours pour seul roi légitime, ou, à cause que ces pays étaient à leur bienséance, ils se crurent être autant en droit que des étrangers de se les approprier et de les unir à leurs domaines. »

Les mêmes écrivains citent encore à l'appui de leur thèse un testament du comte Raymond, daté de 961 et un acte de mariage de Raymond de St-Gilles, en date de 1095, où le marié assigne pour douaire à sa fiancée les villes, comtés et évêchés de Rodez, Cahors, *Viviers*, Avignon et Digne. Mais rien ne prouve que possession accompagnât titre et, vu l'absence de tout autre indice, il y a lieu de croire que le comte de Toulouse possédait alors le Vivarais de la même façon que le roi d'Italie possède aujourd'hui Chypre et Jérusalem.

L'abbé Rouchier, repoussant cette annexion rétrospective du Vivarais aux domaines du comte de Toulouse, constate qu'en 933, l'usurpateur Hugues, successeur de Jean l'Aveugle, céda le Vivarais avec le reste du royaume de Provence au roi de Bourgogne, Rodolphe II, et, à défaut de preuves directes qui manquent des deux côtés, il fait ressortir combien il est invraisemblable que les comtes de Toulouse, entourés alors de tant de vassaux qui rivalisaient avec eux, aient pu réaliser une conquête lointaine et s'imposer par la force à un pays qu'un passé de plusieurs siècles rattachait au royaume de Bourgogne et qui devait leur être foncièrement hostile. Tout porte donc à penser que le Vivarais fit alors retour au royaume de Bourgogne.

Il est vrai qu'en Vivarais, encore plus que dans les autres provinces de ce royaume, la domination des derniers souverains fut plus nominale que réelle. Les seigneurs les laissaient régner à la condition de gouverner à leur place.

En 940, le jeune roi de Bourgogne, Conrad le Pacifique, à qui les prélats et barons avaient donné pour tuteur son parent, l'empereur Othon, roi de Germanie, se plaça sous la suzeraineté de ce dernier. Son fils, Rodolphe III, institua l'empereur Conrad le Salique son héritier. La chose se fit sans rencontrer aucune résistance. Comme le fait remarquer l'abbé Rouchier, « la perspective de l'arrivée des empereurs germaniques n'avait plus rien d'alarmant. On savait qu'ils ne recueilleraient dans cette succession qu'une ombre de pouvoir sans réalité, une suzeraineté toute honorifique, un titre et rien de plus. Ce royaume de Bourgogne était fini : du vivant même de Rodolphe le Fainéant, la souveraineté était ailleurs ; elle avait passé avec tout le domaine utile entre les mains des barons, alors maîtres absolus dans leurs fiefs agrandis et transformés en véritables petites principautés. »

C'est ainsi que pendant le moyen-âge les seigneurs du Vivarais, en acceptant la suzeraineté nominale de tel ou tel prince étranger ou plutôt en opposant les unes aux autres les prétentions rivales de leurs ambitieux voisins, parvinrent à échapper plus ou moins à la souveraineté réelle des uns et des autres. Nous aurons à revenir sur ce sujet à propos du rôle joué à cette époque par les évêques de Viviers. Pour le moment, nous allons effleurer une question encore plus intéressante, en examinant avec Challamel l'origine et les pouvoirs des anciens Etats du Vivarais.

*_**

L'existence de ces Etats est constatée au XIVe siècle, mais leur fondation remonte bien plus haut, car aux Etats du Languedoc leurs représentants occupaient le premier rang, tandis que ceux du Velay et du Gévaudan, n'ayant pu prouver une origine aussi ancienne, ne venaient qu'après.

Or, la composition des Etats du Vivarais et les règles qui y étaient en usage présentent un caractère tout particulier et qui, dit-on, ne se retrouve nulle part dans les autres provinces de l'ancienne monarchie.

Dans le principe, douze barons seulement concouraient à la formation de ces Etats : c'étaient les barons de Crussol, Montlaur, Lavoulte, Tournon, Largentière, Boulogne, Joyeuse, Chalancon et la Tourrette, Annonay, Vogué et Aubenas.

Ces douze barons y étaient représentés par leurs baillis, que présidait le *baron de tour*, c'est-à-dire que chaque baron à son tour présidait cette assemblée de baillis.

Plus tard, il fut créé trois nouvelles baronnies : Pradelles, la Gorce et Viviers. Alors seulement l'évêque eut le droit d'y avoir un délégué, mais en sa qualité de baron de Viviers et non en sa qualité d'évêque. On affectait même d'appeler son délégué, qui était ordinairement son vicaire général, le *bailli de la baronnie de Viviers*, et quand l'évêque lui-même se présentait, on refusait de le recevoir. Challamel voit, non sans raison peut-être, dans cette particularité unique en France, une réaction de l'autorité royale, ainsi que de la noblesse et du tiers-état, contre l'autorité prépondérante qu'avaient exercée autrefois les évêques de Viviers.

Les municipalités obtinrent successivement, sans

doute à la suite du grand mouvement communal du xii° siècle, leur entrée aux Etats. Sous Philippe-le-Bel, le tiers-état y avait autant de représentants que la noblesse.

Au xviii° siècle, Privas et une autre municipalité perdirent, par leur révolte, le droit d'avoir un représentant aux Etats.

Il est à remarquer que le premier consul de Viviers était de temps immémorial admis aux Etats, peut-être simplement parce que Viviers, comme beaucoup d'autres villes épiscopales, avait toujours joui, depuis les Romains, de ses droits municipaux.

Le roi était représenté aux Etats du Vivarais par le premier officier de la sénéchaussée de la province, par le premier consul de Viviers, et enfin par un des membres présents des derniers Etats, choisi par le commandant en chef de la province.

Les délibérations des Etats du Vivarais, qui sont parvenues jusqu'à nous, ne remontent pas tout à fait au commencement du xvi° siècle, mais elles suffisent à montrer que les pouvoirs de ces Etats avaient été très étendus. Sous Louis xiv, nous les voyons encore établir eux-mêmes l'impôt, le répartir, choisir les agents chargés de le percevoir, régler son emploi et s'en charger eux-mêmes. Nous les voyons encore faire des règlements d'administration publique et s'en réserver l'exécution, établir des prévôts pour la recherche des malfaiteurs et fixer les gages de ces employés. Louis XIV a-t-il une guerre à soutenir : il demande aux Etats un certain nombre de troupes, et les Etats, en les fournissant, les arment et les équipent. Ils font plus, ils choisissent eux-mêmes les officiers qui doivent les commander, fixent les appointements des militaires de chaque grade et payent la solde jusqu'à la limite du pays. Ils font, en un mot, tout ce que fait un Etat indépendant qui fournit à son allié des troupes auxiliaires, après s'y être engagé par un traité.

Challamel, s'appuyant sur cet ensemble de faits, s'attache à démontrer que le Vivarais, tout en acceptant la suzeraineté, plus ou moins nominale, de divers princes étrangers, a formé en fait, du IXe au XIIIe siècle, une sorte de *république féodale.*

L'expression est heureuse, parce qu'elle frappe l'imagination, et par sa singularité indique bien un état politique spécial, mais il faut se garder de la prendre trop au sérieux. Dans tous les cas, elle nous a valu une étude curieuse sur l'origine et les transformations successives de l'autorité suprême en Vivarais.

*
* *

On sait qu'après la conquête des Gaules par les Romains, chaque peuple conserva une large part d'autonomie, ou, selon le langage de Challamel, se gouverna en république et fit lui-même, dans ses assemblées, les lois qui devaient le régir.

L'exercice de ce droit d'autonomie laissé par le vainqueur au vaincu, fut confié, pour les provinces, à une assemblée générale des délégués des cités; pour les cités, à un sénat, et pour les cantons ou centaines, dont les cités étaient composées, à des assemblées municipales ou curies.

Les cités, sous Théodose, correspondaient aux diocèses et étaient gouvernées par des comtes.

Les viguiers *(vicarii)* étaient les lieutenants des comtes, et avaient sous leurs ordres les conteniers.

La domination visigothe et bourguignonne ne changea rien à cette administration. Seulement, Euric, roi des Visigoths, agrandit notablement la cité de Viviers, en y réunissant les communes des cités de Vienne et de Valence qui se trouvaient sur la rive droite du Rhône. La cité de Viviers, jusque-là réduite au Bas-Vivarais, se trouva dès lors correspondre au Vivarais tel qu'il existait avant 1789.

Les Francs supprimèrent les grandes provinces et les grandes assemblées, mais ne touchèrent point aux cités ni aux cantons. Ils leur laissèrent leurs sénats, leurs curies et tous leurs droits.

Charlemagne reconstitua les grandes provinces sous le nom de Légations, interposant ainsi un rouage administratif, comme au temps des Romains, entre l'autorité suprême et les sénats, mais il ne toucha pas aux assemblées des cités ni aux curies.

Au XIe siècle, le Vivarais est soumis à une aristocratie de nobles qui fut dans la suite remplacée par une oligarchie de douze barons. Rien de pareil n'existe en France ni à cette époque ni plus tard. Il y a des alliances de seigneurs dans un but de défense ou de conquête, mais on n'en signale nulle part dans un but d'administration commune.

Challamel voit dans les douze barons du Vivarais les continuateurs de l'ancienne assemblée de la cité de Viviers, les successeurs du sénat helvien, et voici comment se serait opérée cette transformation.

Sous les Romains, les comtes et les centeniers étaient nommés par le prince. Le centenier, quoique subordonné au comte, remplissait dans son canton à peu près les mêmes fonctions que le comte dans la cité. Il présidait aux jugements et commandait les milices.

Il y eut ainsi jusqu'à Charlemagne un pouvoir central fortement constitué. Mais, sous les faibles successeurs de ce prince, les emplois et les bénéfices devenant héréditaires sous le nom de fiefs, chaque feudataire voulut être roi chez soi : le comte dans la cité, le centenier dans son canton, et le dernier des seigneurs dans son fief, sauf l'hommage et le service militaire que chacun d'eux était tenu de rendre à son supérieur.

Cette révolution s'accomplit en Vivarais comme dans les autres provinces d'Occident. Seulement le Vivarais dut aux rivalités étrangères dont il était l'objet, de pouvoir conserver plus longtemps ses lois et son administration. Sous Boson et ses successeurs, la couronne de Provence, pour se défendre de l'ambition des grands, s'appuya sur le peuple et lui maintint ses privilèges. Les plus grands progrès de la féodalité en Vivarais eurent lieu sous la domination des rois de Bourgogne, mais ici il fallut user de ménagements pour ne pas froisser trop vivement un peuple attaché à ses institutions. Tandis que les seigneurs de tous les autres pays se rendaient souverains chacun chez soi, ceux du Vivarais se résignèrent à exercer le pouvoir en commun. Challamel conclut de ces suppositions, d'ailleurs fort judicieuses, à l'existence d'un Sénat établi depuis longtemps, Sénat cher aux populations, et dont les seigneurs durent faire plus ou moins adroitement la conquête pour devenir maîtres dans le pays.

Dans toute la France, avant le régime des fiefs, les hommes libres étaient divisés en familles sénatoriales, en familles de propriétaires ou notables et en classes d'artisans. Sous les deux premières races, et même peut-être du temps des empereurs romains, les comtes choisissaient eux-mêmes les sénateurs en les prenant dans les familles sénatoriales. De même, on tirait de la classe des notables ceux qui devaient composer les curies. Avec l'établissement des fiefs, cette première division cessa. La classe sénatoriale fut remplacée par celle des nobles possesseurs de fiefs ou descendants de possesseurs de fiefs. Le reste des anciennes classes se confondit peu à peu en une seule. Challamel pense qu'en Vivarais les administrations curiales se maintinrent plus longtemps qu'ailleurs.

L'autorité ou plutôt les prétentions des comtes de Toulouse sur le Vivarais ayant rencontré bon nombre de concurrents, parmi lesquels il suffira de citer les évêques de Valence et de Vienne, les rois de Bourgogne et d'Arles, et enfin les empereurs germaniques, les nobles vivarois surent habilement les opposer les uns aux autres, et finalement les évincer tous ; seulement ils surent aussi mettre à profit ces querelles pour asseoir les fondements de leur propre puissance. Or, comme nous l'avons dit, en présence d'un peuple très jaloux de ses libertés, et dans la crainte de le voir appeler du dehors un protecteur puissant, ils durent renoncer à établir cette foule de petites royautés féodales qui existaient ailleurs, et rendre leur accroissement de puissance moins perceptible en continuant à l'exercer par une administration commune, c'est-à-dire dans le sénat.

Plus tard, ils parvinrent à supprimer les administrations curiales et à devenir premiers magistrats, chacun dans ses domaines, la classe des artisans n'ayant pas grand intérêt à soutenir les propriétaires qui formaient le personnel exclusif des curies.

Le gouvernement aristocratique du Vivarais dégénéra, comme cela arrive toujours pour ces sortes de gouvernement, en oligarchie. Tous les seigneurs du

Vivarais pouvaient bien se réunir, une fois par an, par exemple, pour élaborer des lois, mais ils ne pouvaient pas rester continuellement assemblés pour les faire exécuter. Supposons, ce qui n'a rien d'improbable, qu'ils eussent confié leurs pouvoirs à l'ancien sénat, en y faisant siéger leurs représentants. Ce sénat, composé de cent personnes, comme l'étaient généralement les sénats des cités, était encore trop nombreux pour rester constamment réuni. Il fallut former un nouveau sénat, que l'on revêtit de la puissance exécutive, et ce sénat dut être formé au moyen des anciens *viguiers*, qui, devenus seigneurs d'arrondissement et plus puissants que chacun des autres seigneurs, avaient encore sur eux la prééminence qu'un suzerain a sur ses vassaux. Les seigneurs d'arrondissement furent donc chargés de la puissance exécutive, dont les rois de Bourgogne et les empereurs germaniques avaient été en dernier lieu investis. Des fonctions du gouvernement à la puissance souveraine il n'y a qu'un pas, et nos nouveaux sénateurs ne tardèrent pas à le franchir.

C'est ainsi, dit Challamel, que la noblesse, après avoir dépouillé le souverain, fut dans la suite dépouillée à son tour par les seigneurs d'arrondissement qui lui ôtèrent la puissance législative, usurpation qui dut se faire avec d'autant plus de facilité que le peuple, accoutumé à l'administration de ces seigneurs, n'apercevait aucun changement dans une révolution qui laissait toujours les mêmes personnes à la tête du gouvernement. Telle fut aussi l'origine des douze barons de tour. On voit que pour la découvrir il faut remonter aux anciens vicaires ou viguiers. Cette origine ne saurait être douteuse : on s'en convaincra surtout en jetant un coup d'œil sur la carte du pays. Que l'on examine la position des lieux qui donnaient leurs noms aux anciennes baronnies et la distance qui sépare ces lieux les uns des autres, on y reconnaîtra facilement les traces d'une ancienne division du pays en arrondissements dont ces lieux étaient les capitales.

Si parmi les dernières baronnies, on en voit de très-rapprochées les unes des autres comme celles de St-Remèze, la Gorce et Vogué, cela vient de ce que les seigneurs achetaient quelquefois les titres de baronnies anciennes et les faisaient attacher au village dont ils portaient le nom. C'est ainsi que le seigneur d'Aps fit donner à son village le titre de baronnie qu'avait Rochemaure et que cette nouvelle baronnie d'Aps devint encore dans la suite baronnie de St-Remèze. C'est ainsi que le titre de la baronnie de Brion passa à la terre de Vogué. On voit tous les nouveaux barons placés à la suite des anciens sur les listes des Etats, parce que, après ces sortes de changement, le remplaçant ne prenait pas le rang du remplacé. Le dernier des nouveaux barons n'avait rang qu'après tous les autres, même après ceux qui n'étaient pas du nombre des barons de tour, quoiqu'il fût baron de tour lui-même. (Les barons de Pradelles, de la Gorce et de Viviers, étant de création récente, avaient bien le droit d'envoyer leur bailli aux Etats, mais n'avaient pas le droit de les présider. Ces trois barons devaient au roi leur entrée aux Etats.)

On peut s'étonner que Challamel n'ait pas simplement rattaché les premiers Etats du Vivarais avec leurs douze barons et leur commissaire du pays à l'ancien décurionat avec ses dumvirs et son défenseur de la cité, sans faire intervenir les viguiers, qui, d'ailleurs, peuvent fort bien avoir été les successeurs des décurions. Notons en passant que Challamel était mort quatre ans avant la publication de l'*Histoire de la Gaule méridionale* de Fauriel qui a tant contribué à nous faire connaître l'ancienne administration romaine dans nos contrées.

Les barons du Vivarais présidaient une année, chacun à son tour. Dans tous les pays d'Etats, c'était le roi qui désignait le président. Une pareille coutume ne pouvait donc avoir été établie que par les barons eux-mêmes à une époque où nul autre qu'eux n'avait d'autorité ni d'influence dans le pays.

Un autre indice de l'ancienne indépendance du Vivarais se trouve dans ce fait que les barons n'avaient pas le droit de délibérer eux-mêmes aux Etats du Vivarais et devaient y envoyer leurs baillis, tandis qu'on ne voit rien de semblable dans les autres pays d'Etats. En supposant les Etats du Vivarais institués par le prince, on ne voit pas dans quel but celui-ci aurait fait inscrire une semblable clause dans l'institution même. Le droit de délibérer donné aux barons du Vivarais par l'autorité royale ne pouvait pas être plus dangereux pour elle dans le Vivarais qu'il ne l'était dans les autres pays.

La vraie cause de cette différence de traitement se trouverait précisément dans la différence d'origine. Les barons, tels que ceux du Languedoc, dont les pouvoirs émanaient de la seule autorité du roi, ne pouvaient pas lui être bien redoutables. Comme ils n'avaient jamais été que sujets, ils avaient tout lieu de craindre que la main qui les avait pour ainsi dire tirés du néant, ne les y fît de nouveau rentrer sans beaucoup de peine, s'ils osaient désobéir. Les baillis du Vivarais étaient à peu près dans le même cas. La protection du roi les avait mis en état de supplanter les barons, et cette protection leur était nécessaire pour conserver la puissance qu'ils avaient usurpée, tandis que les barons, ayant été souverains, il était prudent de ne pas leur laisser l'exercice d'une autorité dont ils pouvaient être tentés d'user autrement que comme des agents soumis de l'autorité royale. Sous le régime féodal, le bailli était l'officier du seigneur, chargé du gouvernement et de la répartition de la justice dans ses domaines. Tant qu'on ne leur contesta pas leur autorité souveraine, les barons du

Vivarais dédaignèrent de l'exercer eux-mêmes. Quand ils voulurent la reprendre, il était trop tard. Les baillis avaient trouvé dans le pouvoir royal un allié devant lequel les barons durent s'incliner.

Partout ailleurs qu'en Vivarais, l'histoire montre un seigneur, comte, duc ou vicomte, supérieur à tous les autres. Ici nous voyons beaucoup de prétendants à la dignité de comte, et nous n'en voyons aucun qui en ait réellement exercé l'autorité. Point d'actes d'administration, point de pouvoirs, point de commissions émanés d'eux. Deux comtes du Vivarais, Eribert et son fils Elpodorius, sont mentionnés, le dernier dans une charte de Louis-le-Débonnaire, de 817, mais la dignité comtale paraît s'éteindre avec eux.

Du ixe au xiiie siècle, dom Vaissette ne parle presque pas du Vivarais et nous n'avons pas besoin d'insister sur le caractère peu probant des deux seuls documents cités par lui pour démontrer que les comtes de Toulouse ont régné dans ce pays. Ces deux documents (le testament du comte Raymond, fils d'Ermengarde, et le mariage du comte Bertrand) peuvent indiquer, en effet, des prétentions à dominer sur le Vivarais, mais ils ne prouvent nullement une domination réelle. Un legs fait à l'église de Viviers en 961, un douaire assigné à une femme 134 ans après et dans lequel le nom du Vivarais se trouve ajouté aux noms de quelques autres pays, ne peuvent suppléer au silence absolu de l'histoire sur tout acte d'administration ou de souveraineté exercé par les comtes de Toulouse dans ce pays pendant une aussi longue période de temps.

Il est à remarquer aussi qu'à ces époques où les ambitions seigneuriales allumaient la guerre même entre les plus petits pays, le Vivarais n'est mentionné nulle part comme ayant pris part à ces conflagrations. Son nom ne figure pas dans les états, pourtant fort détaillés, des contingents dont disposait tel ou tel parti. On peut en conclure qu'il jouissait de la paix, et ce privilège doit s'expliquer à la fois par la situation topographique du pays et par le régime oligarchique qui s'y était établi, car il est infiniment plus difficile d'amener un pays à se mêler aux querelles extérieures qui ne le concernent pas directement, quand l'autorité souveraine n'y est pas concentrée dans une seule main.

Si l'on voit assez souvent, depuis le dixième siècle, les comtes de Toulouse figurer dans l'histoire de cette province, ce n'est qu'à l'occasion de leurs fiefs particuliers, et notamment de la baronnie de Fanjaux, qui ne leur conférait pas de prérogative supérieure à celle des autres barons, puisqu'elle ne donnait d'autre privilège que le droit d'entrer et de délibérer aux Etats.

Plusieurs actes sont datés du règne de certains rois de France; d'autres portent la date du règne des empereurs. Mais que prouvent ces actes, si ce n'est que, suivant les circonstances où l'on se trouvait, on faisait hommage à celui des princes que l'on avait le plus intérêt à ménager ? D'ailleurs, la date du règne des princes insérée dans les actes publics n'indiquait qu'une haute suzeraineté reconnue, et la suzeraineté était bien différente de la souveraineté. Le vassal, maître chez lui, ne devait à son suzerain que le service militaire et l'hommage ; encore ne se soumettait-il à ces devoirs que lorsqu'il ne se sentait pas assez puissant pour refuser impunément de les remplir.

Challamel rapporte un témoignage important de dom Malherbe, le savant bénédictin qui fut chargé de continuer l'*Histoire du Languedoc*. En 1788, ce religieux ayant été consulté par M. de Rochemure, de la part des Etats du Vivarais, au sujet de quelques droits réclamés par ce pays, répondit que les actes relatifs aux droits et aux priviléges du Vivarais étaient aux archives de la province du Languedoc, qu'il les y avait lus, et que dom Vaissette en aurait parlé dans son histoire, *si les Etats du Languedoc ne lui avaient expressément défendu de faire connaître l'origine des priviléges de ce pays.*

On peut encore voir un vestige de l'ancienne indépendance des Etats du Vivarais dans un usage qui s'était perpétué jusqu'en 1789 : à la fin des délibérations, le baron de tour ou son subrogé signait le premier, tandis que le commissaire principal, représentant la personne du roi, ne signait que le second, *usage singulier,* observe M. de Baville, *car partout ailleurs le commissaire signe le premier.*

La présence du premier consul de Viviers siégeant aux Etats du Vivarais, en qualité de commissaire, paraît aussi très significative, vu la présence simultanée aux Etats du commissaire principal et du bailli du Vivarais, représentant tous deux la personne du prince et chargés de veiller à ce qu'il ne s'y passât rien de contraire à ses intérêts. Challamel croit que ce commissaire représentait l'ancien *defensor* de la cité, charge analogue au tribunat dans la république romaine. On sait que, dans beaucoup de pays, le suffrage populaire conférait souvent aux évêques cette magistrature. Les rois étant devenus les maîtres du pays, trouvèrent plus commode et moins dangereux de s'approprier la charge que de la supprimer; mais, jusqu'à la fin, le premier consul de Viviers est désigné, dans les délibérations des Etats, sous le nom de *commissaire du pays*.

Les progrès ou, comme dit Challamel, les empiètements de l'autorité royale en Vivarais furent l'œuvre du temps et d'une politique adroite qui sut diviser les Etats pour les dominer — politique dont notre auteur, même à son point de vue libéral et républicain, a tort de se plaindre, car tout ce que le pays perdait en indépendance, il le regagnait en sécurité et en liberté réelle. Le peuple ne s'émancipa graduellement des tyrannies locales que sous l'égide de l'Eglise et de la royauté naturellement liguées pour mettre un terme aux abus des grands. D'ailleurs, ce pouvoir *absolu* de la royauté, dont on parle tant dans une certaine critique, est beaucoup plus difficile à retrouver dans la réalité de l'histoire qu'on ne se l'imagine. Malgré la fameuse formule : *tel est notre plaisir*, qui revenait sans cesse dans le langage officiel du souverain, le roi, même à l'apogée de la monarchie, se trouvait arrêté à chaque pas par le respect qu'il était obligé de garder pour les droits et les usages en vigueur. Quand il demandait à ses sujets des dons gratuits, des impôts, des subsides,

Il était obligé *d'user de représentations* avec le clergé de France et de l'assembler pour les obtenir ;

Il *négociait l'enregistrement* d'un édit bursal avec le Parlement ;

Il *demandait l'assise* aux Etats du Languedoc ;

Il l'*ordonnait* en Bourgogne ;

Il était souvent obligé de l'*acheter* en Bretagne plus ou moins directement.

Donc, sans vouloir méconnaître les abus de ce qu'on a appelé le pouvoir absolu, il n'est que juste de constater que partout autrefois il existait des droits et usages pour pondérer l'autorité royale, droits et usages dont nos constitutions modernes n'ont été que le développement. S'il y a progrès aujourd'hui, peut-être est-il plus dans les mœurs, œuvre du temps, que dans les institutions, œuvre des hommes. Le travail de Challamel, quoique conçu dans une pensée hostile au régime monarchique, en est une preuve nouvelle, puisqu'il a pour but d'établir et qu'il établit en partie l'existence d'une sorte de république vivaroise se maintenant pendant des siècles sous l'autorité des rois de Provence ou de Bourgogne, des empereurs d'Allemagne et des rois de France.

Les Etats du Vivarais perdirent insensiblement de leur autorité et de leur prestige, à mesure que le roi, soutenu par le peuple et par l'évêque de Viviers, acquérait ou s'arrogeait peu à peu le droit de les convoquer, d'y députer des commissaires, d'y faire des propositions et finalement d'y exercer un droit de veto. Nous avons vu plus haut les rois commencer à s'introduire dans les affaires du Vivarais en donnant raison aux baillis contre les barons qui voulaient reprendre l'administration effective du pays. Le dépit des barons leur fournit bientôt l'occasion d'un nouvel empiètement. Ceux-ci, pour faire pièce aux baillis et diminuer leur autorité, vendirent aux habitants de leurs seigneuries, avec le droit de municipalité, la propriété des terres dont ceux-ci n'étaient que fermiers.

Notons ici qu'en Vivarais comme dans le reste de l'ancienne Province romaine, toute terre était censée appartenir à Dieu, et que le seigneur devait, s'il la réclamait, fournir la preuve qu'elle lui appartenait, tandis qu'ailleurs, la terre était censée appartenir au seigneur et c'est le réclamant qui devait faire la preuve du contraire.

Les croisades auxquelles prirent part de nombreux seigneurs du Vivarais contribuèrent notablement au mouvement communal par les besoins d'argent qu'elles créèrent. Les barons cherchèrent ensuite à introduire dans le gouvernement les premiers consuls des lieux principaux de leurs baronnies. Les baillis voulurent s'y opposer, mais le roi soutint cette fois les barons, parce qu'il était sûr de trouver dans les consuls de nouveaux partisans. Ce fut alors sans doute que l'assemblée souveraine du Vivarais commença à prendre le nom d'*Etats*. Ce titre ne convient, en effet, qu'à une assemblée dans laquelle chaque classe de citoyens a ses représentants. Les baillis représentaient la noblesse. Les consuls représentèrent les communes.

Mais le moyen le plus efficace pour étendre l'autorité royale en Vivarais fut la fondation du bailliage royal de Villeneuve-de-Berg. Peu après, on donna à ce haut magistrat deux lieutenants, dont l'un résidait auprès de lui à Villeneuve, et l'autre, à Boucieu, dans le Haut-Vivarais. Quinze ou vingt ans étaient à peine écoulés, que toutes les contestations jugées jusque-là par les officiers des seigneurs étaient portées par appel devant le bailli royal ou ses lieutenants.

Challamel raconte les efforts de la royauté pour

réunir les États du Vivarais à ceux du Languedoc, afin de les dominer plus sûrement.

En 1303, Philippe le Bel obtint un premier succès Ayant convoqué une assemblée de la sénéchaussée de Beaucaire pour la faire adhérer à son appel au futur concile, il eut soin d'y convoquer les barons du Vivarais et les députés des communes. Quelques barons y allèrent, peut-être à titre de revanche contre les baillis : c'étaient le baron de Montlaur, celui de Tournon et un représentant de celui de Joyeuse. Les députés de quatre communes placées sous l'influence de l'évêque (Viviers, St-Marcel, le Bourg-St-Andéol et Largentière) y allèrent également. Mais ce succès n'eut pas de suite et il ne fallut rien moins que les guerres malheureuses que la France eut à soutenir contre les Anglais pour opérer la réunion désirée.

Afin, ou, comme dit Challamel, sous prétexte d'augmenter les moyens d'attaque et de résistance en mettant plus d'ensemble dans les opérations, les rois appelèrent pour délibérer aux États du Languedoc l'évêque de Viviers, quelques-uns des principaux barons du pays et les premiers consuls des principales communes.

Les résolutions prises dans ces assemblées furent adoptées et exécutées dans le Vivarais comme étant en quelque sorte l'œuvre des représentants du pays, et, d'ailleurs, parce que les malheurs des temps ne permettaient pas de rejeter de bonnes résolutions pour quelques vices de forme. Cette occasion de faire délibérer des personnages du Vivarais aux Etats du Languedoc se présenta si souvent et pendant si longtemps que les habitants du Vivarais, s'accoutumant peu à peu à cette manière de tenir les Etats, finirent par exécuter indifféremment les résolutions de ceux du Languedoc et des leurs. C'était où les rois voulaient en venir. Ils réglèrent alors définitivement la manière dont le Vivarais serait à l'avenir représenté aux Etats du Languedoc. Ils ordonnèrent qu'il fût représenté par l'évêque de Viviers, par le baron de tour de l'année et par le consul du lieu principal de la baronnie de tour. Pour faire accepter ces décisions au pays de Vivarais, on le flatta par deux distinctions : son baron de tour obtint le rang et les droits de premier baron de la province, et son syndic eut place au banc des syndics généraux pendant que ceux des autres pays dépendant des mêmes Etats étaient placés à un banc inférieur. Il fut établi aussi, en faveur des douze barons de tour du Vivarais, comme des huit du Gévaudan, que si l'un d'eux, outre sa baronnie de tour, avait une autre baronnie ou un comté donnant droit d'entrée annuelle aux Etats généraux de la province, il pourrait y avoir deux délégués ou y assister lui-même avec un envoyé, l'année du tour, et avoir ainsi double suffrage.

Dès ce moment, les Etats du Languedoc prirent sur ceux du Vivarais une supériorité jusqu'alors inconnue. Ils exigèrent que les délibérations de ceux-ci fussent soumises à leur approbation. Quand la révolution de 1789 éclata, les Etats du Vivarais étaient entièrement subordonnés à l'autorité des Etats du Languedoc. Leurs pouvoirs se réduisaient à un simple droit de remontrance et à la répartition des contributions ordonnées par les Etats du Languedoc. Ils n'étaient plus en divergence avec ceux-ci que sur leur titre d'*Etats* qui blessait l'orgueil des Etats-Généraux de la province et auquel ceux-ci auraient voulu substituer le nom d'*Assiette* donné aux assemblées des diocèses chargées d'asseoir l'impôt. Les Etats du Vivarais refusèrent constamment d'abandonner leur ancien titre et se qualifièrent toujours du nom d'*Etats*. Quant à leurs anciennes attributions souveraines, ils les avaient abandonnées successivement, mais non sans avoir courageusement résisté pendant des siècles. C'est même à leur persistance que Challamel attribue un grand événement. Au xviie siècle, le château de Sampzon, où étaient renfermées les archives des Etats du Vivarais, fut détruit par un incendie. Le bruit courut que le feu avait été mis par le syndic du Vivarais, le sieur de Fayn de Rochepierre, qui, ayant fait déclarer le syndicat héréditaire dans sa famille, avait voulu, disait-on, brûler les archives afin d'anéantir des actes constatant que ceux de ses ancêtres qui avaient exercé les mêmes fonctions les tenaient d'une nomination particulière faite par les Etats pour chacun d'eux. Mais Challamel accuse formellement les Etats du Languedoc d'avoir fait allumer l'incendie des archives du Vivarais pour punir les Etats de leur opposition et leur faire perdre jusqu'au souvenir de leur antique pouvoir en brûlant les papiers qui les leur rappelaient sans cesse.

« Et certes, ajoute Challamel, il faut convenir qu'ils réussirent on ne peut mieux, car, à la réserve d'une faible tradition, le souvenir s'en est perdu au point que ce n'est que par des raisonnements et des calculs qu'on peut s'assurer aujourd'hui que le Vivarais fut autrefois un pays libre et que l'on peut découvrir comment il perdit sa liberté. »

Ces dernières lignes caractérisent le travail de Challamel. Faute de preuves matérielles suffisantes, l'historien a dû recourir largement aux inductions et aux preuves morales. Il a dû suppléer, à force d'études et de conjectures, aux documents disparus. En somme, il a posé un problème plutôt qu'il ne l'a résolu. Tel qu'il est, son travail a une incontestable importance.

On y aperçoit, quoique dans un certain vague, l'antique indépendance du Vivarais favorisée à la fois par les difficultés topographiques et par l'éloignement ou les rivalités des princes qui auraient pu y porter atteinte.

Au point de vue des libertés intérieures, c'est-à-dire de la participation du peuple, ou du moins de la classe moyenne, à l'administration du pays, il serait fort intéressant de savoir si, comme le croit Challamel, cette participation s'est toujours continuée, dans une certaine mesure, depuis les Romains. Or, bien que la *république féodale* de Challamel nous paraisse fort sujette à caution et que le mot d'*anarchie féodale* convienne beaucoup mieux à l'état politique de cette lointaine époque, il nous semble qu'il n'est pas impossible de se faire une idée de ce qui a dû se passer. En somme, la nature humaine n'était pas autre alors qu'elle n'est aujourd'hui ; et les mêmes mobiles que nous voyons agir dans le jeu de la société actuelle doivent se retrouver à toutes les époques. Tout homme aime à commander : il y a dans chacun de nous — chez ceux qui se croient libéraux encore plus que chez les autres — le germe d'un tyran. Mais si la tyrannie pour soi est naturelle, la coalition pour résister à la tyrannie d'autrui ne l'est pas moins. De là aussi les Sénats, Etats ou Parlements, qui représentent le terrain gagné par les gouvernés et le contrepoids qu'ils sont parvenus à opposer à la puissance du ou des gouvernants.

Ces représentations ont dû toujours exister, sauf peut-être quelques périodes violentes, dans des conditions plus ou moins accentuées, et l'auteur d'un Mémoire sur les Etats du Languedoc, publié en 1788, était au moins dans la vérité relative, quand il disait que l'administration de cette partie de la Gaule méridionale avait été « ébauchée par les Gaulois, formée par les Romains, protégée par les Wisigoths, respectée par les Sarrasins, conservée par les Mérovingiens, maintenue par les Carlovingiens et les ducs et comtes héréditaires, perfectionnée par St-Louis, réglée par Charles VII, confirmée successivement par tous nos souverains.... » (1)

C'est aussi à ce point de vue que Challamel a peut-être raison de rattacher les Etats du Vivarais à l'ancien Sénat helvien. Faute de chartes pour suivre les tranformations successives de l'autorité administrative au moyen âge, il faut se rappeler que les libertés locales, ce qu'on appelait alors les *franchises et privilèges* des communes, ne datent pas d'hier et que les plus vieux documents de ce genre que nous possédons visent tous des usages, franchises ou privilèges plus anciens désignés le plus souvent comme existant de *temps immémorial*.

La vie politique d'alors, était un drame à quatre personnages: le roi, le clergé, la noblesse et le peuple. Le plus puissant était la noblesse, c'est-à-dire les barons investis de la force matérielle en présence du clergé qui n'avait que la force morale, du peuple qui n'avait pas conscience de lui-même et du roi ordinairement trop éloigné. C'est donc contre la noblesse ou les barons que les trois autres devaient se réunir, et c'est ce qui eut lieu, en effet, peu à peu jusqu'au triomphe absolu de la royauté, laquelle na-

(1) Collection du Languedoc, t. 120.

turellement avait toujours cherché à relever la situation des classes moyenne et inférieure pour s'en faire des alliés contre les barons.

Le besoin d'argent, résultat de guerres incessantes, obligeant les rois à réclamer constamment de nouveaux subsides, amena la convocation plus fréquente des États provinciaux et donna à ceux-ci une importance croissante dont la royauté, devenue plus forte, prit ombrage, et elle ne songea plus alors qu'à en restreindre les attributions. C'est ainsi qu'en abusant à son tour du pouvoir, la royauté provoqua une nouvelle coalition dont elle fut la victime à la fin du siècle dernier. Depuis lors, bien qu'il y ait eu un trône et des personnages qui l'ont occupé sous le nom de rois ou d'empereurs, le véritable souverain a toujours été, sous diverses formes, le quatrième des acteurs du moyen-âge, celui qu'on appelle le *Peuple*. Hélas ! celui-là risque fort d'avoir le sort des deux despotismes précédents, car il n'a l'air ni plus intelligent ni plus libéral qu'eux, et l'on peut prévoir le jour où la plupart des éléments dont il se compose se seront séparés de lui pour renforcer la coalition hostile. Ainsi va le monde : la lutte pour le pouvoir y est une des formes de la lutte pour la vie *(struggle for live)* et ce n'est pas la moins féroce ; elle a toujours existé et c'est peut-être se faire une illusion de croire qu'elle cessera avant l'humanité elle même Il faut donc s'y résigner et surtout ne pas croire que nous ayons fait sous ce rapport des progrès merveilleux. Quand les érudits de l'avenir compareront les diverses phases historiques qu'a traversées le bon peuple français, peut-être trouveront-ils qu'on a trop noirci le passé et que nos décurions modernes auraient bien des leçons de sagesse et de patriotisme à prendre de leurs antiques prédécesseurs.

Quoi qu'il en soit, Challamel a écrit un Mémoire qui lui fait honneur. En le dégageant des préoccupations de temps et de parti qui ont visiblement influé sur l'auteur, on y aperçoit une part de vérité dont l'élucidation serait également précieuse pour l'histoire de nos contrées et pour l'histoire générale. Bien des documents enfouis dans les archives publiques et privées ou dans les offices de notaires, peuvent recevoir de cette étude une lumière inattendue. Elle méritait, dans tous les cas, d'être signalée au public intelligent. Les travaux de ce genre ne servent pas seulement à faire apprécier plus équitablement le passé, ils contribuent aussi à un jugement plus sain des choses du présent. En voyant avec quelle lenteur le progrès s'est toujours effectué dans le monde et la part que toutes les classes y ont prise successivement, on finira peut-être par comprendre qu'il est insensé de vouloir lui forcer la main, qu'il n'est l'apanage d'aucune caste ni d'aucune coterie, et que nos pères, qui croyaient à quelqu'un et à quelque chose, qui parlaient beaucoup moins de leurs droits, mais les maintenaient patiemment et avec persévérance de père en fils, sans prétendre reformer le ciel et la terre dans une matinée, avaient plus d'esprit politique que nous. Dans tous les cas, si, des hauteurs de l'autre monde, ils peuvent entendre nos bavardages, s'ils voient notre scepticisme et nos folies, on peut raisonnablement douter qu'ils applaudissent à ce spectacle, car nous travaillons simplement à défaire, et cela fort rapidement, l'édifice moral et politique qu'ils ont eu tant de peine et mis tant de siècles à élever.

VIII

ARCHÉOLOGIE HELVIENNE

La famille Malmazet de St-Andéol. — Études du vicomte de St-Andéol sur l'architecture religieuse des premiers siècles. — Style roman et style ogival. — La domination sarrasine dans le Midi de la France. — Une lettre de M. de St-Andéol en 1868. — Notices sur les églises romanes du Bas-Vivarais. — L'oppidum gaulois de Bergoyse. — Aperçu sur le pays des Helviens. — M. de St-Andéol au congrès archéologique de Montpellier en 1869. — L'ouvrage de M. Revoil sur l'architecture romane du Midi. — Les architectes archéologues et les archivistes archéologues. — Le grand débat entre les archéologues du Nord et ceux du Midi. La voûte en pierre et la voûte en bois. — Bonjour, M. Crispin ! — Méditation sur les ruines.

Le vicomte Ferdinand de St-Andéol qui complétera cette série de compatriotes célèbres, était né à Villeneuve le 4 août 1810.

La famille Malmazet de St-Andéol est d'une ancienneté respectable, bien qu'elle ne figure ni parmi celles qui furent maintenues dans leur noblesse lors des grandes recherches de 1666 et 1696, ni parmi celles qui furent condamnées pour usurpation de titres de noblesse. Mais ses titres furent vérifiés plus tard à la cour des comptes de Montpellier qui la déclara noble d'ancienne race par arrêt du 13 novembre 1788. On trouve sa généalogie dans les archives de Lainé (1831.) Le premier Malmazet venait de Vaison dans le Comtat Venaissin. Il vivait en 1353.

J. B. de Malmazet, né en 1679, colonel de la bourgeoisie du diocèse de Viviers, fut tué, le 23 août 1722, à Villeneuve par Simon de Blachère. Anne de Gascou, sa veuve, poursuivit le meurtrier, de concert avec son beau-père, André Malmazet, avocat à Rosières. Ils adressèrent une requête au garde des sceaux pour établir que la victime était noble et que le meurtrier ne l'était pas. Celui-ci s'était enfui, mais Louise de Narbonne de Larque, sa femme, s'empressa d'envoyer, de son côté, les preuves nécessaires pour établir que Blachère était noble et que Malmazet ne l'était pas. Blachère obtint des lettres de grâce entérinées à Toulouse le 14 août 1726 et accordées *attendu la qualité des personnes*. Blachère avait été condamné à mort en 1723. Il évita l'échafaud, mais les frais (5,941 livres) et l'amende (15,000 livres) restèrent à sa charge. Ces Blachère avaient été anoblis en 1544 (1).

(1) Manuscrits d'Henri Deydier.

Une bulle du pape Pie VI, datée du palais d'Avignon, le 13 avril 1784, confirma à Jean-André de Malmazet de St-Andéol le titre héréditaire de *comte du St-Empire* que les St-Andéol possédaient déjà depuis un temps immémorial.

Le vicomte Ferdinand de St-Andéol fit son éducation classique au collège de Valence, puis alla à Grenoble suivre les cours de la Faculté de droit; mais, entraîné par une véritable vocation, il abandonna bientôt la jurisprudence pour se livrer aux recherches archéologiques avec une ardeur qui ne s'est jamais démentie. De nombreux voyages dans le Midi de la France et en Italie lui permirent d'étudier sur place les monuments d'origines les plus diverses. Voyageant souvent à pied, le sac sur le dos, rien ne lui échappait.

M. Emile Berger, aujourd'hui conseiller d'Etat, qui remplaça en 1872 le vicomte de St-Andéol à l'Académie Delphinale, a donné, dans son discours de réception, un aperçu de l'œuvre archéologique de son prédécesseur. On nous permettra d'en indiquer la substance avant de nous occuper spécialement des travaux de M. de St-Andéol sur le Vivarais.

Les études archéologiques de M. de St-Andéol ont porté sur l'architecture gallo-romaine, l'architecture religieuse, depuis l'apparition du christianisme dans la Gaule jusqu'au xvi° siècle, l'architecture monastique, et sur les traces laissées en Dauphiné et en Vivarais par l'occupation sarrasine.

Son premier mémoire archéologique fut une *Notice sur les églises du Mottier et de Penol*. M. de St-Andéol les compare à beaucoup d'autres monuments analogues dont la date est certaine et conclut qu'elles appartiennent, la première au viie siècle et la seconde au ixe.

Ses investigations portèrent ensuite sur les églises de St-Hugues, Seyssins, Ste-Marie des Côtes de Sassenage, Mésage, St-Firmin, Chante-Merle, et enfin sur les cathédrales d'Embrun, de Valence, de St-Paul-Trois-Châteaux et de Vienne. Plusieurs de ses monographies ont été publiées sous le titre générique: *Les cathédrales en Dauphiné*.

Dans sa dissertation sur la cathédrale de Mélas M. de St-Andéol a voulu démontrer avec quelle légèreté on classe certains édifices dans le style roman des xie et xiie siècles en se fondant uniquement sur ce que les ouvertures de ces édifices sont à pleins cintres ou à cintres brisés. Il établit que la cathédrale de Mélas remonte à la plus haute antiquité et que sa construction date du ve siècle.

Après une foule d'études particulières sur des monuments anciens, existant pour la plupart en Dauphiné et en Vivarais, M. de St-Andéol voulut synthétiser le fruit de ses études dans un mémoire intitulé: *Histoire de l'architecture religieuse dans l'ancienne province romaine et gothique, depuis son origine jusqu'à la fin du XIe siècle*.

L'auteur expose les changements apportés par le christianisme aux temples païens de la Gaule méridionale pour les faire servir au nouveau culte ; il indique quels sont les monuments qui ont conservé les marques de cette transformation; il décrit les églises qui furent construites jusqu'à la fin du vii° siècle, le rôle que jouèrent dans ces constructions les matériaux empruntés aux monuments romains ou qui provenaient de la ruine de ces monuments. M. de St-Andéol pose en principe que, pour l'étude de l'archéologie religieuse, il faut tracer une ligne de démarcation entre le midi et le nord de la France; que, dans le midi, l'architecture romane ou latine s'est perpétuée jusqu'au viii° siècle ; *qu'à partir de cette époque, les Goths, maîtres de la Gaule méridionale depuis l'année 412, dégagèrent et mirent en pratique un nouveau style architectural ayant pour caractère l'appareil moyen à joints serrés, les voûtes en berceau avec arcs doubleaux, pilastres, piliers et contreforts, tout en reprenant pour la décoration certaines traditions antiques.*

Ce style, ajoute M. de St-Andéol, ayant acquis un caractère distinct et original à partir du xi° siècle, remonta lentement vers le nord, fut adopté et propagé par les moines de Cluny, qui ne tardèrent pas à le modifier et finit par s'éteindre vers la fin du xii° siècle, au moment où naissait sur le sol de la France le style ogival, l'art chrétien par excellence.

Ce serait donc à tort qu'on appelle *architecture romane* l'architecture appliquée dans la France méridionale jusqu'au xii° siècle ; cette architecture devrait s'appeler gothique, car elle est l'œuvre des Goths qui, rapidement arrivés à la civilisation, avaient subi l'influence des Arabes établis sur leurs frontières.

Enfin, M. de St-Andéol croit que la vérité de ces appréciations est généralement méconnue, parce que tous les écrivains qui se sont occupés d'archéologie appartiennent aux provinces du nord de la France et n'ont pas suffisamment étudié les monuments du midi.

En discutant la valeur de ces expressions : *style roman*, *style gothique* et *style ogival*, M. de St-Andéol n'a pas eu la pensée de soulever une vaine dispute de mots. Il a voulu établir la vérité historique et démontrer qu'au viii° et au xii° siècle, la France a doté le monde d'une architecture digne du christianisme. Il a voulu encore placer les édifices religieux à l'abri de restaurations qui, par leur anachronisme, constituent de véritables mutilations.

M. de St-Andéol proteste avec raison contre le nom de *style gothique* donné à l'architecture ogivale, créée dans le nord de la France et à laquelle les Goths sont restés complètement étrangers. L'architecture ogivale est née dans l'île de France au xii° siècle; ses premiers chefs-d'œuvre ont été l'église de St-Denis et Notre-Dame de Paris. De là, elle se répandit dans les autres provinces françaises, et passa successivement en Allemagne, en Angleterre et en Espagne. L'action des Goths est caractérisée surtout par la transformation qu'ils ont fait subir au style romain, sans le supprimer et le faire oublier complétement, comme l'a fait l'architecture ogivale.

En 1864, M. de St-Andéol publia : *Les sept monuments de Lyon.*

Déjà, en 1857, au congrès archéologique de Valence, il avait exposé ses idées sur les églises du Bas-Vivarais.

Tels sont ses travaux principaux sur l'architecture religieuse.

En fait d'archéologie gallo-romaine, M. de St-Andéol a publié *Un Oppidum gaulois retrouvé, l'Aperçu géographique sur le pays des Helviens* et un mémoire sur *l'Alesia* de Novalaise (Savoie).

Nous regrettons vivement de ne pas connaître les mémoires écrits par M. de St-Andéol sur l'invasion sarrasine. On sait aujourd'hui que, sous l'action de préventions religieuses et patriotiques, d'ailleurs fort concevables, la vérité pour cette partie de l'histoire de France a été passablement altérée. Il est avéré, depuis les beaux travaux de M. Reinaud, que les Sarrasins nous étaient très-supérieurs sous bien des rapports et que leur longue domination sur les bords de la Méditerranée n'a été ni sans gloire pour eux ni sans utilité pour la civilisation de ces contrées. Les traces de la domination sarrasine dans le Bas-Vivarais sont visibles à chaque pas et nous espérons bien qu'un érudit en fera un jour l'objet d'une étude spéciale.

Les publications de M. de St-Andéol sur les Sarrasins paraissent se borner à divers articles parus dans la *Semaine religieuse* de 1870 sous le titre de *Recherches archéologiques sur les Sarrasins dans le Graisivaudan* ; à un rapport à l'Académie Delphinale sur un opuscule de Vingtrinier relatif à l'invasion des Sarrasins dans le Lyonnais (1863) ; enfin à plusieurs pages manuscrites, trouvées dans les papiers de l'auteur, écrites et signées par lui et se terminant par cette mention : *à continuer*.

Jusqu'au dernier jour de sa vie, M. de St-Andéol a affirmé sa passion pour l'archéologie, son dévouement à la science. Il se rendait, le 10 juin 1870, à Charlieu, près de Roanne, afin d'y étudier les ruines d'une ancienne abbaye des Bénédictins. Après deux jours de travail sous un soleil brûlant, il fut saisi par la fièvre. Ramené à Grenoble en toute hâte, il rendit le dernier soupir le 17 juin 1870.

.*.

En 1868, ayant envoyé à M. de St-Andéol une note sur les dolmens du Vivarais, insérée dans l'*Annuaire de l'Ardèche* de 1867, nous reçûmes de notre compatriote la lettre suivante :

Grenoble, 4 avril 1868.

Monsieur,

Je viens vous remercier de l'intéressant article que vous avez eu l'obligeance de m'adresser. Comme vous, enfant du Vivarais, j'ai à cœur que cette petite province sorte de l'oubli, et qu'elle montre aussi que son passé n'a pas été sans richesse et sans gloire. Son historien s'est mis à l'œuvre et l'on ne saurait trop regretter que l'indifférence du public l'ait arrêté au premier tiers de cette savante et littéraire publication.

Au point de vue de l'archéologie monumentale, j'ai recueilli la majeure partie de ses édifices, spécialement de la chute de l'empire romain au xi° siècle, et, par occasion, ses oppidum et lieux de refuge des cinq à six siècles précédant immédiatement la domination romaine.

M. de Malbos, M. de Marichard, et je vous y prends à votre tour, mettez en lumière ses témoignages des temps ante-historiques, science nouvelle, pleine d'ardeur, de faits, de résultats, et dans laquelle le Vivarais apportera sa bonne part, grâce à vos recherches, pour plus qu'il n'est gros, on peut le dire, car le Dauphiné, trois fois plus grand, reste en arrière, et aussi la Savoie, sauf les lacustres, pour cette dernière, et encore le Vivarais trouvera-t-il des échantillons très-certainement dans son lac d'Issarlès. Dès lors cette province tiendra par toutes ses dates et le niveau et le courant.

Mes publications composent un bagage bien léger. Je regrette toutefois de n'avoir pas fait des tirages plus volumineux, afin d'avoir le plaisir d'offrir mon travail tel quel aux Vivarois qui, s'intéressant à tout ce qui touche à cette province, m'ont témoigné le désir de le connaître.

Si j'ai peu écrit sur le Vivarais, malgré mes cahiers et albums assez fournis de notes et de dessins, c'est qu'il faudrait faire tout imprimer à ses frais et le savant M. Rouchier lui-même ne peut y joindre les deux bouts. La Société des Sciences naturelles de Privas est trop pauvre pour grossir son Bulletin annuel. Elle y réserve tout juste ce qui vient de ses membres résidants et ce qui, par son côté pratique, rentre dans le domaine des sciences industrielles. Il faudrait que cette Société pût se fortifier comme celle de la Drôme, de façon à mettre au jour un Bulletin plus nourri.

Il serait, à propos, ainsi que vous le témoignez, que le patois fût étudié. Ce serait un des plus sûrs moyens d'arriver à la langue celtique plus insaisissable que l'égyptien des Pharaons, en en dégageant d'abord les termes qui phonétiquement, n'ont pas leur analogue dans le latin, sans préjudice de tous les emprunts faits par ce dernier au celte. Chaque jour notre patois se francise par ce procédé qui cousiste à *patoiser* des mots français : *marmita, fraisos, ressor, grénados, tcicoreio, couverturo*, etc., pour *oulla, madzoufos, redjital, maougrono, endivo, flassado*, etc.

Ce que j'ai écrit sur le Vivarais se réduit à ce petit nombre :

Aperçu sur le pays des Helviens, Bulletin de l'Académie Delphinale, 2ᵉ série, t. I (tirage épuisé) ;

Un Oppidum gaulois retrouvé, même Bulletin, 2ᵉ série, t. II ;

Le Trophée de Q. Fabius, id. 2ᵉ série, t. III ;

Architecture militaire des bords du Rhône du XIIᵉ au XIVᵉ siècle, congrès scientifique de Saint-Etienne, t. II, p. 59 (sans tirage à part) ;

Une église cathédrale au Vᵉ siècle et son baptistère à Saint-Etienne-de-Melas. Revue de l'Art chrétien. 1862, (tirage épuisé) ;

Notre-Dame-de-Thines, almanach de la France littéraire, Lyon 1865, chez Peladan.

Je regrette qu'il ne me reste plus qu'un exemplaire de l'*Oppidum gaulois retrouvé* que je me fais un plaisir de vous adresser.

Cet oppidum (*alauna*) m'aidera, au besoin, à prouver (je n'y songeais pas alors) que la tribu gauloise des Segalauniens (et non la circonscription romaine de ce nom que l'on confond) était toute entière sur la rive droite du Rhône entre le Doux et le Coiron. *Seg* ayant le sens latin de *ad, in* chez, vers, de, proche. *Seg-Alauni* : tribu de Alauna. Pline dit une fois *Segovellauni*, ce qui confirme le sens de *seg*, proche les Vellaunes ou Vellaves.

Je regrette de n'avoir plus d'exemplaires du *Trophée de Q. Fabius*, mais je sais que M. Prudhomme, imprimeur du Bulletin de l'Académie delphinale, rue Lafayette, en a tiré quelques exemplaires.

Les professeurs des facultés à Grenoble ont adopté l'opinion que j'émets, et, dans le compte-rendu de la *Revue des sociétés savantes*, M. Quicherat, rapporteur, la partage aussi. Nous posséderions ainsi dans le Vivarais le plus ancien monument romain de la France, datant de la République, et le deuxième des premiers trophées de pierre que les Romains aient dressés : le premier, antérieur d'une année, aujourd'hui introuvable, vers la Sorgue et que je crois avoir été détruit par convenance pour être remplacé par un trophée général, l'arc-de-triomphe d'Orange.

Ma notice sur l'église de Mélas a attiré, après quatre années, l'attention du comité des arts et monuments. Un architecte du gouvernement est venu la relever, l'année dernière. J'ai découvert, depuis, le fond de la piscine de son baptistère. Enfin, une somme de 5 à 6,000 fr. vient de lui être allouée. C'est autant d'acquis. Mais je m'oublie à causer du Vivarais; c'est un défaut que vous excuserez, et je vous prie, Monsieur, d'agréer l'assurance de la cordialité de mes sentiments.   F. DE SAINT-ANDÉOL.

***

M. de Saint-Andéol oublie, dans l'énumération de ses travaux sur le Vivarais, ses *Notices sur les églises romanes du Bas-Vivarais*, que nous trouvons dans le compte-rendu du Congrès archéologique, tenu à Mende et Valence en 1857. Notre compatriote rattache ces églises à trois types : Cruas, Mazan, Viviers.

Il décrit pour le premier type : Cruas, Saint-Julien-du-Serre, Thines, Vesseaux, Chassiers, Chambonas, Beaumont, Vinezac, Balazuc, Coucouron, Montpezat et le Cros-de-Géorand ;

Pour le second type : Mazan, Mirabel, Villeneuve, St-Andéol ;

Pour le troisième type : Viviers, le Bourg, Ruoms, Mélas, Sauve-Plantade, Saint-Maurice-d'Ardèche.

L'Oppidum gaulois retrouvé est situé sur le cône volcanique de *Bergwise* (montagne-vigie), près du château de Pampelone. La position de ce point culminant, les murs et les habitations de pierre sèche qui s'y trouvent, paraissent en effet, confirmer l'opinion qu'il a servi de lieu de refuge ou de camp d'observation aux anciens peuples gaulois, mais nous n'oserions garantir que l'auteur ne se soit pas un peu trop aventuré en trouvant dans cet endroit et dans le nom de Pampelone, la trace d'*Alonis*, une ancienne ville helvienne donnée aux Marseillais par Pompée (*Pompei-Alona*, Pampelone.)

Le Trophée de Quintus-Fabius, dans lequel M. de Saint-Andéol voit le plus ancien monument de pierre élevé par les Romains dans la Gaule, est situé entre Sarras et Andance, et tous les voyageurs en chemin de fer qui vont de Lyon à Tournon, peuvent l'apercevoir sur leur droite à vingt mètres de la voie. Il est connu dans le pays sous le nom de la *Sarrasinière*, sans doute parce que les Sarrasins ont campé à côté. L'abbé Caillet, curé d'Andance, nous apprend dans son intéressant ouvrage sur les antiquités de la contrée (*Ruines et légendes*) qu'il avait, dès les premiers temps de son séjour à Andance, reconnu également dans la Sarrasinière l'ancien Trophée de Quintus-Fabius.

L'étude de notre compatriote sur *Notre-Dame-de-Thines* a été reproduite par le bulletin de la Société des sciences naturelles de l'Ardèche (1868.)

Mais le travail de M. de Saint-Andéol le plus intéressant pour nous est sans contredit l'*Aperçu sur le pays des Helviens* qui est une véritable évocation de l'ancien état géographique de notre pays. Cet opuscule est accompagné d'une carte qui permet de saisir d'un coup d'œil l'économie de l'Helvie romaine avec ses camps, ses routes et ses villes principales.

Les auteurs anciens fournissent peu de données pour la reconstruction de l'ancienne Helvie. M. de Saint-Andéol s'est servi principalement du pouillé des donations faites à l'église de Viviers, relevé ou xııe siècle par l'évêque Thomas. Ce document, connu sous le nom de *Charta vetus*, est reproduit dans l'ouvrage du père Columbi : *De rebus gestis Episcoporum vivariensium*, et se trouve aussi parmi les pièces justificatives du premier volume de l'*Histoire du Vivarais*, de M. l'abbé Rouchier. Il contient à peine un tiers des actes de donation conservés dans le trésor de Saint-Vincent. Les autres étaient devenus illisibles par vétusté. Cette charte nous fait assister à l'origine et à la formation d'un certain nombre de paroisses. C'est le document le plus précieux, non-seulement pour l'église de Viviers, mais encore pour la géographie ancienne de notre pays.

M. de Saint-Andéol s'est aussi servi des indications qu'il a pu trouver dans la langue, les traditions et les monuments ruinés. Il est ainsi parvenu à faire figurer sur sa carte, outre les cinq voies romaines aboutissant à Alba-Augusta, cinq ponts, dix camps, quatorze vallées ou territoires, vingt noms de rivières, et enfin d'assez nombreuses localités prises la plupart dans le *Charta vetus*.

La carte de l'Helvie pourrait déjà être refaite aujourd'hui d'une façon plus complète, mais cela n'ôte rien au mérite d'initiateur de M. de Saint-Andéol, dont le nom restera, malgré bien des erreurs inévitables, attaché à l'histoire de l'archéologie de l'Ardèche et du midi de la France.

Les personnes au courant des questions archéologiques savent qu'un grand débat est ouvert entre les archéologues du nord et ceux du midi au sujet de l'âge approximatif des monuments religieux en général, mais surtout de ceux du midi. Voici un extrait, fort intéressant à ce point de vue, d'une lettre écrite par M. de St-Andéol, le 30 janvier 1870 (c'est-à-dire quelques mois avant sa mort), à M. l'abbé Mollier l'auteur des *Recherches historiques sur Villeneuve-de-Berg* :

« L'année dernière, je propageai mes opinions aux congrès archéologiques de Carcassonne, Perpignan, Narbonne et Béziers.

« Au congrès scientifique de Montpellier, j'affirmai notre architecture des Goths dont les constructions de de la fin du VIII° siècle et du commencement du IX° siècle, sont mises par l'école actuelle à la fin du XII° siècle.

« Je demandai que l'on désignât, pour l'analyser, une des églises de cette famille si reconnaissable, m'engageant à prouver que celui qui la placerait au XII° siècle, ou bien ne l'avait jamais vue, ou bien, s'il l'avait vue (ce que sur son affirmative j'étais tenu de croire) ne l'avait pas bien regardée.

« Personne ne dit mot. On désigna le collatéral d'Aix, ancienne cathédrale, et je prouvai, pièces en mains et par comparaison, par analyse et par textes, qu'on n'y voyait goutte et qu'une construction contiguë du xi° siècle, dont le texte était par ignorance appliqué au collatéral, reposait le haut de ses murs sur ce même collatéral qui lui était donc antérieur. Ce congrès se termina par une visite à Aiguesmortes et à Arles.

« Ici M. Révoil, le savant architecte diocésain de Nimes, ce jour-là notre cicerone, qui depuis cinq ans travaille à un bel ouvrage sur les monuments romans du Midi, vint me trouver pour me dire qu'il adhérait entièrement à mes principes archéologiques, qu'il était allé à Mélas, à Embrun, qu'il voulait voir Thines, etc.

« Je fus d'abord stupéfait, car son ouvrage est écrit au point de vue roman ; mais ses souscripteurs se plaignaient depuis deux ans de recevoir ses planches sans texte. J'avais dit à plusieurs d'entre eux que j'avais vu à Carcassonne et à Montpellier, que d'ici à peu de temps les planches ou dessins doubleraient de valeur, mais que le texte serait jeté au feu.

« M. Revoil me dit qu'il allait adresser à tous ses souscripteurs un nouveau programme pour expliquer son changement de front.

« Il avait déjà persuadé MM. Viollet-Leduc et Mérimée, tandis que M. Quicherat, de l'école des Chartes, qui a écrit sur l'architecture romane, ne voulait pas en entendre parler.

« Ce dernier m'a fait l'honneur, depuis lors, d'une

savante réfutation de mon étude sur Embrun, où l'archiviste se fait sentir toujours et l'archéologue nullement.

« A l'instigation de l'Académie delphinale, je lui ferai une réponse, un peu pour lui, beaucoup pour l'école. J'ai donc pour moi les principaux architectes du Midi, celui d'Arles aussi, M. le chanoine Jouve, de Valence, Viollet-Leduc et Mérimée.

« L'avenir de l'archéologie est aux architectes archéologues; les archivistes archéologues l'ont embourbée sur le seuil du XIe siècle.

« Je vous sais gré de la remarque que vous me faites de joindre à mes articles les sources où j'ai puisé. S'il s'agit d'archéologie monumentale proprement dite, je ne le puis guère, parce que je puise mes preuves dans le corps même du monument, ce que je fais ressortir par l'analyse, la dissection, ayant pour point d'appui, censé connu du lecteur, le style des XIe et XIIe siècles.

« Quant aux textes que j'en ai sous les yeux, comme les trois quarts deviennent faux par application, bien qu'ils restent l'unique preuve pour les archivistes et historiographes, je néglige parfois de les citer » (1)

*
* *

On sait que l'architecture grecque est essentielle-

(1) Nous avons reproduit la fin de cette lettre et d'autres extraits inédits de la correspondance de M. de St-Andéol, qu'a bien voulu nous communiquer l'abbé Mollier, aujourd'hui curé de Banne, dans le *Voyage autour de Valgorge*, pages 273 à 278.

ment *rectiligne :* la colonne, l'architecture, le fronton triangulaire, partout la ligne droite.

Le style roman est caractérisé par l'arcade et la voûte à plein cintre, et le style improprement appelé gothique par l'ogive qui, en donnant le moyen d'exhausser la hauteur des édifices, ne fit que répondre aux aspirations religieuses du temps.

Quant aux détails, le style roman, dans l'architecture religieuse, se différencie du style latin et du style byzantin, dont il semble avoir été le produit combiné, par la multiplication des arcades et des chapelles, par l'orientation de la nef toujours tournée au levant et qui avec le transept, représente une croix latine, par l'importance du clocher placé ordinairement sur la façade ou sur le croisillon des bras du transept.

C'est l'étude attentive des monuments religieux de ce genre dans le Midi de la France qui a occupé surtout M. de St-Andéol et a inspiré tous ses travaux sur l'architecture religieuse dans nos contrées jusqu'au xi° siècle.

On nous permettra ici une courte digression sur la plus grosse des divergences qui existent entre les archéologues du nord et ceux du midi de la France.

Le nœud de la question n'est autre que celle de la transition de l'art païen, grec ou romain, à l'art roman ou chrétien. Comme question subsidiaire, il s'agit de savoir à quelle époque la voûte en berceau s'est substituée au plafond en bois ou à la voûte en bois. On sait qu'en fait de voûtes en pierres, les anciens n'ont guère laissé que des arceaux bas et étroits, appuyés sur des massifs énormes. Tous ou presque tous leurs monuments de haute portée sont couronnés par le plafond en bois. Mais ils n'ont pas pratiqué la voûte en berceau hardiment jetée entre deux grands murs latéraux ; du moins, les spécimens de ce genre sont assez rares dans le midi et introuvables dans le nord.

Les archéologues du Nord qui ne nient pas absolument la voûte en pierre chez les Romains, pensent que l'art de bâtir subit après eux une éclipse complète, et qu'il n'a plus été construit de voûtes en pierres jusque vers le XIe siècle, alors que la disparition des terreurs occasionnées par l'approche de l'an mille et d'autres circonstances vinrent donner une vive impulsion à tous les esprits. Un vieux chroniqueur, Raoul Glaber, dit que « près de trois ans après l'an mille, les basiliques des églises furent renouvelées dans presque tout l'univers, surtout dans l'Italie et dans les Gaules, quoique la plupart fussent encore assez belles pour ne pas exiger de réparations, parce que les peuples chrétiens semblaient rivaliser entre eux de magnificence pour élever des églises... » S'appuyant sur ce passage, bon nombre d'archéologues soutiennent que la voûte en berceau, dans le nord, ne s'est substituée qu'à partir du XIe siècle au plafond en bois ou à la voûte en bois, brûlés par suite de faits de guerre ou de simples accidents. Et ils en concluent que la même chose a dû se passer dans le midi.

A cela, les archéologues du midi répondent que la situation était toute différente dans leur région ; qu'on y a beaucoup moins employé les voûtes et plafonds en bois, ou qu'on y avait renoncé de bonne heure, parce que de tout temps les architectes méridionaux avaient trouvé, dans les monuments romains qui encombraient la vallée du Rhône, des spécimens de voûtes en pierres posées sur des murs latéraux. Ils citent à l'appui le temple de Diane, de la fontaine de Nimes, qui a trois nefs comme nos belles églises, ainsi que les voûtes en berceau qui supportent les gradins des Arènes. En conséquence, les archéologues du midi se croient en droit de faire remonter au moins à l'époque carlovingienne, c'est-à-dire au IX° siècle, la renaissance de l'art architectural dans le midi, lequel ayant sous les yeux une foule de modèles, n'a fait que continuer à appliquer les règles de l'art antérieur païen. Quelques-uns vont même au-delà et soutiennent que, dans certains monuments encore existants, les voûtes dites romanes succèdent immédiatement à l'art païen et remontent à l'époque constantinienne. (Ceci constituerait l'évolution architecturale que M. de St-Andéol appelle l'époque des Goths, première phase du style roman, la seconde phase partant de l'époque carlovingienne selon les archéologues du midi, ou du xi° siècle, selon les théories de M. Quicherat.) L'église de Mélas avec son baptistère serait de la première phase, et il est de fait qu'on ne peut guère s'expliquer l'existence d'un pareil monument en cet endroit, si on ne fait pas remonter sa construction à une époque au moins contemporaine de la translation de l'évêché d'Albe à Viviers, et difficilement postérieure de beaucoup.

Comme le fait observer M. de Saint-Andéol, il y a une distinction profonde à établir entre le nord et le midi pour l'architecture religieuse. Si M. Quicherat, l'éminent et regretté champion du nord, avait, comme l'archéologue de Villeneuve, parcouru les deux rives du Rhône où tant de modestes églises exhalent un si saisissant parfum d'antiquité, il aurait fini sans nul doute par y reconnaître tantôt des monuments, tantôt des copies de cette vieille création romane éclose au souffle de la grande école des architectes d'Arles, Avignon, St-Paul-trois-Châteaux, Vaison, Carpentras, etc., dont nous retrouvons encore les signatures : *Hugo*, le grand maître de l'art carlovingien, *Stephanus*, *Asterius*, etc.

On comprend, du reste, que dans les grandes plaines du nord, où le bois se trouvait plus facilement que la pierre à bâtir, on ait généralement employé les toitures en bois plus longtemps.

Les rares spécimens de voûtes en pierre (qui ont pu exister) ont-ils été détruits par les invasions ou par les révolutions ? Ces questions seront sans doute élucidées un jour. Quoi qu'il en soit, M. de Saint-Andéol et avec lui, M. Revoil, le spécialiste, le praticien (architecte du gouvernement pour les monuments historiques de la vallée du Rhône, et membre correspondant de l'Institut), nous paraissent s'être élevés avec raison contre la théorie absolutiste qui attribue uniquement à la nécessité et aux incendies la substitution des voûtes en pierre aux plafonds et voûtes en bois, et la reporte au xi° siècle.

— « Parlez pour vous ! » dit le midi au nord.

— « Nous avons des preuves écrites, répond le nord : montrez-nous les vôtres. Le flair archéologique ne suffit pas, et toutes vos hypothèses nous paraissent trop empreintes d'un sentiment de patriotisme local. »

Voilà où en est actuellement le dialogue, et, comme les chartes et documents scripturaires des époques carlovingienne ou mérovingienne sont naturellement beaucoup plus rares que ceux du xi° siècle, on comprend sans peine que sur ce terrain le nord semble avoir momentanément l'avantage. Mais qui ne voit que les documents écrits ne forment ici qu'un des côtés de la question et que des considérations basées à la fois sur la condition des matériaux, les formes d'architecture, l'histoire et d'autres circonstances locales, peuvent fournir des preuves tout aussi sérieuses que les chartes les plus authentiques ? Et tel est, par exemple, jusqu'à plus ample réfutation, le cas de l'église de Mélas et de son baptistère. Et c'est pour cela que M de St-Andéol nous paraît avoir raison quand, pour l'appréciation de l'âge et de l'origine des églises, il considère les architectes archéologues comme beaucoup plus compétents que les archivistes archéologues.

Loin de nous, d'ailleurs, la prétention de trancher une question aussi épineuse. Nous avons voulu simplement la poser, afin d'appeler sur elle l'attention du public intelligent d'un pays où il sera facile, croyons-nous, de trouver tôt ou tard des preuves décisives à opposer aux objections des archéologues du nord. Ce ne sera pas la première fois que des problèmes réputés insolubles recevraient une solution inattendue. Qui connaissait, il y a quelques années, l'architecte des Arènes de Nimes ? Un jour, M. Revoil en fit déblayer les bas-fonds et l'on se trouva en présence d'une inscription lapidaire en lettres énormes :

CRISPINUS ME FECIT.

Bonjour, M. Crispin ! N'entendrons-nous pas crier un jour : *Ecce iterum Crispinus ?* C'est-à-dire ne retrouverons-nous pas quelque matin le nom de vos confrères, les cadets romans, dans les fondements de quelque vieille église gallo-romaine ou carlovingienne ? Il est vrai que si on l'eût trouvé, notre ignorance jusqu'ici était fort capable de ne pas l'apercevoir. Mais voilà maintenant nos maçons bien avertis, et si Crispin cadet sort de sa cachette douze ou quinze fois séculaire, je pense qu'ils feront à cet ancêtre vénérable tous les honneurs mérités. Que de choses disent les vieux murs..... si on savait les entendre ! Les débris de l'église de St-Polycarpe au Bourg soulèvent plus d'un problème dans le sens des vues de M. de St-Andéol. Nous y reviendrons un jour.

En attendant que la lumière se fasse sur cette intéressante question de l'âge de nos monuments religieux, nous avons voulu simplement constater que notre regretté compatriote, tout en cédant sans doute plus d'une fois à l'enthousiasme local, tout en se laissant aller à vieillir par une coquetterie — juste l'inverse de la coquetterie féminine — l'âge des objets de ses amours archéologiques, n'en a pas moins été un très-remarquable observateur des monuments de nos contrées, un véritable initiateur. Il a contribué pour une large part à éclairer une question dont les sommités académiques n'apprécient peut-être pas encore assez l'importance, ce qui tient, entre autres causes, à la fâcheuse habitude où elles sont d'aller chercher en Italie ou ailleurs des sujets d'étude, quand il y en a tant en France dont elles ignorent ou n'approfondissent pas le caractère original et même primordial. Il est vrai que les sujets d'étude sont plus attrayants en Italie où les églises même primitives ont généralement des détails de décoration et d'ornementation qui font absolument défaut à nos pauvres petites églises méridionales ; mais n'y a-t-il pas là précisément un argument favorable à la primordialité de ces dernières ? — ce qui viendrait encore à l'appui de la manière de voir de M. de St-Andéol.

*
* *

Nous n'ignorons pas que ces questions d'archéologie, au bon pays de Vivarais, font sourire bien des fortes têtes. La laïcisation, le scrutin de liste et autres insanités de la politique courante les intéressent bien autrement, surtout quand on espère y attraper un bon lot, et ceux-là nous crieraient volontiers de laisser là les vieilleries et de faire de l'actualité. Hélas ! pour le penseur, l'archéologie se rattache aux actualités présentes par beaucoup plus de points que ne le supposent sans doute ceux qui l'honorent de leurs sourires.

Nous nous croyons à l'apogée de la civilisation et nous n'avons pas encore appris à méditer sur les ruines et à y chercher les enseignements qu'elles comportent.

L'Helvie, avant les invasions des barbares, a été, selon toute apparence, aussi riche et aussi peuplée que l'Ardèche d'aujourd'hui, au moins dans la partie qui s'étend du pied des hautes Cévennes au Rhône.

Cette opinion n'a rien d'invraisemblable, si l'on songe que des évaluations modérées portent à soixante mille âmes environ le chiffre de la population d'Alba-Augusta.

Pourquoi cette civilisation a-t-elle succombé sous les coups des barbares ? Parmi les causes que l'histoire assigne à la chute de l'ancien monde romain, il faut placer en première ligne l'impiété et l'immoralité, la soif des richesses et l'importance prise par les rhéteurs : or, qui oserait soutenir que la société moderne ne souffre pas de tous ces maux au moins autant qu'en a souffert la société romaine ?

IX

LA CHAPELLE DE SAINTE-FOLIE.

Le mont Juliau. — Les perdrix. — Leur instinct maternel. — La grotte. — La fête des Fous à Viviers. — La fête des ânes. — Comme quoi la folie est dans le sang de l'homme et la politique un carnaval perpétuel. — L'enfant et le *chalel*. — Les nouvelles maisons d'école et la santé publique.

Une promenade matinale sur le mont Juliau, par un beau temps d'été, est chose fort agréable :

Le mont Juliau domine les collines de Berg. Il se dresse en face de St-Pons, séparé du Coiron par la vallée de l'Escoutay. La montagne est peu boisée et les perdrix affectionnent ses landes arides. Aussi y rencontre-t-on plus de chasseurs que de touristes. Notre approche fit envoler plus d'une bande de perdrix rouges. Pauvres bêtes, vous vous trompez sur nos personnes et nos intentions. Ce n'est pas un fusil que nous avons en main, mais un bâton de voyage. Vous pourriez vous laisser approcher sans avoir rien à craindre. Notons ici que nous n'avons dans l'Ardèche que la perdrix rouge et non pas la vraie bartavelle, bien qu'on ait donné ce nom à la perdrix de Charay. La perdrix rouge a au sommet de la poitrine, au-dessous de son demi collier noir, des taches noires qui manquent chez la bartavelle. Elle a de plus dix-huit pennes à la queue, tandis que la bartavelle n'en a que seize.

Il paraît que l'une et l'autre, ou plutôt que toutes les espèces de perdrix sont remarquables par un instinct ou sentiment maternel qui leur inspire toute espèce de ruses, et notamment celle de se traîner avec peine comme si elles étaient blessées et d'une capture facile, afin de se faire poursuivre et d'éloigner ainsi le chasseur et les chiens du nid où sont leurs petits. M. Cherville, le spirituel collaborateur du *Temps*, racontait encore l'autre jour un fait de ce genre, dont il avait été témoin ; il émet l'avis que c'est là plus que de l'instinct et croit plus simple d'admettre que, sous l'influence de la maternité, la cerveau de la bête peut s'affranchir momentanément de ses langes et arriver à des éclaircies de raison. — Il nous apprend encore qu'il n'a surpris ce mouvement, c'est-à-dire cette feinte de l'immolation volontaire pour sauver ses petits, que chez la femelle du canard sauvage, chez la perdrix et chez le chevreuil. Ne vous semble-t-il pas, lecteur, que, si on connaissait mieux les animaux, on serait moins cruel pour eux ? Au point de vue moral, y a-t-il une bien grande différence entre l'assassinat d'une pauvre femme qui nourrit ses enfants et celui d'une malheureuse perdrix qui soigne ses petits ? Je n'ai jamais aimé les chasseurs, mais cette répulsion naturelle s'est encore accrue en raison des vertus que je découvre tous les jours chez les animaux.

Notre guide nous fit traverser la plaine d'Aps pour aller voir sur le versant du Coiron, aux limites d'Aps, entre Sceautres et Aubignas, une grotte à toit basaltique, fort curieuse, sinon par elle-même, au moins par les traditions qui s'y rattachent. Cette grotte a encore dans la population des environs des clients qui viennent y chercher la guérison de leurs maux. Il y coule, dit-on, parfois des eaux limpides qui rendaient jadis la santé aux lépreux, mais il faut de ferventes prières pour faire apparaître cette source mystérieuse et je dois avouer que les nôtres n'eurent pas ce pouvoir. Il est vrai que nous étions dans une grosse période de sécheresse et Barbe put supposer, non sans raison, qu'après une bonne pluie, nous aurions été plus heureux.

A l'entrée de la grotte, se trouve un Christ en fer, mais tellement informe qu'on peut tout aussi bien y voir autre chose qu'un emblème chrétien. Les gens des environs disent que ce lieu était consacré à Ste-Folie, une sainte qui ne se trouve pas dans le calendrier, mais qui est certainement la sainte la plus fêtée dans ce pauvre monde, car elle a une petite chapelle dans tous les crânes humains.

Il est vrai que les curés des environs revendiquent ce sanctuaire volcanique, les uns pour St-Félix et les autres pour Ste-Euphémie, laquelle est honorée en quelques endroits voisins, le long du Rhône, et notamment à Baïx; mais je suis fort tenté de croire qu'il y a là réellement un vestige de paganisme et qu'il faut y voir un des plus anciens temples dédiés à la sainte dont Erasme a si spirituellement raconté la domination universelle.

Quoi qu'il en soit, il est certain que de braves gens viennent encore de temps à autre dans ce lieu, solliciter *Santo-Fòlio* et lui apporter leur offrande. C'est pourquoi les bergers y passent chaque matin et profitent des gros sous déposés par les pèlerins.

Cette grotte de Ste-Folie, miraculeusement échappée à l'action du temps, fait songer à la fête des Fous qui, au moyen-âge, se célébrait non loin de là, en pleine ville de Viviers, et sur laquelle Lancelot, l'académicien du XVII° siècle, nous a conservé quelques détails d'après un rituel manuscrit de l'église de Viviers.

« Cette fête commençait par l'élection d'un *abbé du clergé*. C'était le bas-chœur, jeunes chanoines, clercs ou enfants de chœur, qui la faisaient. L'abbé élu, et le *Te Deum* chanté, on le portait sur les épaules dans la maison où tout le reste du chapitre était assemblé ; tout le monde se levait à son arrivée ; l'évêque lui-même, s'il était présent. Cela était suivi d'une ample collation après laquelle le haut chœur d'un côté et le bas-chœur de l'autre, commençaient à chanter certaines paroles qui n'avaient point de suite. On s'animait en chantant des deux côtés, on haussait le ton jusqu'à ce qu'une des parties, à force de chanter et de crier, avait vaincu l'autre. Alors c'était une lutte de cris, de sifflets, de hurlements, de moqueries, de gestes de mains, la partie vainqueur s'efforçant de dépasser l'autre par ses joyeuses plaisanteries. Du côté de l'abbé, on criait : L'*aourez* (vous l'aurez !) L'autre chœur répondait : *Noli ! Noli !* (non ! non !) Le premier répondait : *Ad fons sancti Bacon*. D'autres disaient : *Kyrie eleison !* etc. »

Cette *fontaine de St-Bacon*, qui figure dans la relation de Lancelot (1) nous avait beaucoup intrigué. Nous en avons heureusement trouvé l'explication

(1) **Académie des Inscriptions et belles lettres, t. 7, p. 25.**

dans l'intéressante étude de l'abbé Rouchier sur l'abbaye de Montgouvert (1).

Du côté de l'abbé, on disait, non pas l'*aoures*, mais *Abbas*, à quoi l'autre chœur répondait : *De malo governo* (de Montgouvert.) Le chœur de l'abbé reprenait : *Et vos, sancte Picon (ad fons sancti Bacon)*; l'autre chœur répondait : *Kyrie eleison !*

L'abbé Rouchier rattache la fête des Fous à Viviers aux cérémonies de la joyeuse abbaye de Montgouvert, dont le patron, St-Pichon, avait pour spécialité de faire l'inquisition des mauvais ménages, de corriger, de frapper *(picha, pica)* les époux coupables et en particulier les maris trop débonnaires qui se laissent battre par leurs femmes.

Continuons la relation de Lancelot :

« Cela finissait par une procession qui se faisait tous les jours de l'octave (de Noël). Enfin le jour de St-Etienne paraissait l'Evêque fou *(episcopus stultus)*. C'était aussi un jeune clerc différent de l'abbé du clergé. Quoiqu'il fût élu dès le jour des Innocents de l'année précédente, il ne jouissait, à proprement parler, des droits de sa dignité, que ces trois jours de St-Etienne, de St-Jean et des Innocents. Après s'être vêtu des ornements pontificaux, en chappe, mitre, crosse, etc., suivi de son aumônier, aussi en chappe, qui avait sur sa tête un petit coussin, au

(1) Bulletin de la Société des Sciences naturelles et historiques de l'Ardèche, 1866.

lieu de bonnet, il venait s'asseoir dans la chaire épiscopale, et assistait à l'office, recevant les mêmes honneurs que le véritable Evêque aurait reçus. A la fin de l'office, l'aumônier disait à pleine voix : *Silete, silete, silentium habete!* Le chœur répondait : *Deo gratias!* L'évêque fou, après avoir dit : *Adjutorium* etc., donnait sa bénédiction qui était immédiatement suivie de ces prétendues indulgences, que son aumônier prononçait avec gravité :

> De par Mossenhor l'Evêque
> Que Dieou vos doné mal al Besclé (1).
> Avez una plena banasta de pardos,
> E dos dé de rascha sot lo mentô (2).

« Les autres jours, les mêmes cérémonies se pratiquaient avec la seule différence que les indulgences variaient. Voici celles du second jour qui se répétaient aussi le troisième :

> Mossenhor qu'es cissi présen
> Vos dona XX banastas dé mal dé dens,
> Et à tòs vòs aoùstrés a tressi
> Dona una coa de Roussi! (3) »

Ces fêtes étaient accompagnées de promenades en ville faites par des bandes d'individus accoutrés de peaux d'animaux, marchant pieds nus, la barbe et les cheveux hérissés, en parodiant les psaumes. On arrachait les manteaux des passants ou on leur disait

(1) Le foie.
(2) Deux doigts de teigne sous le menton.
(3) Vous donne à tresser une queue de roussin.

des injures. C'est ce qu'on appelait faire des *truffa*, c'est-à-dire des farces. À l'église, on brûlait du cuir derrière l'autel pour chasser le diable. On courait la ville en désordre pendant la nuit ; on faisait des processions burlesques, auxquelles on portait des tonneaux de vin et on buvait ferme. Sous l'influence du vin, on passait toutes les bornes de la décence. On voyait, par exemple, après le banquet qui suivait l'élection, un clerc faisant l'office de chancelier, se mettre sur la porte de la *Guache* (qui faisait communiquer la ville de Viviers avec le château), criant à haute voix la proclamation suivante :

> Dé per moussu l'abbat embé sous counseillé
> Yéou vous faou assaber — qué tout hommé lou sagué —
> Anaro quaou voudra cagua soubré la plano
> De Castéou Viel.

Le manuscrit d'où ces détails sont extraits ajoute : *Hæc est creida seu clamatio facta per porterium Guaschiæ qui rex Vivarii appellatur, quia tunc burgenses poterant ingredi Castrum, dum in reliquo anno nequidem poterant ad cacandum ingredi, ut aiunt. Solebant etiam fieri quedam alia inhonesta de quibus taceo de præsenti.*

On voit encore à Viviers sur la place de l'hôtel-de-ville un pavé en mosaïque où sont figurées la crosse et la mitre de l'évêque fou.

On sait que les fêtes de ce genre, restes altérés des saturnales romaines, étaient pratiquées dans une foule d'églises en France et dans d'autres pays et que les évêques eurent beaucoup de peine à les supprimer. Leur prolongation à Viviers s'explique par la force persistante des traditions chez une population composée pour la plus grande partie des fuyards d'Albe, c'est-à-dire de la capitale gallo-romaine où les vieux usages païens devaient être plus enracinés que partout ailleurs.

Il y avait aussi à Viviers une fête des Anes qui se célébrait le 17 janvier, jour de St-Antoine. Tous les ânes, couverts de riches draperies, étaient conduits à l'église. Sur le plus beau, plus richement paré que les autres, était montée une jeune fille, magnifiquement vêtue et tenant une quenouille et un fuseau. A la messe, on chantait la prose si connue :

> Messire Asne, quand chantez,
> Belle bouche rechignez ;
> Vous aurez du foin assez,
> Et de la paille a plantez :
> Hi ! houa ! hi ! houa ! etc.

Tous les ânes étaient ensuite bénis par un lecteur ou un exorciste. Cette fête était, comme on le voit, assez inoffensive et nous ne voyons pas que les évêques s'en soient jamais préoccupés. Il n'en est pas de même des précédentes qui furent interdites au xiv⁰ siècle, par l'évêque Bertrand de Chalancon. Mais il ne put les faire cesser que momentanément et en 1542, le Parlement de Paris dut intervenir et prononça la peine de la confiscation des biens contre ceux qui la célébreraient encore à Viviers. Ces mesures contribuèrent à en écarter graduellement les abus, mais le fond resta et lorsqu'en 1785, ces fêtes furent entièrement supprimées, le clergé et le peuple, au témoignage de Flaugergues, manifestèrent de sensibles regrets.

Au reste, dans les siècles de foi ardente où ces usages étaient encore pratiqués, on s'en scandalisait beaucoup moins qu'on ne le ferait aujourdhui, peut-être, parce qu'il ne serait venu alors à l'idée de personne d'en tirer un argument contre la religion elle-même. Aussi quand le Parlement de Paris voulut interdire cette fête des Fous en 1542, il se trouva des gens sérieux pour en prendre la défense, et, si leurs raisons ne sont pas irréfutables, elles méritent au moins d'être signalées, ne fût-ce que par la profonde connaissance qu'elles montrent de la pauvre nature humaine.

« Nos prédécesseurs qui étaient des grands personnages, disaient ces apologistes, ont permis cette fête : vivons comme eux, et faisons ce qu'ils ont fait. Nous ne faisons pas toutes ces choses sérieusement, mais par jeu seulement, et pour nous divertir, selon l'ancienne coutume ; afin que la folie qui nous est naturelle, et qui semble née avec nous, s'emporte et s'écoule par là, du moins une fois chaque année. Les tonneaux de vins crèveraient si on ne leur ouvrait quelquefois la bonde ou le fosset, pour leur donner de l'air. Or, nous sommes de vieux vaisseaux et des tonneaux mal reliés, que le vin de la sagesse ferait rompre, si nous le laissions bouillir ainsi par une dévotion continuelle au service divin ; il lui faut donner quelque air et quelque relâchement, de peur qu'il ne se perde et ne se répande sans profit. C'est pour cela que nous donnons quelques jours aux jeux et aux bouffonneries, afin de retourner ensuite avec plus de joie et de ferveur aux exercices de la Religion. » (1)

Ces braves gens avaient raison — et notre ami Pélican aussi, quand il soutient que la folie est dans notre sang. — J'ajoute, comme médecin, qu'il faut voir, dans toutes ces saturnales de l'antiquité et du moyen-âge, des exutoires naturels du vice constitutionnel qui nous infecte. Je me souviens d'avoir vu dans ma jeunesse bien des charivaris, des *pailludo*, des folies carnavalesques et autres. J'ai assisté un jour à Uzer, sans qu'il y eût pour cela un abbé de Montgouvert, à l'exhibition d'un pauvre diable de mari qui s'était laissé battre par sa femme et qu'on promenait sur un âne, le visage tourné vers la queue de l'animal qu'il tenait dans les mains en guise de bride. Ces petites tyrannies de la foule ont été justement proscrites par le progrès des mœurs autant que par la loi. En valons-nous mieux pour cela ? Je

(1) Du Tilliot. Mémoire pour servir à l'histoire de la fête des Fous, Genève 1750, p. 47 à 52.

crains que non. Notre folie est moins gaie, moins bruyante, a des allures moins brutales, mais la nier serait tout aussi hardi que de nier le soleil en plein midi. Elle se porte tantôt sur un objet et tantôt sur un autre et le diable n'y perd jamais rien. Actuellement, elle paraît être concentrée dans la politique qui menace de devenir un carnaval continuel.

Ecoutez ce qui se dit dans les cafés, dans les réunions publiques, et même, Dieu me pardonne, dans nos assemblées délibérantes ; vous croyez qu'on y fait des lois en vue de pourchasser les voleurs, les assassins, les perturbateurs quelconques de la tranquillité et de la sécurité publiques : allons donc ! on n'y songe qu'à organiser quelque bonne tracasserie nouvelle contre les Frères des écoles chrétiennes, les sœurs de charité ou les aumôniers des hôpitaux. Gambetta l'a dit : *le cléricalisme, c'est l'ennemi*, et depuis lors, c'est à qui frappera le plus fort sur la tête de Turc créée par cet éminent homme d'État. Les corporations les plus vénérées, celles qui ont rendu et rendent encore les services les plus incontestables, les dévoûments les plus sublimes, sont précisément ceux qui ont le privilège d'ameuter avec le plus d'ensemble les coteries prétendues libérales du jour. On dirait que la France est menacée non par les Prussiens, mais par des régiments de Jésuites, et que notre plus grand ennemi n'est pas Bismarck mais le pape. On prétend améliorer l'instruction en y mêlant, sous le couvert patriotique, des sujets que la jeunesse ne peut pas comprendre ou plutôt qu'elle comprend nécessairement de travers. On adore des mots infiniment plus bêtes que ceux de Byzance, par exemple celui de *laïcisation* dont on fait une sorte de panacée universelle en même temps qu'un véritable moyen de tyrannie. Sous les anciens régimes qualifiés d'obscurantistes, les pères de famille disposaient de l'éducation de leurs enfants : en est-il bien de même aujourd'hui ? Je me suis souvent demandé s'il était possible d'imaginer quelque chose de plus grotesque, de plus inepte, que l'esprit public du moment, tout au moins celui qui domine dans les cafés, les réunions et une certaine presse, celui dont les hommes d'Etat républicains eux-mêmes commencent d'avoir honte mais dont ils semblent impuissants à secouer le joug — et j'avoue que je n'ai rien pu imaginer au-delà. Voilà pourquoi je pense, ami Barbe, que nous aurions peut-être bien fait de laisser subsister le carnaval et les folies anciennes. Le mal qui sort n'est pas dangereux, tandis que le mal rentré tue tôt ou tard, et il me semble que nous sommes joliment malades.

Ces paroles indignèrent Barbe qui, prenant une attitude théâtrale, et me montrant le magnifique panorama dont on jouit de la porte de la chapelle de Sainte-Folie, me dit :

— Que voyez-vous là-bas ?

— Je vois beaucoup de pays, mais cela représente

tout au plus un grain de poussière dans le royaume de la grande sainte adorée ici.

— N'apercevez-vous pas dans tous les villages une bâtisse blanche, indice d'une construction nouvelle ?

— Oui.

— Eh bien ! s'écria-t-il, voilà une réfutation solennelle de vos paradoxes misanthropiques ; voilà l'affirmation et la décoration du progrès moderne : ce sont les écoles bâties par l'administration républicaine.

— Vous connaissez sans doute, dis-je à Barbe, la triste histoire qui s'est passée dernièrement dans un village de la montagne ?

— Laquelle ?

— Un paysan avait chargé son fils d'aller lui chercher quelque chose au grenier. C'était le soir. L'enfant avait cinq ou six ans. On lui confia une de ces lampes appelées *chulets*. Le grenier était plein de foin ou de bois sec. Savez-vous ce qui arriva ? L'enfant imprudent mit le feu à la maison et périt lui-même dans l'incendie avec une partie de la famille.

— Quel rapport, dit Barbe, cela a-t-il avec nos maisons d'école ?

— Un rapport très direct, mon brave ami. Le feu, c'est l'instruction qui éclaire mais qui brûle, et l'enfant est toujours l'enfant. Comment ne voyez-vous pas que si l'instruction est en principe une bonne chose, encore faut-il qu'elle soit proportionnée aux personnes et aux circonstances ? Outre les dangers sociaux qui peuvent en résulter et que fait comprendre l'histoire de l'enfant, vous admettrez bien avec moi qu'il n'y a guère d'utilité pour un menuisier à savoir l'astronomie et pour un cultivateur à apprendre le sanscrit ou le cornet à piston. Il y a donc une mesure à garder selon les personnes et les milieux. Que tous les enfants sachent lire, écrire, calculer et reçoivent quelques autres notions élémentaires, utiles dans la vie pratique ou permettant à ceux qui ont des aptitudes spéciales de les manifester : voilà le vrai ; voilà la règle qui dirigeait nos pères, beaucoup moins indifférents qu'on ne cherche à le faire croire, à une culture intellectuelle sagement entendue. Aller au-delà, c'est brusquer l'intérêt général autant que l'intérêt particulier, car c'est rendre plus pénibles pour les classes inférieures les nécessités de l'inégalité sociale et c'est semer bêtement les révolutions qui ne profitent à personne. Est-ce que les enfants, élevés d'après les nouvelles méthodes sont plus instruits, plus moraux que les autres ?

Mais en admettant même, ce qui n'est pas, que le nouveau système vaille mieux que l'ancien et que les instituteurs laïques l'emportent sur les congréganistes, il me serait facile de vous prouver qu'il y avait mieux à faire qu'à se prêter aux fantaisies luxueuses des municipalités qui, pour la plupart, se sont bâti, sous prétexte d'écoles, des hôtels-de-ville tout-à-fait disproportionnés avec l'importance de leurs communes respectives. L'État a été ainsi grevé de charges auxquelles il faudra bien tôt ou tard, et malgré tous les trompe-l'œil, faire face par de nouveaux impôts. Que si la France était réellement assez riche pour accorder à nos villages les jolies subventions que l'on sait, je proteste énergiquement, à mon point de vue de médecin, qui place la santé publique avant tout, contre l'emploi qui en a été fait, contre ces prodigalités insensées de pierre et de chaux. Avez-vous quelquefois songé, ami Barbe, aux victimes que font chaque année dans nos populations rurales et urbaines, la fièvre typhoïde, le croup, la petite vérole, le choléra et autres fléaux qui procèdent plus ou moins de l'oubli des plus vulgaires précautions hygièniques, ici du manque d'eau, et là du manque de propreté? Au lieu de tant parler des dîmes que levaient les anciens seigneurs, peut-être serait-il bon de s'occuper de cette dîme autrement terrible que la mort lève sur nous, grâce à notre incurie et à notre ignorance. Pour moi, il est clair comme la lumière du jour que, si l'on avait employé, dans chaque ville ou village, à des travaux d'assainissement bien entendus, surtout à avoir de bonnes eaux et à faire disparaître les foyers d'infection, tout l'argent qu'on a mis à bâtir de petits palais, on aurait sauvé la vie à bien des gens, et bon nombre de familles ne pleureraient pas leur chef — ou ce qui est pis — leurs enfants...

J'avais touché trop juste cette fois. Les maladies que j'avais énumérées rappelèront à Barbe une perte cruelle et peut-être se demanda-t-il si, en effet, son malheur n'aurait pas pu être conjuré par une plus judicieuse admininistration des ressources publiques. Il garda le silence.

Je m'efforçai de le distraire en lui parlant des montagnes qui s'étendaient devant nous à porte de vue. Nous avions en face le mont Juliau, et dans le lointain les montagnes de Berg et de la Dent de Rez. On voit mieux de là que de partout ailleurs combien nos montagnes sont dépouillées. Quelques rares chênes poussent entre les bancs calcaires ou les couches marneuses que ne recouvre pas toujours un vulgaire gazon. Dans les collines d'en bas, le sainfoin et la lavande ont remplacé les vignes. Par exemple, le chardon croît partout pour les ânes. Stè-Folie, priez pour nous !

X

VIVIERS

St-Thomé. — L'origine de Viviers. — Les temps héroïques de l'Eglise de Viviers et ses premiers évêques. — L'intervention de Pépin le Bref et de Charlemagne. — Une prétendue donation de Boson. — La puissance des évêques de Viviers sous les empereurs germaniques. — La charte de Frédéric en 1177. — La numismatique du Vivarais. — Les croisades. — Les Albigeois et les mines de Largentière. — La soumission des évêques aux rois de France. — Le traité de 1307 entre l'évêque Aldebert et Philippe le Bel. — Le bailli de la baronnie de Viviers aux Etats du Vivarais. — L'évêque ne peut y assister et présider que comme baron de tour) — Louis de Suse. — Une lettre du syndic du Vivarais en 1755. — L'incident de Tournon en 1510.

La nuit nous surprit à la descente de Ste-Folie. Mais la vallée de l'Escoutay est encore plus poétique au clair de la lune qu'en plein soleil, surtout quand on chemine pédestrement, l'oreille tendue à tous les bruits qui percent les ombres et l'imagination ouverte à tous les fantômes. Barbe lui-même trouvait cette façon de voyager charmante. Nous aperçûmes sur notre droite le roc où perche St-Thomé. Ce bourg avait autrefois de fortes murailles qui furent rasées en même temps que le château du Teil, par suite de la participation du marquis de Lestrange, seigneur de ces deux places, à la révolte du duc de Montmorency (1634.)

L'église de St-Thomé est mentionnée dans le *Charta Vetus*. Elle fut bâtie par les soins d'une sainte femme nommée Yteria qui la dota de terres allant jusqu'à la rivière d'Escoutay et de la métairie Cacerdis, et donna ensuite le tout « à Dieu et à St-Vincent. »

Le marquis de Jovyac, dans ses lettres à dom Bourotte, parle du curé de St-Thomé, appelé Pavin, lequel, dit-il, contrairement à son nom, ne met jamais d'eau dans son vin.

Viviers, où nous arrivâmes de nuit et que nous visitâmes le lendemain, a été pendant longtemps, après la destruction d'Albe, la capitale du Vivarais auquel elle a donné son nom. Qu'était Viviers avant de devenir la résidence des évêques ? C'est ce qu'on ne saura probablement jamais bien. Le P. Colombi croit que c'était déjà une ville d'une certaine importance et qu'elle s'étendait sur tout l'espace compris entre le bourg et le Rhône. Son nom proviendrait des viviers ou réservoirs pour le poisson *(vivaria)* qui y existaient pour le service des riches maisons d'Albe. On dit encore qu'il y avait un temple de Jupiter sur le monticule, appelé *Planjaux*, qui se dresse, en dehors de Viviers, entre la gare du chemin de fer et le Rhône. Tout cela peut être exact, mais il ne faut jurer de rien. Pour nous, la forte situation de Viviers, perchée sur un rocher, suffit à expliquer le choix des évêques, et nous pensons par la même raison qu'il y avait là, du temps d'Albe, un fort extérieur ou un camp retranché, destiné à protéger au sud la capitale des Helviens, comme Mélas à l'est, Champusas à l'ouest, et Jastres au nord. Mais, si Viviers existait comme ville, du temps d'Albe, elle ne semble pas, dans tous les cas, avoir eu alors beaucoup d'importance, car « tous les monuments épigraphiques de Viviers, qui sont postérieurs au règne d'Honorius, et les autres débris d'antiquité, les mosaïques, les fragments de sculpture ou les bronzes qu'on y a découverts, portent aussi le cachet bien marqué d'un siècle où l'art était en pleine décadence (1.) »

L'histoire des évêques de Viviers est l'histoire même du Vivarais après la destruction d'Alba. Les débuts en sont fort obscurs, mais cette partie, jusque vers l'an mille, a reçu fort heureusement du savant ouvrage de l'abbé Rouchier, une lumière dont elle avait grand besoin. On y voit apparaître, dans la pénombre du *Charta Vetus*, la belle figure de ces premiers prélats, brûlant de toutes les ardeurs de la foi chrétienne qui venait de naître, zélés, charitables et courageux, toujours prêts à sacrifier leur vie pour leur troupeau. Les fidèles les choisissent ordinairement parmi les plus éclairés et les plus élevés par la naissance et la fortune. En devenant évêques, ils font donation de tous leurs biens à l'Eglise et ces circonstances expliquent suffisamment l'influence

(1) ROUCHIER, *Histoire du Vivarais*, t. 1, p. 222.

croissante dont ils jouirent et qui aboutit à la création d'un véritable pouvoir temporel. On a même prétendu que l'autorité épiscopale avait fini par se fondre avec le principat héréditaire de l'Helvie, dont Euric, roi des Wisigoths, aurait fait périr le dernier rejeton, saint Valère, descendant de Valerius Procillus. On ajoute qu'après la défaite d'Alaric en 507, l'Helvie forma une sorte de gouvernement représentatif, présidé par des comtes élus à vie, dont le premier aurait été l'évêque saint Venance. Peut-être y a-t-il dans ces hypothèses de l'abbé Baracand un fond de vérité, mais on aimerait fort à les voir appuyées de documents authentiques.

Nous en dirons autant de la version de ce même abbé (un historien légèrement romancier dont nous parlerons plus tard), au sujet du meurtre de l'évêque Arconte. Selon lui, c'est la tranformation des institutions politiques au profit des évêques qui, mal vue des Helviens jaloux de leurs libertés, aurait déterminé les évènements dont saint Arconte fut victime. Or, la notice la plus ancienne que nous possédions sur cet évêque dit simplement qu'il perdit la vie « en défendant les libertés de son Eglise, » ce qui fait présumer que ses meurtriers furent moins guidés par des motifs d'ordre politique que par des raisons d'intérêt personnel, peut-être par des ressentiments basés sur des donations de biens dont ils avaient voulu s'emparer.

Quoi qu'il en soit, Pépin le Bref et Charlemagne durent intervenir pour rétablir l'ordre et, s'ils ne créèrent pas l'autorité souveraine des évêques de Viviers, ils lui donnèrent du moins une confirmation formelle et une extension décisive. Parmi les chartes des princes carlovingiens, rendues en leur faveur, il convient de noter spécialement celle de Louis le Débonnaire (815) qui, en accordant l'*immunité* à l'Eglise de Viviers, conférait à l'évêque une véritable souveraineté dans sa ville épiscopale.

Le pouvoir temporel de nos évêques s'accentua encore en passant sous la souveraineté des empereurs d'Allemagne. L'abbé Baracand dit que cette évolution ne se fit pas sans résistance, que les évêques étaient alors aussi attachés à la couronne de France qu'ils le furent plus tard aux empereurs d'Allemagne, et que l'un d'eux, Galceran, aima mieux subir l'exil que de violer son serment envers son souverain. Malheureusement, selon son habitude, il ne cite aucun document à l'appui de cette assertion.

Les écrivains du Languedoc, cherchant à démontrer que Viviers appartenait, dès le X⁰ siècle, à l'empire d'Allemagne, allèguent le passage suivant de la chronique rimée de Godefroid de Viterbe :

> Imperii solium cum maximus Otto teneret
> Et valitura satis mundi fortuna faveret,
> Huic rex Boso loquens verba gemendo refert :
> Trado tibi regnum, cunctos depono decores
> Amodo nostra tibi sacra lancea præstet honores,
> Sola mihi Monachi vita colenda foret.

Do tibi Vivarium, Lugduni sede sedebis,
Hæc duo cis Rodanum, me traduce, castra tenebis,
Rex ibi Francigenis prædia nulla petit.

Ce qui veut dire :

« Lorsqu'Othon le Grand occupait le trône de l'empire et que la fortune croissante le favorisait, le roi Boson lui dit en gémissant : Je te livre le royaume, je dépose toutes les dignités ; désormais notre lance sacrée te rendra les honneurs ; pour moi, je veux mener uniquement la vie monacale. *Je te donne Viviers*, tu t'assiéras sur le siège de Lyon ; tu auras ces deux châteaux en deçà du Rhône que je te livre ; le roi de France n'a pas de prétention sur eux. »

Quel était ce Boson ?

Evidemment ce n'était pas le roi de Provence, de ce nom, qui a régné de 879 à 889, tandis qu'Othon le Grand, suzerain du royaume d'Arles, a régné de 936 à 973.

On a vu dans un précédent chapitre qu'après la mort de Boson, le Vivarais avait passé au royaume de Bourgogne et que plus tard les rois fainéants de Bourgogne se donnèrent aux empereurs d'Allemagne et leur remirent la lance de St-Maurice, emblème de leur autorité. Mais, en même temps, régnèrent successivement à Arles, sous le titre de comtes de Provence, deux autres Boson, l'un de 926 à 948 et l'autre de 948 à 968, dont les Etats étaient compris entre le Diois, le Graisivaudan, le Briançonnais, la Méditerranée, les Alpes et le Rhône. Il était alors fort à la mode de donner ce qu'on ne possédait pas, et c'est peut-être de cette façon que l'un de ces Boson là donna Viviers et Lyon à Othon le Grand. Ceci est sans doute une pure supposition. Peut-être est-il encore plus vraisemblable de supposer que l'auteur de la chronique rimée faisait de l'histoire par à peu près, comme tant de gens la font même aujourd'hui, et qu'il a brouillé les noms et les époques en rapportant le fait, exact au fond, de la donation du royaume de Bourgogne, qui comprenait le royaume d'Arles, aux empereurs d'Allemagne.

Il est certain qu'au XIe siècle, le Vivarais était sous la dépendance, au moins nominale, de ces empereurs et que, grâce à leur appui, l'autorité des évêques de Viviers prit alors un développement considérable. Les souverains germaniques attachaient naturellement une grande importance au Vivarais, comme à un poste avancé de l'empire à l'extrême Occident, et c'est dans le but de s'en assurer la possession que Conrad III y installa, en 1146, son cousin Guillaume comme évêque, en lui accordant les droits régaliens (*scilicet monetam, pedagium, utraque strata telluris et fluminis Rodani*) et en faisant de l'évêché de Viviers une sorte de souveraineté indépendante.

Une charte de Frédéric en 1177 confirma, en faveur de l'évêque Nicolas, les libertés et privilèges accordés par Conrad en ajoutant cette clause, évidemment dirigée contre les prétentions des comtes de Toulouse : « En outre, nous statuons que la dite cité de Viviers et son Eglise, dont la liberté et l'indépendance ont été reconnues par nous, n'auront jamais d'autre seigneur et possesseur que son évêque *(nullo unquam tempore aliquem excepto suo Pontifice dominum habeat et possessorem).* »

Des lettres patentes de Frédéric II, en date de 1235, confirmèrent toutes les concessions impériales déjà faites aux évêques de Viviers, et notamment le droit de battre monnaie et le péage sur terre et sur eau, jusqu'à la rivière d'Ardèche, qui formait la *limite méridionale de l'empire (usque ad flumen Ardechii veteris quod est limes imperii.)*

Il paraît que le droit de régale des évêques de Viviers s'étendait depuis le ruisseau de Draïs (Meysse) jusqu'à la rivière d'Ardèche.

Les évêques ont donc pu battre monnaie, mais les pièces portant leur empreinte sont fort rares.

M. Jules Rousset en avait trouvé onze spécimens dont il a reproduit l'image dans l'Annuaire de 1839, mais toutes ces pièces sont anonymes ou à peu près, puisque le mot *episcopus* n'est jamais suivi ni du nom de l'évêque en fonctions ni d'aucune espèce de date. Ces onze pièces et deux tiers d'un sol d'or de Dagobert, que l'on suppose frappés à Viviers : voilà, croyons-nous, à quoi se réduit toute la richesse numismatique du Vivarais.

Il résulte d'un acte de 1289 que, sur le produit de l'hôtel des monnaies de Viviers, le Chapitre avait droit à deux deniers par chaque livre grosse que l'on évaluait à deux marcs et demi. L'évêque jouissait du reste.

Après la soumission des évêques à la couronne de France, Philippe le Bel exigea que la monnaie courante de la France fût reçue dans toute l'étendue du Vivarais et que la monnaie frappée en Vivarais portât le nom du roi de France conjointement avec celui de l'évêque.

.*.

Les croisades contribuèrent beaucoup à augmenter la puissance temporelle des évêques. Chaque seigneur vivarois, en partant pour la Terre-Sainte, mettait ses terres et ses vassaux sous leur haute protection. C'est ce qui explique le nombre considérable d'hommages que les vieilles chartes signalent pendant cette période et que le P. Colombi résume ordinairement par la formule suivante :

L'évêque reçoit le château de ..... mais se contentant de l'hommage du seigneur, il lui rend le château qui sera désormais un fief épiscopal.....

L'enrôlement pour les croisades se faisait dans les églises et donnait lieu à une cérémonie religieuse, appelée la Présentation des Drapeaux, que décrit ainsi une vieille chronique :

Aux grandes solemnités, deux croisés, chanoines

ou autres, prenaient place de chaque côté de l'autel, dès le commencement de vêpres. Ils avaient la mitre en tête, la chape sur les épaules et à la main une lance au bout de laquelle était attaché un drapeau. Lorsque le chœur chantait le verset du cantique de la Vierge : *Deposuit potentes de sede*, les deux croisés se levaient et faisaient le tour du chœur, ensuite de la nef, présentant à tous la lance en commençant par l'évêque. C'était une invitation à prendre la croix. On vit des clercs, des nobles, des bourgeois, des marchands, des femmes mêmes s'engager. Le chroniqueur dit qu'il a vu lui-même quatorze personnes prendre la croix le même jour. Cependant, ajoute-t-il, plusieurs se croisaient plutôt par vaine gloire, pour s'attirer la considération des hommes, qu'en vue de l'honneur de Dieu.

Tous les nouveaux croisés étaient aussitôt inscrits sur le registre du sacriste qui leur donnait à chacun une chape sur laquelle était représentée une grande croix. S'ils ne tenaient pas leur serment, on leur retirait la chape.

**

Princes indépendants, ne relevant que du pape et de l'empereur, les évêques de Viviers eurent encore pour eux dans cette période, l'appui des barons qui redoutaient l'ambition des comtes de Toulouse.

Ceux-ci basaient leurs prétentions sur la conquête du Vivarais par Pépin le Bref et soutenaient que les rois de France leur avaient cédé cette partie de l'Occitanie.

Les évêques répondaient que Pépin n'avait pu, sans injustice, séparer le Vivarais des royaumes d'Arles et de Bourgogne et que Conrad n'avait fait que prendre ce qui lui appartenait en entrant à Viviers, puisque le dernier roi de Bourgogne avait dit à Othon : *Do tibi Vivarium*. Ils rappelaient aussi que dès 1095, Bertrand, fils de Raymond de St-Gilles, avait donné à Hélène sa femme, pour cadeau de noces, la ville de Viviers avec son comté. Tout cela, au moins, sur le papier.

On comprend que, sur ce terrain, le débat pouvait durer longtemps, car on a toujours trouvé des chartes, comme des avocats, pour toutes les causes, et des deux côtés on a pu se donner raison. Les savants Bénédictins, auteurs de l'*Histoire du Languedoc*, n'y ont pas manqué pour leur part, mais ils nous semblent être allés un peu loin en soutenant que l'ambition et l'intérêt personnel avaient seuls porté les évêques de Viviers à refuser de reconnaître l'autorité des rois de France, successeurs des comtes de Toulouse. Au reste, cette thèse a été victorieusement réfutée par M. Van der Haeghen (1), et un des faits, cités par lui, nous semble décisif. St-Louis ayant

---

(1) *Recherches historiques concernant la souveraineté des empereurs d'Allemagne sur le Vivarais du IXe au XIVe siècle*, par Ph. Van der Haeghen. — Béziers 1860.

choisi pour arbitres entre lui et l'évêque de Viviers, le chevalier Raymond de Vayrac et le célèbre Gui Fulgoti, qui fut depuis le pape Clément IV, le rapport de Gui donne les résultats suivants de l'enquête des deux arbitres :

« Nous avons visité les archives de l'évêque et du chapitre, nous avons examiné leurs privilèges, et nous avons vu que tous étaient délivrés par les empereurs et aucun par nos rois; tous prouvaient que cette église dépendait de l'empire depuis une époque fort reculée. On nous a montré aussi les étendards impériaux dont les évêques de Viviers se servaient à l'occasion ; et, bien que nous ayons fait prêter serment sur cet objet, nous n'avons pu découvrir autre chose. »

*
* *

L'affaire des Albigeois, compliquée de l'incident des mines de Largentière, vint bientôt faire sortir de cet imbroglio les évènements les plus graves.

Les Albigeois étaient manichéens, c'est-à-dire qu'ils croyaient, comme les anciens Perses, à deux principes créateurs opposés : l'un, essentiellement bon, qui est Dieu, l'esprit ou la lumière, et l'autre, essentiellement mauvais, le diable, la matière ou les ténèbres. Ces braves gens, auxquels un bon régime hydrothérapique aurait mieux convenu que des excommunications et des croisades, représentaient de plus un peuple riche, intelligent et plus ou moins corrompu par la supériorité du bien-être.

Les papes voulaient les convertir, et non les exterminer. Ils eurent le tort de faire appel aux barons du Nord, orthodoxes, mais pauvres et plus ou moins sauvages, et ceux-ci n'eurent garde de manquer une si belle occasion de satisfaire leur humeur querelleuse et de faire du butin. C'est ainsi que le Nord écrasa le Midi, comme les barbares avaient préalablement écrasé le monde romain, comme les néobarbares allemands nous ont écrasés en 1870, comme les Slaves écraseront probablement un jour l'empire allemand, quand les progrès de la richesse et même de l'instruction (qui toute seule n'empêche pas l'abaissement des mœurs) auront sonné pour lui l'heure de la décadence. Ce qui prouve néanmoins (malgré les immenses catastrophes que produit la Fortune en roulant sans cesse à travers le monde), qu'elle n'est pas conduite à l'aventure, c'est que le bien sort toujours du mal, et que la purification et la régénération sont ordinairement liées à l'expiation. Pour en revenir au cas actuel, il est certain que cet écrasement injuste et brutal du Midi civilisé par le Nord inculte, contribua singulièrement au triomphe de la langue française et de l'unité nationale.

L'évêque de Viviers et les barons étaient naturellement fort peu préoccupés de ces hautes considérations politiques. Ils faisaient l'histoire et n'avaient pas le temps comme nous d'en étudier la philosophie. L'évêque ardent et croyant, comme on l'était alors, ne pouvait pas aimer les hérétiques, et si l'intérêt politique, qui était d'ailleurs celui du Vivarais tout entier, est venu joindre son action à celle du sentiment religieux, il n'y a pas lieu de s'en étonner, surtout à une époque dont les mobiles, tout différents des nôtres, échappent si facilement à notre appréciation. Quant aux barons vivarois, on peut supposer qu'ils se souciaient aussi peu du Nord que du Midi, de l'empereur d'Allemagne que du roi de France. Le meilleur souverain pour eux était le moins gênant, c'est-à-dire le plus éloigné, et ils ne devaient être rien moins que sympathiques à leur puissant voisin méridional trop intéressé à s'emparer de leur pays pour en faire un camp retranché sur sa frontière nord-est.

La situation changea du tout au tout, pour les évêques, quand les rois de France eurent succédé aux droits des comtes de Toulouse. Les rois, qui auraient pu, à la rigueur, souffrir le pouvoir de leurs vassaux, les comtes de Toulouse, à Viviers, ne pouvaient guère y admettre celui de l'Empereur. Ils durent donc chercher par tous les moyens à exercer les droits réclamés par les comtes, et les sénéchaux de Beaucaire ne se firent pas faute de poursuivre l'autorité des évêques par toutes sortes de vexations, pour l'amener à résipiscence. Si les rois n'avaient pas pour eux les chartes et les traditions des trois derniers siècles, il faut avouer qu'ils étaient singulièrement poussés par la force des choses.

Pouvaient-ils admettre que le Vivarais restât sur la rive droite du Rhône, seul en dehors de leur autorité et comme une sentinelle avancée de l'empire au sein de l'unité nationale qui se constituait ?

Leur politique ne faisait donc que répondre à un irrésistible besoin d'expansion et de défense, aussi bien qu'au sentiment de leurs peuples. C'est pourquoi les évêques durent céder.

Que si l'on voulait, comme mon ami Barbe, reprocher aux évêques d'avoir manqué de patriotisme en préférant l'autorité de l'empereur d'Allemagne à celle du roi de France, il suffirait de répondre que les empereurs d'Allemagne étaient autant que les rois de France, des descendants de Charlemagne ; que la patrie était en formation plutôt que formée et qu'il n'est pas étonnant que les évêques n'aient pas eu à cette époque reculée l'idée du patriotisme moderne, quand on voit, au siècle dernier, nos protestants du Midi pactiser sans scrupule avec les puissances étrangères dans l'intérêt de leurs opinions religieuses.

Dès la seconde moitié du xiii° siècle, les rois de France essayèrent, au moyen des baillis royaux qu'ils avaient introduits en Vivarais, de soumettre à leur autorité les évêques de Viviers. En 1268, l'évêque Bermond se plaignit au pape Clément IV qui rappela à St-Louis les résultats de sa mission à Viviers, et le roi s'empressa de céder.

Plus tard, sous Philippe le Hardi, les agents royaux renouvelèrent leurs entreprises, mais Grégoire X intervint et des lettres patentes royales furent rendues en faveur de l'évêque.

En 1305, nouvelles difficultés. Cette fois, l'évêque Aldebert de Peyre, ne pouvant recourir à Boniface VIII en querelle avec Philippe le Bel, il en résulta un véritable conflit. Les troupes royales entrèrent dans l'évêché de Viviers par le Pont-St-Esprit et s'emparèrent de la ville de St-Just. Cet évènement amena une transaction dont voici les points essentiels :

L'évêque reconnaît que le Vivarais est désormais assujetti à la haute suzeraineté du roi de France, mais le roi reconnaît de son côté, que l'évêque ne tient son comté de personne et que c'est un domaine de franc alleu.

L'évêque est tenu au serment de fidélité pour lui et ses vassaux.

L'évêque a le premier degré de juridiction, mais on peut en appeler au sénéchal de Beaucaire et Nîmes.

Les cas royaux sont dévolus à la juridiction de l'évêque ; celui-ci a le droit de faire la guerre hors du royaume, auquel cas le roi est obligé de donner passage à ses troupes.

L'évêque a le droit de battre monnaie comme avant, et sa monnaie a cours comme celle des barons du royaume.

Le sénéchal, le juge mage et le procureur du Roi de Nimes et Beaucaire jureront, à chaque mutation d'évêque, de ne point contrevenir au traité, sinon l'évêque n'aura pas à reconnaître leur justice.

Les terres de l'évêque ne seront sujettes à aucune taille sans le consentement de l'évêque et du chapitre.

Le Roi ne pourra rien requérir dans la temporalité de l'évêque et du chapitre.

L'évêque qui portait auparavant les armes impériales au premier quartier de ses armoiries, sera tenu de porter celles du Roi dans ses cachets ou dans ses drapeaux.

L'évêque et ses successeurs sont créés conseillers d'Etat avec obligation de prêter au Roi même serment que les autres conseillers.

Le Roi rend à l'évêque la ville de St-Just.

Ce traité conclu au Pont-St-Esprit en 1306, rencontra des difficultés auprès du Roi à cause d'une clause portant qu'il devait être agréé par le pape. L'évêque Louis, successeur d'Aldebert, ayant consenti à retirer cette clause, le traité fut confirmé en 1307 par Philippe le Bel.

Il est à remarquer que le traité est passé par le Roi avec l'évêque et le chapitre et qu'il y est aussi stipulé que cet arrangement ne change rien aux rapports de l'évêque et du chapitre.

Les clauses de ce traité se trouvent invoquées

dans un Mémoire de l'évêché de Viviers écrit sous le règne de Louis XIV (en réponse à une lettre de M. du Molard, subdélégué de l'intendant du Languedoc), en vue d'établir que, si Philippe le Bel a réuni le Vivarais à la couronne, les terres de l'évêché n'étaient pas de la directe royale.

Le traité de 1307, comme on le voit, laissait encore de beaux restes à l'autorité temporelle des évêques de Viviers, mais l'élan était donné et cette autorité alla s'amoindrissant de plus en plus par la progression naturelle du pouvoir royal et par la jalousie non moins naturelle des barons. Ceux-ci étaient ravis de voir le souverain d'hier mis aujourd'hui à leur niveau. D'autre part, la résistance prolongée des évêques à l'autorité des rois de France, qui représentaient alors la protection des faibles et la réaction contre les abus de la féodalité, dut beaucoup leur nuire dans l'esprit des populations, et c'est à ces deux causes qu'il convient d'attribuer la situation inférieure faite à l'évêque dans les anciens Etats ou Assiette du Vivarais d'où le clergé était exclu, tandis que, dans tous les pays voisins, c'est l'évêque qui présidait. Viviers était représenté aux Etats du Vivarais par le *bailli de la baronnie de Viviers*, qui n'avait pas droit à la présidence. L'évêque ne pouvait présider qu'en sa qualité de baron de Largentière et à son tour, c'est-à-dire tous les douze ans. Cette question fut soulevée plusieurs fois et elle fut toujours résolue par le conseil d'Etat contre l'évêque. Louis de Suse, le plus militant des prélats qui ont occupé le siège de Viviers, essaya en 1646, de rompre la tradition, en se prévalant de sa qualité de commissaire du Roi pour revendiquer la présidence des Etats du Vivarais qui devaient se réunir cette année là à Privas, attendu que le marquis de Châteauneuf, seigneur de Privas, était baron de tour. Le marquis fit tout ce qu'il put pour maintenir son droit, mais il avait à faire à forte partie ; Louis de Suse réunit en deux jours plus de cent gentilshommes qui vinrent se ranger autour de sa personne et l'assemblée fut transférée à Aubenas, où l'évêque put présider à l'aise.

Grande émotion parmi les barons du Vivarais. L'affaire vint, l'année suivante, devant les Etats généraux de la province du Languedoc tenus à Montpellier. Et voici ce qu'en dit le chanoine de Banne, dont il ne faut pas oublier ici la qualité de fonctionnaire épiscopal :

« Les barons du Vivarais, qui sont au nombre de douze, se trémoussèrent fort de ce que mondit seigneur évesque se disoit président né de ladite assemblée et pour arrêter sa possession, ils eurent recours au Privé Conseil qui renvoya ladite affaire à la décision ou à l'advis des Etats généraux du Languedoc, lesquels se tenant à Montpellier, messieurs les barons du Vivarais commandèrent au sieur de Fayn, syndic du Vivarais, de défendre leur cause dans l'assemblée ; ce qu'il fit, comme appert par sa harangue qu'est fort élégante, à laquelle l'assemblée générale n'eut pas garde ; mais elle ordonna que dorénavant le commissaire du Roy envoyé par l'Assiette du Vivarais présideroit à l'exclusion du baron, que le seigneur évesque auroit la première place et précéderoit le baron de tour au pas et au siège et que le baron de tour opineroit le premier ; ce qui s'est observé à l'Assiette de la baronnie d'Aps convoquée à Villeneuve-de-Berg. »

Il paraît qu'en cette dernière circonstance, le baron de tour avait convoqué l'Assiette à Thueyts, puis à Joyeuse, mais le surintendant de la justice en Languedoc, venu exprès en Vivarais, donna contre ordre et la convoqua à Villeneuve-de-Berg, « jugeant, et fort à propos qu'il y auroit plus de bruit si on la tenoit en lieu suspect au seigneur évesque. Les affaires se passèrent fort doucement et suivant l'ordre qui avoit été ordonné par les Etats généraux de la province... »

Les barons du Vivarais ne se tinrent pas pour battus et recoururent de nouveau au conseil du Roi qui, cette fois, leur donna pleinement raison, par arrêt du 20 août 1647. Le baron de tour fut maintenu dans son droit de présider l'Assiette et ce n'est qu'à ce titre, c'est à dire tous les douze ans, que ce même droit fut reconnu à l'évêque.

D'autres arrêts, en date du 21 mai 1653, interdisent à l'évêque de Viviers l'entrée aux Assiettes, si ce n'est en sa qualité de baron.

Ces arrêts sont encore rappelés dans un Mémoire des barons sur le même sujet publié en 1703-1704.

La même question revint incidemment sur le tapis en 1755 et voici la lettre qui fut adressée, à cette occasion, par le syndic du Vivarais, à l'évêque de Viviers (1) :

Monseigneur,

Permettes moy, en qualité de syndic du Vivarès, de vous représenter que vous n'avez pas été informé des privilèges de MM. les barons de ce pays lors du Mémoire du 20° février dernier contenant les décisions du Roy sur ce qui doit être observé dans la répartition des indemnités.

L'art. 4 de ce Mémoire attribue à MM. les Evêques la place de Président à la tette du Bureau, le Baron à sa droite. Cet arrangement qui peut être pratiqué dans les diocèzes, où MM. les évêques président aux Assiettes et à toutes leurs assemblées, ne doit pas s'étendre à celles du pays de Vivares qui en sont exemptées de droit, par la raison des contraires que ce n'est pas l'Evêque mais les propriétaires des douze Baronnies du pays qui y président tour à

(1) Archives du département de l'Ardèche.

tour par eux, ou par leurs subrogés qui les représentent.

Feu M. l'Evêque de Suse, Monseigneur, voulut s'emparer de ce droit et forma instance au Conseil en 1646 contre madame la duchesse de Guise, MM. les ducs de la Voulte et d'Uzès et les autres Barons ; il apella à son secours les agents généraux du clergé, et le sindic général de la province ; tous ses efforts furent vains et inutiles ; la présidence fut adjugée aux barons par arrest du 3ᵉ may 1651 avec déffences à l'Evêque de leur donner aucun trouble. Ces arrests et son exécution pendant plus d'un siècle sans réclamation de la part des Evêques, forment une double fin de non recevoir contre eux, pour les exclure à jamais des Assiettes et Assemblées du Vivarès.

Si l'art. 4 du Mémoire substituoit Monseigneur au lieu de la présidence que l'arrest attribue au Baron de tour, il le forceroit, ou son subrogé, de descendre d'une place éminente pour s'aller ranger à la droite de l'Evêque dans le rang des autres commissaires du Pays avec qui il leur seroit commun.

Le Roy n'a pas pensé de déroger à des droits qui lui étoient inconnus, et MM. les Barons tirent de ce défaut de connoissance le juste moyen de l'appel de César mal instruit à César mieux informé, pour qu'il soit du bon plaisir de sa Majesté de déclarer n'avoir entendu y comprendre messieurs les

Barons du Vivarès ny rien innover à l'arrest de son conseil du 3ᵉ may 1651 qui continuera d'être exécuté suivant sa forme et teneur, conformément à l'usage qui s'en est ensuivy depuis un si long tems sans opposition de la part de MM. les Evêques qui, sans se meler de l'administration de l'affaire du Pays, ont toujours saisi cependant les occasions de luy rendre leurs bons offices.

J'ai l'honneur d'être avec un tres profond respect, Monseigneur,

Votre très humble et très obéissant serviteur.

***

Un indice encore plus significatif des jalousies et des rancunes qu'avait laissées l'ancienne suprématie des évêques se trouve dans l'incident de 1510 aux Etats du Vivarais. Le siège épiscopal était alors occcupé par Claude de Tournon, un des prélats les plus distingués de Viviers. Claude, en sa qualité de baron de Largentière, convoqua les Etats à Tournon et les présida comme baron de tour. Malheureusement il y vint avec le faste et l'appareil d'un souverain plutôt que d'un simple baron. D'autre part, ses manières et son langage, ainsi que ceux du premier consul et du juge mage de Viviers, choquèrent les représentants des autres baronnies, de sorte que l'on faillit en venir à une sédition ouverte. Le maire de Viviers, ayant demandé un subside pour les fortifications de cette ville, qui était alors la capitale du Vivarais, l'Assemblée fut presque unanime à rejeter la proposition. Claude de Tournon voulut parler en maître, mais les membres de l'Assemblée se levant en masse, évacuèrent la salle pour aller se réunir ailleurs. Là, ils déclarèrent l'évêque et le consul de Viviers exclus de l'Assemblée et reprirent le cours de leurs délibérations. Claude se rendit auprès de Jacques de Tournon, son frère, et tous deux, à la tête de leurs hommes d'armes, allèrent cerner l'Assemblée qui fut obligée d'annuler son arrêté injurieux pour le prélat et de lui faire des excuses. Jusqu'à la fin des Etats, Claude présida les séances assisté d'un piquet de troupes. C'est à cette occasion que Claude, craignant une attaque ultérieure des seigneurs, se fortifia vigoureusement à Viviers et fit construire le mur d'enceinte de Largentière.

Il est à noter, d'après le chanoine de Banne, que Claude de Tournon fut le premier des évêques de Viviers qui se qualifia *comte de Viviers et prince de Donzère et de Châteauneuf.*

XI

L'ADMINISTRATION INTÉRIEURE D'AUTREFOIS.

La légende des chanoines laïques. — Une sentence arbitrale de l'archevêque de Vienne entre l'évêque de Viviers et son chapitre. — Le droit au sel. — Les fiefs de l'évêque, du chapitre et de l'université. — Dissensions perpétuelles de l'évêque et du chapitre. — L'université des prêtres de Viviers. — La commune de Viviers. — Une élection municipale au XIVe siècle. — Une enquête *de commodo et incommodo* au XVe siècle. — Les Juifs à Viviers. — La confrérie de la Cloche. — Les charivaris. — Le cardinal de Brogny. — Une élection schismatique. — Claude de Tournon et François Ier.

Avant d'aborder la période moderne qui commence aux guerres religieuses, examinons quelle était l'organisation intérieure du pays à cette lointaine époque.

Écartons d'abord une légende que M. Albert du Boys a eu le tort d'admettre dans son *Album du Vivarais* : celle des chanoines laïques que l'empereur Conrad aurait introduits dans la constitution de l'Église de Viviers. Ces chanoines d'une nouvelle espèce avaient, dit-on, le droit d'assister aux offices avec la casaque militaire, le heaume, le casque, la cuirasse, les cuissards, les gantelets, le bouclier et la rondache. Ils entraient à cheval dans la nef, mais ils n'avaient pas le droit de pénétrer ainsi dans le chœur. Leurs femmes les suivaient pourvu qu'elles gardassent le silence et ne parussent qu'en chapeaux à larges ailes et enveloppées dans de grands manteaux dorés *(longissimis capellis copertæ et deauratis amplissimis mantellis involutæ.)* Comment douter de l'authenticité de la chose devant de pareilles citations latines ? L'abbé Baracand ne s'arrête pas en si beau chemin et raconte par le menu les divergences auxquelles aurait donné lieu plus tard la suppression de ces fameux chanoines laïques. Le chapitre l'aurait demandée, mais l'évêque Henri de Villars s'y serait opposé en disant aux autres chanoines : Si vous ne voulez pas avoir les seigneurs voisins pour collègues et amis, vous les aurez pour ennemis !

Avons-nous besoin de dire qu'on chercherait vainement dans les chartes de Conrad et ailleurs la trace de cette institution grotesque, dont l'honneur revient à l'imagination de notre abbé romancier. Paix à sa mémoire : il était alors si jeune ! Le seul fait réel, qui a servi de base à cette fantaisie, est le nombre considérable des chanoines qui était effectivement autrefois de quarante et plus et qui fut réduit à vingt par le motif que les revenus du chapitre étaient devenus tout-à-fait insuffisants à la suite de la peste générale qui sévit de 1337 à 1339 et reparut en 1347 et 1348, et des guerres, inondations et autres calamités publiques qui marquèrent cette triste époque.

⁎

Le pouvoir temporel à Viviers était exercé concurremment par l'évêque et le chapitre, et ce fait, déjà indiqué par le traité de 1307, et qu'on verra ressortir encore plus clairement de documents ultérieurs, suffit à expliquer les dissensions continuelles qui ont existé entre les chanoines et le chef de l'église de Viviers.

Les principaux dignitaires du chapitre étaient le prévot, le doyen, le précempteur, le succenteur, le chancelier, le sacriste, l'archiprêtre et le maître de chœur. Le chapitre avait droit de session particulière indépendamment de l'autorisation de l'évêque. Celui-ci avait entrée au chapitre, mais il n'y votait que comme simple chanoine.

Les chanoines de Viviers avaient autrefois le droit d'officier avec la mitre, tandis que l'évêque portait la tiare et le pallium.

L'évêque et le chapitre avaient chacun leurs revenus respectifs, et cette question, comme celle des préséances et autres prérogatives temporelles, donna lieu à des difficultés sans cesse renaissantes, dont on peut se faire une idée par la sentence arbitrale qui fut rendue en 1289 par l'archevêque de Vienne. Voici la substance de ce curieux document :

Le château et la ville de Viviers seront régis et administrés conjointement par l'évêque et le chapitre. Les contributions appartiendront cependant à l'évêque qui sera obligé d'en verser un sixième dans le trésor du chapitre.

Un Juge Mage sera chargé de rendre la justice au nom de l'évêque et du chapitre. L'élection de ce magistrat appartient à l'évêque, mais l'élu sera tenu de prêter serment conjointement à l'évêque et au chapitre. Les notaires, huissiers, sergents, greffiers, seront choisis de la même manière. L'évêque nommera un bailli ou juge assesseur et le chapitre un autre, et tous les deux seront tenus à prêter serment conjointement à l'évêque et au chapitre.

La moitié de la ville sera sous l'intendance du bailli de l'évêque et l'autre moitié sous celle du bailli du chapitre. Les étrangers seront régis par l'un ou l'autre, suivant leur domicile.

Le bailli épiscopal aura seul le droit de condamner à la peine de mort ou de mutilation.

Les amendes pécuniaires seront partagées entre l'évêque et le chapitre.

Dans les causes commerciales ou relatives aux impôts, on s'adressera, suivant les cas, au procureur fiscal, à l'intendant des salines ou au juge général des domaines épiscopaux et autres officiers à ce constitués à Viviers.

Le reste de la province sera administré de la même manière que la capitale, proportion gardée néanmoins et exception faite des domaines appartenant en propriété particulière à l'évêque, au chapitre, ou à d'autres seigneurs.

Au sujet des devoirs des feudataires, il est dit que l'évêque exigera des seigneurs, vassaux de son église, l'hommage et serment de fidélité dans l'année même de son intronisation, et de crainte qu'à raison de ses occupations il ne puisse veiller assez attentivement à ce que tous les feudataires soient fidèles à leur serment, payent exactement la dîme et fournissent leur contingent de soldats, il délèguera un chanoine qui aura l'intendance des fiefs et en fera une exacte reconnaissance au nom de l'évêque.

Un article fixe le sel qui revient à chaque chanoine :

« Le chapitre se plaignant de ce que l'évêque refusait de payer le sel nécessaire à chacun, nous statuons que ledit évêque sera tenu de fournir du sel aux chanoines et aux autres clercs de son église, sans aucuns frais, soit que le sel soit soumis à l'impôt ou à la douane. Or, voici la quantité que nous fixons : A un chanoine, un septier, et à un clerc inférieur une émine, mesure de Viviers, sauf qu'à cause des justes réclamations de l'évêque, cette quantité doive être diminuée. »

Un article concerne les absolutions :

« Ayant appris que l'évêque avait ordonné que les excommuniés, interdits, suspendus, etc., ne seraient absous qu'au moyen d'une componende de dix livres pour quarante jours et de quarante livres pour six mois, nous statuons qu'on accordera l'absolution aux pénitents gratuitement, à moins que leur crime ne mérite une amende, et alors elle sera applicable à la fabrique de la cathédrale. »

Les articles 29 à 31, répartissent les seigneuries :

L'évêque est seigneur de Sampzon, château inexpugnable, et pour subvenir aux réparations, il a aussi la seigneurie de Vallon.

Le prévôt du chapitre est seigneur de St-Etienne-de-Fontbellon, de la Plaine sous Aubenas et d'Aubenas.

L'archidiacre est seigneur de Balazuc, Chauzon, Uzer et la Chapelle.

Le précempteur est seigneur de St-Thomé.

Le sacriste est seigneur de la Gorce et de Salavas.

Le corps du chapitre est seigneur de Joannas, de St-Martin-d'Ardèche, St-Lager, St-André Mitroix, Jaujac, St-Remèze, Mirabel, St-Germain, St-Alban, Vinezac, Bana, Aillou, Charmes, Juvinas.

Le corps de l'Université est seigneur de St-Marcel-d'Ardèche, Lussas, St-Genest, St-Arcons-Darbres, Valgorge, la Blachère, St-Martin-le-Supérieur, Larnas, Assions, Sceautres, Beaumont, St-André-la-Champ, St-Laurent-les-Bains, St-Jean-de-Pourcharesse et Sablières.

Ainsi fut fixée la répartition des seigneuries sur lesquelles il y avait eu discussion. Au surplus, l'évêque demeurait à jamais seigneur de Viviers, Donzère et Châteauneuf, Largentière, Rochemaure,

Baïx, Bourg-St-Andéol, Pierrelatte, la Palud, Valvignères, le Teil, Chomérac, Antraigues, etc.

Tout le monde jura solennellement l'observation de cette transaction, mais le calme fut de courte durée. Les évêques réclamèrent peu après contre la violation de leurs privilèges. En 1290, l'archevêque de Vienne, légat du pape, rendit une autre sentence plus détaillée, expliquant la précédente. Elle a cent quinze articles. On restreint encore plus les droits épiscopaux. Le pape Clément VI cassa cette seconde sentence comme injurieuse pour l'évêque.

Les divergences entre les évêques et le chapitre furent particulièrement vives sous Bernon, Hugues de la Tour d'Auvergne, Jean de Liviers, Claude de Tournon et Louis de Suse. Il y eut des transactions en 1373, 1407, 1429, 1434, 1438, 1444, 1448, 1526, 1652, etc., etc.

Le chanoine de Banne, dans ses Mémoires, laisse apercevoir une cause de ces divergences. Après avoir reproduit le Bref d'Obédience des chanoines de Viviers où sont énumérés les bénéfices dont jouissait primitivement le chapitre (1), il ajoute :

« L'ordre ci-dessus mentionné de bailler à chacun des chanoines certaines portions des églises, fonds et revenus, a été observé de longues années et

(1) Ce précieux document, rapporté par de Banne d'après le *Charta Vetus*, a été reproduit par le P. Colombi et se trouve aussi parmi les pièces justificatives du tome Ier de l'*Histoire du Vivarais*, par l'abbé Rouchier.

mesme jusqu'au dernier siècle 1590, ainsi que j'ay veu dans les comptes rendus pour cet effet. Chaque chanoine devoit fournir la dépense de son mois qui se faisoit pour l'église et pour l'entretien des sieurs chanoines. Presque tous les fonds et biens ci-dessus mentionnés ont changé de nom et les églises sont possédées pour la plupart par des personnes qui ne sont pas de nostre Eglise. Vous pourrez voir dans le cathalogue des evesques comme cela est advenu, car aucuns d'iceux ont failli ruyner l'Eglise tant ils ont eu d'affection pour les moines lesquels aujourd'hui font teste et la nique à leurs successeurs. Que ceux qui viennent à présent et qui viendront à l'avenir y prennent garde ! » A la fin du siècle dernier, l'évêque et le chapitre étaient encore en procès.

*
* *

Qu'était-ce que cette *université* de Viviers que nous venons de voir, dans l'acte de 1289, possédant des seigneuries particulières ? Dans le langage de l'époque le mot *universitas* a deux sens : il signifie tantôt ce que nous appelons aujourd'hui la *commune* et tantôt l'ensemble des prêtres de la localité. Bon nombre de testaments faits à Privas au XVe siècle, et notamment celui de Florence Chalin, tante de la prétendue Clotilde de Surville (1), contiennent des legs à *l'université des prêtres de Privas*, consi-

(1) Registre du notaire Antoine de Brion 1427-28.

dérés par la loi ou l'usage comme formant un corps moral. L'université de Viviers n'était sans doute pas autre chose ; peut-être était-elle ouverte aux officiers laïques de l'évêché ; dans tous les cas, elle avait une importance spéciale, puisqu'elle comptait parmi ses membres l'évêque et les chanoines. C'est pour cela que nous la voyons influente et puissante, lutter contre l'évêque lui-même et jouir de revenus et de privilèges qu'elle a su, paraît-il, conserver jusqu'à la fin du siècle dernier. L'université de Viviers avait, comme le chapitre, droit de session particulière et chaque nouvel évêque, entrant dans sa métropole, devait jurer de respecter ses franchises et privilèges comme ceux du chapitre. C'est elle qui a le gouvernement des intérêts matériels du clergé de Viviers et qui reçoit les legs et dons qui lui sont destinés. C'est ainsi que, dans la fameuse enquête de 1407, où le chapitre se plaint de la pénurie de ses ressources, il prie le « pape d'unir à la *table de l'université* des bénéfices pour l'entretenement, tant des chanoines que des prébendiers et autres habitués de ladite église... »

En 1368, l'évêque Aymar de la Voulte donne à l'université 4,800 florins d'or « pour faire les livraisons du premier jour de chaque mois de l'année à tous ceux des corps du chapitre et université, formant douze livraisons générales, à la charge que lesdits sieurs prieront Dieu pour son âme. »

Un legs semblable est fait par le cardinal Pierre Flandin, toujours à l'université de Viviers, savoir : « 1200 florins d'or pour faire douze livraisons, tous les mois de l'année, de pain et de vin, à tous messieurs de l'église de Viviers et à l'aumône du cloître pour le salut et repos de son âme. »

En 1335, une portion de péage au Teil est vendue par le chapitre à l'université.

En 1357, l'université et le chapitre font un prêt de quatre cents florins à la communauté de Viviers.

En 1427, une transaction est passée entre l'évêque, le chapitre et l'université, pour la création de choriers, etc.

**

L'autre *universitas*, c'est-à-dire la commune de Viviers, semble avoir fait beaucoup moins de bruit que la précédente, ou moins dans les annales ecclésiastiques de la localité. Elle se composait, à ce qu'il semble, de deux classes de citoyens, la première formant une sorte de conseil supérieur, et la seconde comprenant tout l'ensemble de la population.

Un acte du 3 février 1393 nous montre comment fonctionnait à cette époque le suffrage populaire. Ce jour-là, l'*universitas* des hommes de la ville de Viviers, se réunit « au son d'une petite trompette ou du tambour » selon l'usage, sur l'ordre du bailli de Viviers et de son ressort. La réunion comprenait les deux classes d'hommes de la ville dont on cite les noms tout au long. Le scribe ajoute que : lesdits hommes « *universitatem facientes* », en leur nom et au nom de ladite université, après avoir révoqué leurs précédents procureurs généraux, en nommèrent d'autres, dont les noms sont également indiqués. Ces procureurs sont fort nombreux. Il en est nommé quinze de Viviers dont les deux premiers sont Vincent Eschandolas et Guidon Pelaprat, licenciés-ès-lois. Il en est ensuite nommé cinq de Villeneuve-de-Berg, six de Nimes, un de St-Pons-du-Coiron, deux de Mirabel, trois de Vienne, dix d'Annonay, quatre d'un autre endroit dont le nom est illisible. Ces nominations sont valables pour un an.

Les candidats désignés, le bailli réserve expressément tous les droits de l'évêque et proteste contre toute atteinte qui pourrait leur être portée sous prétexte ou en vertu de cette procuration. L'université reconnaît alors que sa procuration est sans valeur en ce qui touche l'évêque et ses officiers, à moins toutefois que quelques-uns desdits serviteurs et officiers ne dépendent en quelque point de ladite université, auquel cas le bailli n'entend pas empêcher celle-ci d'exercer ses droits ; et il est spécifié que les causes seront portées devant la curie du seigneur évêque qui rendra justice.

Tout cela bien stipulé, le bailli siégeant judiciairement selon l'ancienne coutume (*sedens pro tribunali more majorum suorum in curia temporali Vi-*

varii) interpose son autorité et sanctionne les choix de l'université.

Dans un autre acte du 3 août 1408, nous voyons la même université réunie comme précédemment et les hommes qui composent l'assemblée, *asserentes se esse majorem et saniorem partem hominum communitatis predictæ*, choisir, avec les mêmes formalités et sous les mêmes réserves, un *providus vir* nommé Pierre Vieu, pour la répartition des tailles entre les citoyens suivant leur fortune. Une fois la note des tailles établie, le répartiteur doit la remettre au bailli de Viviers qui en rendra le payement exigible.

Un autre acte de la même époque (août 1409) nous fait assister à une enquête *de commodo et incommodo* sur le projet de démolition de certains faubourgs de Viviers qui servaient d'asile aux malfaiteurs. L'évêque et son chapitre, avec tous les membres du conseil supérieur de la ville comptant cent cinquante deux membres, se rendent à l'hôtel du Cheval Blanc où les attend Guillaume de Sanilhac, délégué par le roi Charles VII pour présider l'enquête. Tous les conseillers sont successivement interrogés et leurs réponses sont recueillies par quatre notaires royaux. Le projet de démolition est adopté par 138 voix contre 14. La délibération porte les sceaux du chancelier du roi, du chancelier de l'évêque et du chancelier de la municipalité de Viviers. Cet intéressant document est reproduit dans le manuscrit de l'abbé Daracand. Notons que ce dernier (égaré sans doute par la présence de la particule qui dans tous ces vieux actes indique non la noblesse, mais un simple rapport de famille) a la bonhomie de considérer les cent cinquante-deux noms du conseil supérieur comme représentant cent cinquante-deux familles nobles ; il part de là, en supposant naturellement une population bourgeoise et ouvrière beaucoup plus considérable, pour calculer que Viviers avait à cette époque quinze mille habitants.

Notons aussi que le chanoine de Banne semble indiquer la démolition des faubourgs de Viviers comme ayant eu lieu à la suite de la peste de 1348. A Viviers, dit-il, « sa malignité fut si prodigieuse qu'elle déserta la ville et les faubourgs, ne laissant de dix personnes une... La despopulation fut telle que les plus grandes parties de la ville furent inhabitées, si bien que les voleurs et mauvais garnements y faisoient leur retraite, faisant mille maux tant en ceste ville de Viviers qu'ès environ d'icelle et que cela fust cause que par arrest de la cour souveraine de Tholose furent desmolis. » Quelqu'un fait-il ici erreur de date, ou bien s'agit-il de deux faits distincts ?

On peut, d'après ces trois actes, supposer que l'administration municipale à Viviers comprenait trois degrés, savoir : 1° l'université comprenant l'universalité des citoyens ; 2° le conseil supérieur comprenant les notables de la ville, dont nous voyons tous les noms cités dans l'acte de 1409, et enfin ce que nous appellerions aujourd'hui le conseil municipal, c'est-à-dire les quinze citoyens de Viviers qui figurent comme procureurs généraux dans l'acte de 1393 et qui étaient évidemment chargés de toutes les communications avec les autres procureurs nommés hors de Viviers.

Quoi qu'il en soit, l'université des hommes de Viviers savait aussi bien que l'autre université, faire respecter ses droits et privilèges. Témoin un antique usage qui s'est perpétué à Viviers jusqu'à la Révolution. Le jour de son entrée dans la métropole diocésaine, l'évêque nouvellement élu descendait de sa haquénée et jurait, devant les consuls de la ville et devant les chanoines, de respecter à la fois les privilèges du chapitre et de l'université et les franchises municipales. Il en était de même au Bourg-St-Andéol.

La ville de Viviers est, croyons-nous, la seule du Vivarais où la présence des Juifs soit signalée au moyen-âge. Cela s'explique par sa qualité de capitale où les besoins d'argent et de commerce étaient plus accentués qu'ailleurs. Mais cela prouve aussi que les évêques n'étaient pas aussi intolérants qu'on pourrait se l'imaginer. Il paraît même que l'un d'eux (Hugues de la Tour d'Auvergne) devint suspect à son clergé et à l'archevêque de Vienne par les trop grandes facilités qu'il accordait à ces mécréants — du moins s'il faut en juger par l'article suivant que cite l'abbé Baracand comme figurant dans la sentence arbitrale de 1289 :

« Nous statuons que les Juifs porteront sur leurs vêtements une grande croix ou une roue en étoffe rouge. Nous révoquons tous les privilèges à eux accordés par l'évêque. Nous défendons qu'il leur soit permis à l'avenir de bâtir de nouvelles synagogues ou d'avoir d'autres cimetières sans le consentement du chapitre. »

Les Juifs avaient leur *ghetto* au quartier de Niquet, où a été bâti depuis le séminaire. Ils ne pouvaient venir dans le reste de la ville qu'à certaines heures et avec le costume indiqué ci-dessus. Ils avaient d'abord un cimetière spécial dans leur *ghetto*. Plus tard, on les obligea d'inhumer leurs morts au quartier de Lanjavoux. Le convoi devait passer devant l'hôpital de la Madeleine et l'aumônier avait le droit de dépouiller les morts des bijoux qu'on allait enterrer avec eux. L'abbé Baracand, à qui nous laissons la responsabilité de cette histoire, ajoute que les Juifs ne mirent plus alors dans les cercueils que des verres, ce qui donna lieu à un singulier procès dont les pièces existeraient encore. Il est fâcheux qu'on ne dise pas où on peut les trouver.

.*.

Il y avait deux hôpitaux ou maladreries, l'un extra-muros, dit de Ste-Madeleine, administré par le clergé, et l'autre dit de St-Saturnin, entretenu par la municipalité et confié à la confrérie de la Place (*confrateria de platea*). Cette association portait encore le nom de confrérie de la *Campana* parce qu'elle avait une grosse cloche pour convoquer les réunions, et l'on appelait ses membres les *Omnifices* (bons à tout faire.) C'était une sorte d'académie des métiers. Elle se chargeait de toute espèce d'ouvrages, défrichait des terres, plantait des arbres, semait du blé, moissonnait, vendangeait, bâtissait des maisons, des églises et des châteaux, faisait même, dit-on, des expéditions militaires. Chaque année, elle élisait un abbé. Les confrères vivaient en communauté au quartier de Montarguy, dans une grande maison contiguë à une église où ils faisaient les offices religieux. Cette communauté devint très-riche et par suite le relâchement s'y introduisit. L'abbé s'érigea en grand seigneur. La cloche sonna beaucoup plus pour de bons dîners que pour le travail. Les confrères, ayant bien bu, faisaient du tapage et insultaient tout le monde. Il semble qu'ils avaient la spécialité des charivaris dont les gens riches se débarrassaient avec de l'argent. Il résulte d'une inscription trouvée par Flaugergues dans sa maison, qui avait été celle de cette singulière confrérie, qu'en 1310, noble Pons Balbi-Crillon ne put échapper à un charivari qu'en donnant à cette confrérie une somme de vingt-cinq livres. *Anno Domini MCCCX, secunda die novembris, Pontius Balbi dedit confrateriæ de Platea XXV libras de quibus fuit contenta ista. Amen.* L'évêque Bertrand de Chalancon la supprima, mais ce ne fut pas sans peine.

* * *

Une période brillante pour l'évêché de Viviers fut celle du séjour de la papauté à Avignon. On vit alors douze cardinaux s'y succéder et on vit aussi deux papes et trois cardinaux choisis parmi les chanoines de Viviers. Il est vrai que les mutations étaient fréquentes et cela ne faisait pas la bonne administration du diocèse. Au xive siècle, vingt-cinq évêques ont passé sur le siège de Viviers. Il faut arriver aux préfets ou aux ministres de notre république pour retrouver une pareille mobilité.

Parmi ces évêques, il convient d'en signaler quelques-uns, soit à cause de leur propre mérite, soit à cause des évènements auxquels ils se trouvent mêlés.

Henri de Villars que l'abbé Baracand, nous ne savons trop sur quel fondement, dit originaire de Thueyts ou des environs, opéra de grandes réformes dans son clergé. C'est sous son épiscopat que fut décidée la réduction du chiffre des chanoines. Un grand nombre de seigneurs du Vivarais lui firent hommage de leurs domaines, ce qui démontre l'influence prédominante qu'il exerçait dans le pays.

L'évêque Bertrand de Chalancon (1365) imposa à son clergé de se faire la barbe chaque semaine et créa quatre barbiers hebdomadiers, qui devaient raser le chapitre à tour de rôle. On les payait avec du sel. (1) Ce n'est pas là sans doute la principale des réformes qu'il effectua, mais c'est au moins la plus piquante.

Le roi Jean passa quelques jours à Viviers en 1352. Il assista à la procession de la Chandeleur avec un gros cierge allumé, suivi de sa cour.

Deux papes ont été chanoines de Viviers. L'un Pierre Roger, de Beaufort (en Limousin), qui figure parmi les chanoines de Viviers en 1333, fut pape sous le nom de Grégoire XI (1370). L'autre, le cardinal Colonna, monta sur le trône pontifical en 1417, sous le nom de Martin V, et c'est un ancien évêque de Viviers, le cardinal de Brogny, qui contribua le plus à son élection. Jean Allarmet de Brogny est un des prélats les plus distingués qui aient occupé le siège de Viviers. Il avait commencé par être gardeur de pourceaux. Deux chartreux qui le rencontrèrent à Ambronnier, près d'Annecy, furent frappés de son intelligence et se chargèrent de son éducation.

(1) Manuscrits de l'abbé Duracand.

En passant à Genève, ils lui achetèrent des vêtements, mais il manquait six deniers pour les souliers. Quand me les payera-t-on ? dit le marchand. Quand je serai cardinal ? répondit le petit homme.

Allarmet devint d'abord prieur de la Chartreuse de la Trinité à Dijon, puis confesseur du duc de Bourgogne qui en 1383 le fit nommer évêque de Viviers. Le pape se l'attacha et lui donna pour coadjuteur en 1386 Olivier de Poitiers. Jean de Brogny avait aussi l'évêché de Genève et l'archevêché d'Arles en commende pour faire honneur à sa dignité de cardinal. Il aimait à se rappeler son ancienne situation. Pour en perpétuer le souvenir, il fit construire dans la cathédrale de St-Pierre à Genève, une chapelle dans laquelle il est représenté assis nu-pieds sous le chêne d'Ambronnier, gardant des pourceaux avec des souliers à côté de lui, en mémoire de l'incident de Genève.

Jean de Brogny est célèbre par ses travaux en vue de l'extinction du schisme d'Occident et c'est lui qui présida, au bénéfice d'âge, le Concile de Constance, qui, par la déposition de Jean XXIII et Benoit XIII, mit fin au schisme. Il mourut en 1420. Soulavie a laissé sur la vie de cet illustre personnage une notice manuscrite que l'on croyait perdue et que nous avons retrouvée récemment dans la bibliothèque du ministère des affaires étrangères. (1)

(1) N° 1626 (PF Languedoc 203).

Parmi les coadjuteurs ou successeurs qu'eut Brogny à l'évêché de Viviers, il faut citer :

Le cardinal Flandin, le neveu, qui gouverna seulement six mois l'évêché de Viviers, mais qui, devenu archevêque d'Auch, revenait fréquemment dans son pays natal, et c'est dans une de ses visites à Viviers, en 1399, qu'il posa la première pierre de l'église de St-Laurent où il voulut être inhumé et où l'on a, dans ces derniers temps, retrouvé sa tombe ;

Le cardinal d'Ailly,

Le cardinal de Liviers.

Sous l'épiscopat de ce dernier, la ville de Viviers aurait été prise et saccagée par les bandes dites des *compagnons*. Elle fut reprise en 1409.

Un évènement caractéristique de l'époque marqua en 1448 l'élection de Guillaume de Poitiers. Il y avait naturellement alors comme aujourd'hui, des esprits inquiets et ambitieux. A leur tête brillait un certain Pierre de Barillet, ancien avocat à Toulouse et docteur de l'Université de Paris, qui, visant lui-même l'épiscopat, trouvait naturellement fort mauvais que le chapitre eût fait choix d'un autre que lui. Sous son influence, les habitants se révoltèrent contre l'évêque et le chapitre, parce que, disaient-ils, le peuple n'était plus admis à donner sa voix pour l'élection des pasteurs. Il fallut recourir au roi qui fit occuper la ville par un corps de troupes. Barillet n'en continua pas moins ses menées et le peuple révolté une seconde fois le nomma évêque. Cette élection schismatique eut lieu dans l'église de la Madeleine. Il y eut un compromis aux termes duquel Barillet devait succéder à Guillaume. Mais Guillaume étant mort en 1454, les chanoines élurent à sa place le prévôt Archimbaud.

La populace furieuse envahit le château et installa Barillet sur le siège épiscopal dans la cathédrale. Archimbaud et le chapitre s'étaient enfuis à Donzère. La chose fut déférée au pape qui chargea l'évêque de Valence de faire une enquête. Celui-ci annula l'élection d'Archimbaud et l'on élut à sa place Élie de Pompadour, évêque d'Aléth. Quant au schismatique Barillet, le tribunal de l'Inquisition l'envoya dans les prisons de Toulouse, sa patrie, où il mourut bientôt de chagrin.

Claude de Tournon qui monta sur la chaire de Viviers en 1498, fit de grandes choses, mais eut beaucoup à lutter avec son clergé et avec le chapitre, sans compter les barons du Vivarais. Il construisit, à Donzère, un magnifique château qui devint sa résidence habituelle, après qu'il eut fait nommer son neveu, Charles de Tournon, son coadjuteur à Viviers.

Claude reçut François 1er à Donzère quand ce roi allait repousser l'invasion de Charles-Quint en Provence. Il paraît qu'on avait accusé l'évêque auprès du roi de battre de la fausse monnaie. Aussi le roi lui dit: « Mon curé (car il le nommait ainsi toujours) j'ai ouy dire que vous faites battre de monoye de faux aloy et que d'icelle vous payez vos massons et manœuvres, n'estant pas moyens qu'avec si peu de revenu vous ayez les besoins de fayre tant et de si beaux bastiments. » «Pour lors ledit seigneur évesque répondit qu'on l'avait accusé faussement et que s'il plaisoit à Sa Majesté d'avoyr patience, il lui feroit voir avant que sortir de Donzère que son ménage et son économie lui fournissoyent assez de moyens non pas tant seulement de fayre de semblables édifices à ceux qu'il avait déjà faits, mais encore de plus magnifiques. Le Roy fut curieux de le voyr. Ledit seigneur luy montra son vignoble qui tenoit un grand pays, très-grande quantité de troupes de moutons, brebis, chèvres, bœufs, vaches et d'autres denrées, ce qui fut cause que le Roy l'en estima davantage et blasma grandement ses ennemis. (1)

François 1ᵉʳ voulut aller à Viviers où il fut reçu magnifiquement, mais il y remarqua au fronton de la cathédrale et ailleurs les armes impériales qu'on avait négligé de détruire, et il fit opérer cette destruction sous ses yeux. Il acheta à l'évèque Châteauneuf qu'il fit fortifier. En partant, il dit à Claude de Tournon : « Adieu, on m'avait dit du mal de vous ; j'avais tort de le croire. Vous êtes un bon abbé. Puissent vous ressembler tous ceux de mon royaume. Priez pour le succès de mes armes. »

(1) Mémoires du chanoine de Banne.

Outre le château de Donzère, Claude de Tournon avait fait bâtir le château du Bousquet (près de St-Just), partie de la maison épiscopale du Bourg-St-Andéol et partie du château de Largentière laissé inachevé par son prédécesseur, Jean de Montchenu. Il paraît que ce dernier aurait été pris par les pirates en allant à Naples et qu'il resta sept ans en Afrique. Il fut racheté finalement par les religieux de la Merci, mais, le croyant mort, on avait élu à sa place Claude de Tournon.

En 1553, Simon de Maillé se présenta à Viviers avec le titre d'évêque que lui avait conféré Henri II. On le soumit, par suite, encore plus rigoureusement que tout autre aux formalités imposées à tout prélat nouveau venant occuper sa métropole diocésaine. Il dut, comme ses prédécesseurs, descendre de sa haquenée avant de franchir les portes de la ville, et jurer devant les consuls, les chanoines et les membres de l'Université, de respecter les immunités de l'Eglise de Viviers, les privilèges du chapitre et les franchises municipales. Il fut encore obligé de jurer qu'il ne tenait son autorité spirituelle que du pape et la temporelle de personne, pas même du roi de France, et qu'il ne devait en rendre compte qu'à Dieu seul (1).

Simon jura de mauvaise grâce et ne resta à Viviers qu'une année.

(1) Manuscrits de l'abbé Baracand.

XII

VIVIERS DEPUIS LES GUERRES RELIGIEUSES

Albert Noé. — Les feux de joie faits avec les archives. — Profanation des cadavres. — La surprise de Gaydan. — Faits et gestes des huguenots sous l'occupation de Guy dit Baron. — Jean de l'Hôtel. — L'épiscopat de Louis de Suse. — Prestations de serment. — Doléances d'un chroniqueur sur le malheur des temps. — L'image de la sagesse. — Requête des chanoines contre l'évêque. — Les successeurs de Louis de Suse. — Le vandalisme et les mascarades révolutionnaires. — Un mandement épiscopal. — Le séminaire.

Nous voici à la période orageuse de la Réforme. Viviers est la ville du Vivarais qui a été le plus souvent prise, reprise, pillée, saccagée et brûlée par les uns ou par les autres, par les Wisigoths, les Sarrasins, les Albigeois, les pastoureaux, les compagnons, les seigneurs hostiles à l'évêque, et enfin les protestants. L'honneur ne va pas sans le péril : quand on veut briller comme capitale d'un pays, il faut se résigner à ces petits inconvénients.

La période des guerres religieuses fut particulièrement dure pour Viviers. La réforme y fut prêchée d'abord, paraît-il, par un cardeur de laine, en même temps qu'elle l'était par des maîtres d'écoles ou des religieux défroqués, à Tournon et à Annonay, de 1518 à 1530, c'est-à-dire du vivant même de Luther. Pendant trente ans, le mal s'accrut dans l'ombre pour éclater en 1562. Le mouvement commença à Annonay, et se propagea bientôt dans le Bas-Vivarais.

A Viviers, le chef des huguenots fut le fameux Albert Noé, sieur de St-Alban. Ce digne lieutenant du baron des Adrets se rendit maître une première fois en 1564 de la ville et du château. On appelait Château ou même Château-Vieux *(castrum vetus)*, à Viviers, par opposition à Château-Neuf, situé de l'autre côté du Rhône, la plateforme du rocher de Viviers, contenant la cathédrale et un certain nombre de maisons particulières, qui était séparée de la ville par une enceinte de remparts et où l'on ne pénétrait que par deux portes qui existent encore : l'une dite de Gouache ou du Guet, du côté de la ville, et l'autre située au levant. Albert Noé, maître du château, arrêta les chanoines, saccagea la cathédrale, l'évêché et les maisons des ecclésiastiques, brûla les reliques, les titres et les papiers d'église et pilla le trésor et les vases sacrés.

Les catholiques rentrèrent peu après à Viviers. Ils y furent assiégés, en octobre 1567, par les protestants sous les ordres de M. de Barjac. Albert Noé revint cette même année, pilla et brûla les maisons des chanoines avec la bibliothèque et les archives. Comme on avait caché à son approche l'argenterie des églises, il fit mettre à la torture plusieurs chanoines et les obligea à révéler la cachette. Il se saisit ainsi de l'argenterie qui remplissait quatre corbeilles et en fit faire des testons.

Le chanoine de Banne rapporte que les protestants « firent trois feux de joie des documents de l'Eglise, l'un dans l'évêché, l'autre à la plaine appelée de Mirabel, par devant les caves du chapitre, dans le château, et le troisième à la place de Viviers, où ils brûlèrent avec quantité de documents presque tous les livres de la bibliothèque du chapitre qu'estoit très-belle. Le *Charta Vetus* et les livres de chœur y furent brûlés. »

Dans un autre endroit, de Banne ajoute :

« Toutefois, la plupart des papiers furent sauvés parce qu'il y avoit quantité de lettres de notaires qu'avoient esté nos secrétaires, qui faisoient besoin à tous les habitants; ce qui occasionna certains huguenots de les garder pour les revendre à ceux qu'on avaient besoin et, les faisant porter hors de cette ville, de bonne fortune, se rencontrèrent quelques chanoines à la campagne qui s'en estoient enfuis, qui les ostèrent à ceux qui les emportoient. Le sieur Castillon en sauva aussi quelque partie qu'il cacha dans sa maison qui est sous le clocher à costé des grands degrés. »

Entre autres profanations, les protestants violèrent le tombeau de l'évêque Claude de Tournon. Ils se saisirent de son corps, qui avait été soigneusement embaumé, et le traînèrent sur les places du château avec une corde au cou. Quand la bande de sauvages s'arrêtait, on écartait les mains du mort qui étaient jointes et, comme elles tendaient à se rejoindre par l'effet du pli qu'avait pris le corps, ces misérables riaient en disant dans leur langage :

Véjo, véjo, qué faï sanctus !

Le 17 mai 1568, Viviers se rendit au roi, malgré Albert Noé qui tomba entre les mains des troupes catholiques. Ce malheureux se faisait tant d'illusions sur son importance qu'il se laissa prendre comme un imbécile, avec tous ses complices, malgré les avertissements qu'il avait reçus. On le mit sur un bateau sous la garde du chanoine Perrinet Desaubers et du chorier Gabriel de Banne (l'oncle du chroniqueur), pour le conduire à Toulouse. Quand le bateau passa devant Roquemaure de Lers, la dame du château, qui connaissait de Banne, lui offrit cinq cents écus d'or pour qu'il laissât échapper St-Alban, mais le chorier refusa. Le Parlement de Toulouse condamna St-Alban à mort et le fit décapiter le 28 août, comme concussionnaire, sacrilège et rebelle, en même temps que Louis et Guillaume de Montraux et Jean Ducros, ses officiers et complices. Le même arrêt fixa à soixante mille livres les dommages dus au chapitre de la cathédrale de Viviers.

Albert Noé avait fait construire à Viviers une maison, vrai bijou de la Renaissance, que vont admirer tous les amateurs d'antiquités. La façade, enrichie de sculptures, coûta, dit-on, à elle seule, quatorze années de travail.

Après la mort de St-Alban, sa sœur, femme de noble Mathieu de Beaulieu, demanda la restitution de ses biens. Un arrêt du Parlement de Toulouse lui donna gain de cause, mais les chanoines firent casser cet arrêt. « Tant y a que la plus grande et la principale partie des biens de St-Alban se perdit on ne sait comment, ne où ils passèrent, ses héritiers à Viviers en ayant eu si peu qu'il leur a servi plutôt d'empêchement et de perte que de profit. Après la mort dudit St-Alban, les habitants de Viviers qui s'estoient faits hérétiques luthériens pour la considération de l'appui dudit sieur de St-Alban et plutost pour le profit du pillage du château et de l'église, se remirent peu après au giron de l'Eglise qu'ils avoient abandonnée, les uns par crainte que mal leur en arrivât, les autres de bonne foy, inspirés par le St-Esprit, et les autres par feyntise, comme ils le témoignèrent par leurs actions et mauvais offices qu'ils rendirent à l'Eglise ; ce que je tais pour l'amour de ceux qui sont descendus de ces gens là qui, à la vérité, sont personnes pieuses et d'une éminente probité. Il ne s'en faut pas estonner puisque les plus belles fleurs sortent des terres fumées des plus sales fumiers et charognes, et les roses des espines piquantes. »

⁎⁎⁎

La St-Barthélemy ayant rallumé la guerre civile, les protestants occupèrent de nouveau Viviers.

Au mois de février 1576, malgré l'accord signé par les chefs des deux partis à la Borie de Balazuc, un aventurier calviniste nommé Gaydan, pénétra par surprise dans le château, grâce à la trahison d'un prêtre, natif de St-Remèze, qui avait été pendant dix-neuf ans receveur du chapitre et qui était furieux qu'on lui eût donné un successeur. Gaydan enferma tous les chanoines dans une cave, et essaya ensuite mais vainement, de pénétrer dans la ville où les habitants, qui s'y étaient barricadés, lui opposèrent une vive résistance. Gaydan, blessé grièvement au bras par un mortier d'airain, qu'une femme jeta sur lui d'une fenêtre, dut rentrer dans le château avec les siens. Les protestants blâmèrent eux-mêmes ce manquement à la foi jurée et s'unirent aux catholiques pour déloger Gaydan, qui persistait à garder le château. Celui-ci reconnut cependant à la fin l'impossibilité de résister et céda la place, mais en emportant son butin ; les chanoines purent alors seulement sortir de la cave où ils étaient restés, pendant trois jours, sans boire ni manger.

Viviers fut encore occupé cette même année par un capitaine protestant nommé Gui, dit Baron, de

Villeneuve-de-Berg, qui fit fortifier le château, expulsa les chanoines et les notables catholiques et quitta lui-même la ville, le 10 juin 1577, après l'avoir dévastée.

C'est à cette occupation que se rapportent les faits suivants rapportés par Jacques de Banne :

« Les huguenots viennent tirer des coups d'arquebuse dans l'église tandis que les chanoines disent leurs offices. Un jour, lorsque l'on chantoit vespres, ils entrèrent dans ladite chapelle de St-Jean avec grand bruit, tirèrent des arquebusades et deux de ces pendards montèrent sur le grand autel et deux autres sur deux autres autels qui y avoit lors aux costés de ladite chapelle, et ces sales ou plustôt diables, vidèrent leur vilain ventre sur ces autels sacrés. Les pauvres chanoines et officiers, voyant cet acte si étrange se confessèrent promptement les uns aux autres, croyant qu'on les tuerait, mais les canailles s'en sortirent avec des ris et des huées étranges. Les sieurs du chapitre se résolurent de s'en aller le plus tost qu'ils pourroient les uns après les autres, ce qu'ils firent, et le château demeura sans ecclésiastiques... »

L'oncle de notre chroniqueur reçut pendant cette même période une grave blessure dont il ne guérit que par miracle. « Un soldat insulte Gabriel de Banne, maître de chœur, qui cherche à se saisir de sa hallebarde. C'est alors que le soldat lui donne un coup de poignard au costé gauche, au défaut des costes, de laquelle blessure, parce qu'elle était fort grande, ses entrailles sortirent et tombèrent à terre. Ledit blessé eut le courage de les relever et mettre dans les basques de son saye, les portant depuis le carré de la maison de la maîtrise jusqu'au devant de la précempterie où il frappa le mieux qu'il put. On vint ouvrir, ceux qui le virent ainsi blessé se mirent à crier à l'aide. Le mineur prébendier nommé Redon sortit de sa maison, le prit soubs le bras et le porta dans sa maison où un excellent chirurgien, appelé maître Martin Lot, lui lava ses tripes avec du vin blanc, et les lui remit dans son ventre ; le gros boyau estoit offensé, auquel fallut donner quinze points d'aiguille ; tant il y a que ledit sieur Debane guérit de ce furieux coup et vesquit après longues années. »

En 1578, les protestants occupèrent encore Viviers, mais ce fut la dernière fois.

En 1580, toute la jeunesse de Viviers alla se faire surprendre et égorger par les huguenots à la descente de Supine, près de Villeneuve-de-Berg.

Pendant toute cette période violente, le siège épiscopal de Viviers avait eu pour titulaires trois ou quatre évêques qui, la plupart, restèrent en Italie ou à Avignon.

En 1572, le comte de Suse, qui s'était distingué par son zèle et son énergie à soutenir la cause catholique, fit donner l'évêché de Viviers à un de ses parents, Pierre d'Urre, qui mourut au bout d'un an.

Il fit alors nommer Jean de l'Hôtel, précepteur de ses enfants, afin que celui-ci gardât l'évêché jusqu'à ce que son fils puîné fût d'âge pour en être pourvu, et pour plus de sûreté il retint le nouvel évêque prisonnier au château de Suse. Celui-ci resta là onze ou douze ans et ne parvint à s'échapper qu'à la mort du comte de Suse survenue le 16 août 1587 après la défaite des catholiques à Montélimar. Il arriva à Viviers l'année suivante, prêta les serments d'usage, et fut installé sur le siège épiscopal qu'il occupa jusqu'en 1621. Jean de l'Hôtel mourut au Bourg-St-Andéol à l'âge de 94 ans, et eut pour successeur Louis de Suse, qui occupa le siège épiscopal encore plus longtemps, c'est-à-dire de 1621 à 1690.

*_**

Le P. Colombi, qui a écrit l'histoire des évêques de Viviers sur l'invitation de Louis de Suse, fait de ce prélat un tableau des plus flatteurs. Il l'a connu, dit-il, dans la poussière du collège, et les qualités qu'il montrait alors n'ont fait que s'accroître avec les années. « Il est pieux sans être morose, grave sans être sévère, facile sans être léger, il captive tous ceux qui l'approchent. »

En présence de ces éloges, où l'affection personnelle semble avoir un peu trop de part, il convient de signaler le silence du chanoine Jacques de Banne, qui parle sans doute avec respect de son « seigneur évesque » mais semble loin d'éprouver pour lui l'enthousiasme du P. Colombi.

Dans tous les cas, Louis de Suse est un type à part qui pourrait faire l'objet d'une curieuse monographie. Issu d'une ancienne famille noble, où toutes les traditions étaient militaires, il était évidemment mieux fait pour commander une armée que pour diriger un diocèse.

Louis de Suse n'était âgé que de dix-sept ans et il n'avait aucun ordre sacré, quand mourut Jean de l'Hôtel qui, néanmoins, pour acquitter sa dette de reconnaissance envers la famille de Suse, l'avait fait nommer son coadjuteur. « C'est, dit de Banne, un privilège du St-Siège sans exemple ; j'ay veu toutes les procedures de cette affaire où je renvoye les curieux. »

Le nouvel évêque fit aussitôt, c'est-à-dire dès le mois d'avril 1621 « sa joyeuse entrée » dans sa bonne ville épiscopale. De Banne rapporte longuement les détails de la cérémonie dont nous devons, à cause de la suite des évènements, reproduire le passage suivant :

« Le Prevost de nostre Eglise lui fit une harangue en lui témoignant l'honneur et le contentement que Messieurs du chapitre recepvoient de l'avoir pour évesque, mais qu'ils le supplioyent tres humblement d'observer les coustumes de l'Eglise confirmées par arrests des souveraines cours des Parlements de Paris et Tholose, authorisées et confirmées par bulle de Notre S. P. le Pape, avec cognoissance de cause et que mesdits sieurs du chapitre et université le supplioient tres humblement de les aymer et protéger. Messire Loys François de Suse jura sur les saincts Evangiles de Dieu, à lui présentés par ledit seigneur évesque de St-Pol, d'observer inviolablement les compositions passées entre les seigneurs évesques ses devanciers et le chapitre, confirma les privileges avec de tres grandes protestations qu'il fit devant tout le monde de nous aymer et protéger en toutes occasions. Pour lors on ouvrit la grande porte de l'église... »

Le sacre eut lieu au Bourg-St-Andéol le 15 décembre 1628. Louis de Suse dut alors prêter serment de nouveau devant la porte de l'église qui était fermée. « On avait mis là une table couverte d'un tapis avec une chaire sur laquelle il s'assit et messieurs du chapitre de l'autre costé. L'évêque se levant debout mit une de ses mains sur sa poitrine et l'autre sur l'Evangile, jurant d'observer inviolablement les compositions, transactions et accords intervenus, et de surplus il dit :

Je jure, à foy de gentilhomme, de vous protéger et vous servir au péril de mes biens, de ma vie et de mon honneur. « Ce sont, continue de Banne, les paroles desquelles il usa, lesquelles j'ouys fort bien, estant fort proche de sa chaire. »

Le nouvel évêque avait déployé, dans cette même année, une très grande activité, à l'occasion des derniers troubles religieux du pays, et c'est probablement à son énergique attitude que Viviers dut de ne pas être attaqué par les protestants. Il résulte, en effet, des comptes-rendus des Etats du Vivarais, que Louis de Suse, de concert avec ses deux frères (le comte de Rochefort et le chevalier de Suse) et le baron de Bouzols, réunit bon nombre de gentilshommes pour combattre le duc de Rohan, qu'il conduisisit cinq cents hommes à Villeneuve-de-Berg le 28 mars 1628 et qu'il assista à la prise du Pradel, du Pouzin, de Mirabel et de Vals.

Le nouvel évêque présida, en cette même année, les Etats du Vivarais qu'il avait convoqués à Viviers en sa qualité de baron de tour comme seigneur de Largentière. — La réunion fut des plus brillantes. Un grand nombre de seigneurs, et notamment les autres barons de tour, y vinrent. L'évêque les régala magnifiquement. « Il y avoit une bande de comédiens composée de douze ou quinze acteurs parfaitement bons qui jouoient des violes et chantoient en musique à tous les actes, ce qui estoit très agreable. »

En 1636, Viviers eut à subir une visite d'un nouveau genre. Des légions de rats s'abattirent sur toute la campagne environnante et mangèrent les trois quarts des récoltes. Pour les chasser, on fit des prières pendant trois jours dans les trois églises et les champs furent purifiés à l'eau bénite.

Mais on n'avait pas alors seulement à faire aux rats, témoin cette phrase de de Banne, à la date d'août 1638 : « Il n'y a que misère en ce temps, confusion en l'esprit des hommes. Bon Dieu ! assistez-nous, s'il vous plaist ! En ce temps les gens se mangent l'un l'autre ! »

Ce bon chanoine !.... comme s'il n'en était pas ainsi depuis le commencement du monde.

Ecoutons encore cependant ses doléances. Elles jettent un triste jour sur l'époque où il écrivait. Ce qui suit se rapporte toujours à l'année 1638 :

« Estant donc las pour le moment de lire ces vieux documents, il faut que je parle du temps présent, afin que ceux qui lisent ces Mémoires à l'advenir prennent patience en leur misère s'il leur en arrive, puisque nous en sommes si chargés que la plupart de ce royaume sont vagabonds ou fainéants à cause des foules ou du passage des gens de guerre, lesquels, quoique de mesme patrie, de mesme parti, de mesme religion, sont si cruels et si inhumains, que le Turc, quoique infidèle, ne feroit pas tant de méchancetés s'il entroit à main armée et victorieux dedans ce royaume. Dieu nous en préserve, quoique nos misères soient si grandes que si cela arrivoit, car nous avons la liberté de professer la religion apostolique et romaine. Sans cette consolation, il vaudroit autant estre parmi les antropophages. Dieu nous donne la paix par sa sainte miséricorde et fasse vivre les princes chrétiens en union et concorde. Tous les estats de ce royaume sont corrompus ; le vol, le larcin, les tromperies, les meurtres, sont venus au plus haut point de leur exaltation et la vertu est réduite au néant. Personne ne faict bien de nous dire d'où cela procède. Je n'en sais que ce que tout le monde en dit. Si vous le voulez savoir, le premier à qui vous le demanderez le vous dira. Mais ce ne sera pas moi. »

Et un peu plus loin :

« La peste à Lion.... Je ne peux qu'escrire des misères. Le clergé est ruiné, la noblesse est coquine, le tiers etat est à la mendicité, les cueillettes entièrement chétives et petites, point de fruits, chaleurs insupportables. Les vins se sont presque tous poussés et corrompus en ceste ville. La gresle gasta dernièrement et les vignes et les blés. Les soldats qui sont dans ce pays parachèvent d'en faire le desgat. Dieu par sa sainte grâce, y donne l'ordre, car les hommes ne le feront point, s'ils n'y sont forcés par sa toute puissance. Il me souvient qu'estant petit enfant de chœur, je vis une image à la chambre de feu M° François Monnier, chanoine et précempteur de ceste église. — Dans lequel tableau estoit peint un vieillard ayant les oreilles aussi grandes et estendues que celles d'un asne, les yeux aussi gros qu'un bœuf, et bien ouverts, la bouche close et encadenassée. Au dessus de l'image estoit escript en gros caractères : *La sagesse de ce temps.* Les sages de celui-ci, faut aussi qu'ils fassent ainsi : tout ouïr, tout voir et rien dire. *Frons aperta, mens clausa, lingua parca, nulli fidere.* En quels temps sommes-nous venus, qu'il faille observer ce précepte ! »

On voudra bien nous pardonner ces citations, vu l'analogie des temps. Il est vrai que les gens de guerre sont beaucoup mieux disciplinés qu'autrefois, mais quant à la corruption, aux larcins, aux tromperies, à tout ce qui caractérise la bêtise et la méchanceté humaines, sans oublier les hommes qui se mangent les uns les autres, on conviendra que notre temps ressemble furieusement à celui du bon chanoine. Suivons donc son conseil, et prenons patience en nos misères, puisqu'il paraît qu'il en a toujours été ainsi et qu'on peut, sans témérité, prévoir qu'il en sera toujours à peu près de même. Après tout, il y a bien un certain progrès, puisqu'au lieu de massacrer comme autrefois les gens qui pensent différemment, on se contente de les brûler à petit feu par des dénonciations, des destitutions, des actes d'arbitraire administratif, et toutes sortes de petites tracasseries.

*
* *

Revenons à Louis de Suse. On a vu, dans un autre chapitre, ses tentatives pour accaparer la présidence des Etats du Vivarais et la résistance victorieuse que lui opposèrent les barons. Il paraît que ses rapports avec les chanoines ne furent pas toujours empreints de la plus parfaite cordialité, au moins s'il faut en juger par une requête du chapitre et de l'université au Parlement de Toulouse, qui se trouve aux Archives du département de l'Ardèche. Dans cette pièce, qui est datée d'août 1655, les chanoines exposent que, « quoique ne s'estant jamais despartis du respect que des ecclésiastiques doibvent à leur évesque et qu'ils ayent défendu uniquement par les voies de la justice leurs exemptions, privilèges et biens de l'Eglise, ils ont encouru depuis longtemps l'indignation de l'évesque sans avoir pu, malgré leur soumission, en faire cesser les effets... »

Ils sont « continuellement inquiétés par des procès criminels et des décrets injurieux et tortionnaires qui les divertissent des offices et rendent souvent l'église déserte, estant certain qu'en l'an 1653, sur les informations que le sieur évesque fit faire d'authorité de la cour, soubs le nom de Symian, son vicaire général, il obtint deux décrets d'ajournement personnel, en date des 18 et 23 apvril 1653, contre huict chanoines qui furent obligés de quitter leur église pour obéir aux arrêts de la cour, laquelle, ayant cogneu leur innocence, les mist hors de cause...

« Et depuis, ayant ledit sieur évesque faict donner information contre tous les chanoines dont il fit rechercher la vie depuis trente ans, il obtint décret contre quatre, du 28 juin 1653, qui ont aussi esté relaxés...

« Le 4 juillet, autre décret contre neuf chanoines ou officiers tous lesquels la cour a veu à ses pieds réclamer la protection de la justice... Nouveaux décrets en 1654 et 1655 -- l'évesque ayant pris la cause pour son juge et pour des subjects frivoles, outre les persécutions que les chanoines souffrent de la part des officiers temporels et spirituels du sieur évesque qui se font contre leurs libertés, s'estant souvent veus assiégés par des gens estrangers et incognus jusques dans l'église et pendant les divins offices. Lorsqu'ils ont esté rendre leurs devoirs au sieur évesque dans son palais épiscopal, au Bourg-St-Andéol, ce qui a esté mesme exécuté le 3ᵉ novembre dernier, lorsque le chapitre feust reçu audict palais, revêtus de leurs surplis, bonnets carrés et aumusses, où souvent le sieur évesque s'est emporté à des injures très qualifiées, jusques à avoir donné un soufflet au sieur archiprebtre, une des plus considérables dignités du chapitre, et arraché les cheveux à deux chanoines, lorsqu'ils furent lui demander des ordres sacrés...

« Au mois de mars dernier, il a faict enfoncer les granges du chapitre... A peine si les chanoines osent sortir de leurs maisons pour aller à l'office divin, à cause des entreprises qu'on faict contre leurs personnes...

« Le dernier mars, a faict assigner dans sa maison épiscopale M· Jacques Mercoyrol, chanoine précempteur et syndic, pour assister à la faction de quelques extraits... où il se seroit tenu avec M· Guillaume Crouzel, chanoine, et ayant esté amusés à collationner quelques actes depuis cinq heures jusqu'à neuf de nuit, à laquelle heure douze ou quinze personnes, tant domestiques du sieur évesque que autres, seroient venus conduits par Degore, notaire, et Jean Chame, sergent, officiers du sieur évesque, qui les auraient constitués prisonniers... et les auraient conduits dans une chambre haute de la tour de l'évesché, quoiqu'ils eussent offert d'aller ouvrir les archives et exhiber et bailler extrait de tous les actes que le sieur évesque demanderoit... »

Finalement, le chapitre demande justice pour l'injure faite à ses membres et la délivrance des prisonniers. La requête est signée par André Dunoyer, prévôt et député du chapitre; Gabriel Allier, député de l'université, et Bauchon, substitut du syndic.

Nous ignorons la suite de l'incident, mais il est aisé de voir, par un passage de la requête, que les dissidences en question portaient comme toujours sur les droits et privilèges du chapitre.

Un acte plus glorieux de Louis de Suse fut la donation qu'il fit de l'ancien palais épiscopal, situé en face de la cathédrale, pour y établir un séminaire. Il alla s'installer lui-même à la maison épiscopale du Bourg où il mourut le 5 septembre 1690.

Louis de Suse eut pour successeur son neveu, Charles-Antoine de Chambonas, évêque de Lodève, qui était déjà son coadjuteur et qui se distingua par son intervention charitable en faveur des malheureux protestants compromis dans l'échauffourée de Gabriel Astier.

Mgr de Chambonas mourut le 21 février 1713. Martin de Ratabon fut nommé la même année à sa place et c'est lui qui vendit au marquis de Brison la baronnie de Largentière, au prix de quarante mille livres.

Les évêques de Viviers perdirent ainsi leur titre de baron de tour et leur droit d'entrée aux Etats du Vivarais ; aussi la détermination de l'évêque Ratabon fut-elle l'objet de critiques et de regrets, dont Mgr Renaud de Villeneuve, successeur de Mgr Ratabon, se faisait encore l'écho vers le milieu du xviii° siècle, dans une conversation avec le marquis de Jovyac.

Renaud de Villeneuve, devenu évêque en 1823, à la suite de la démission de Mgr Ratabon, fit bâtir le nouveau palais épiscopal dont la première pierre fut posée en 1732. L'architecte s'appelait Projox.

Joseph de Morel de Mons fut nommé en 1748 à la place de Renaud de Villeneuve transféré au siège de Montpellier. C'est lui qui fit bâtir (1758) la voûte de la nef de la cathédrale détruite par les huguenots en 1567 et remplacée en 1599 par un plafond en bois. Mgr Morel, devenu infirme, donna sa démission en avril 1778 et fut remplacé par le fameux Lafont de Savine, né à Embrun, dont les défaillances sous la Révolution ne sont que trop connues. On a toujours mis en question l'état mental de ce personnage qui, d'ailleurs, avant sa mort, arrivée en 1814, exprima un vif regret de son « inconcevable aveuglement » pendant la période révolutionnaire.

La population de Viviers ne voulut pas rester en arrière de l'extravagance générale de l'époque. Elle célébra d'abord la prise de la Bastille en brûlant tous les vieux papiers qui avaient échappé au vandalisme des huguenots. On chargea trois tombereaux des archives de la cathédrale, de l'évêché et du séminaire et, après y avoir attelé des ânes costumés en chanoines, on les promena dans la ville et on y mit le feu sur la place de Niquet. Une violente averse suscitée évidemment par le bon génie de l'archéologie, éteignit l'incendie, mais le malin esprit ne se tint pas pour battu et l'œuvre de destruction commencée en gros se termina en détail. En effet, la municipalité ayant fait transporter tous ces vieux papiers à l'hôtel de ville, on s'en servit pendant six mois pour allumer le feu. Là périt le précieux manuscrit *Liber magistri chori*, attribué au précempteur Pons d'Auvergne que l'on croit avoir été écrit vers 1380, et dont il ne nous reste que des extraits.

Plus tard, la fête de l'Etre Suprême fut signalée par une ridicule mascarade : on fit trois mannequins représentant l'Athéisme, la Tyrannie et la Servitude ; on les jugea bel et bien comme de simples ivrognes, on leur lut leur sentence contre laquelle aucun des trois n'eut garde de protester, puis on les brûla publiquement.

Il paraît qu'ils ont ressuscité, car jamais on n'avait tant entendu parler que depuis lors d'athéisme, de tyrannie et de servitude, et l'on se demande ce que pourraient dire les orateurs des réunions publiques s'il leur était interdit d'aborder ces trois points.

Du temps de Claude de Tournon, le revenu de l'évêché de Viviers s'élevait à 200,000 livres, représentant un million au moins de la monnaie d'aujourd'hui, mais par suite des usurpations et des ravages survenus pendant les guerres religieuses, il avait été réduit à 80,000 livres. D'après un mémoire de l'intendant Daguesseau, en 1675, il ne dépassait pas 26,000 livres, dont 15,000 provenant du péage sur le Rhône, et 10,000 provenant de la terre de Donzère. Daguesseau estime à fort peu de chose le revenu des prieurés du Vivarais unis à la mense épiscopale.

Il résulte d'une pièce officielle, certifiée par l'évêque Savine, qu'à la date du 10 décembre 1790, les revenus de l'évêché s'élevaient à 48,000 livres, et, en défalquant les charges, à 35,100.

Le siège épiscopal de Viviers, supprimé en 1801, fut rétabli en 1823 et eut alors pour titulaire Mgr Molin. L'abbé Bonnel, un vieillard de soixante-dix ans, le remplaça en 1825 et donna sa démission en 1841. Il eut pour successeur Mgr Guibert, dont la nomination est du 11 mars 1842 et qui fut élevé à l'archevêché de Tours en 1857. Napoléon III nomma alors à l'évêché de Viviers, l'abbé Delcuzy, un respectable curé du Cantal, auquel succéda en 1876, l'évêque actuel, Mgr Bonnet, de Langogne.

Si les évêques avaient la puissance d'autrefois, nous nous bornerions à cette sèche nomenclature ; mais comme ils sont aujourd'hui, pour les administrateurs provinciaux et leurs plumitifs, des têtes de Turc en quelque sorte obligatoires et par suite le point de départ d'attaques et de calomnies ordinairement insensées; comme on ne risque guère, par conséquent, d'être traité de courtisan en faisant à leur égard acte de respect et de sympathie, nous nous permettrons de féliciter l'évêque actuel de Viviers, de l'heureux mélange de modération et de fermeté, dont il a toujours su faire preuve dans la tâche difficile que les circonstances lui imposent. Sa lettre au préfet de l'Ardèche, lors de l'expulsion des

Jésuites de Lalouvesc, donnait la note juste de la situation et constituait, aux yeux du public honnête et sensé, une première revanche contre d'injustifiables tracasseries. La même justesse de coup d'œil et la même vigueur se retrouvent dans les lettres pastorales de Mgr Bonnet. Une des dernières qui est relative au respect de l'autorité, est particulièrement remarquable. Il faut être irréfléchi comme le sont nos radicaux, pour ne pas comprendre que sans Dieu il n'y a pas de principe d'autorité, et que, sans autorité, l'ordre et la liberté, c'est-à-dire tout ce qui fait la force d'un pays, vont aux abîmes. Au reste, si les théories athées ont l'air de triompher, la faute en est encore moins aux apôtres de ces fatales doctrines, que dans le relâchement général éprouvé par l'éducation moderne, et l'éminent prélat va droit à la racine du mal dans le passage suivant que devraient méditer les pères de famille :

« Dans la famille, le père et la mère ne gouvernent plus ; ils ont abdiqué leur royauté et ils obéissent docilement à ceux qu'ils ont le devoir de commander... A douze ans, l'enfant se croit émancipé ; il ne sent au-dessus de lui ni une main forte, ni une ferme volonté. La verge, dont la Sainte-Écriture recommande aux parents l'usage salutaire et prudent, la verge est reléguée parmi les vieux instruments de torture... Le désordre de la vie domestique amène fatalement le trouble et prépare l'anarchie de la vie publique .... *Qui parcit virgas*, est-il dit au Livre des Proverbes, *odit filium suum.* »

L'histoire nous apprend que, de toutes manières, on n'évite pas la verge en ce monde. Quand les pères ne savent pas en user et que le corps social arrive à la mériter collectivement, il surgit toujours quelque verge immense, dont l'action est en raison des excès commis. La France a été souvent fustigée, elle l'est aujourd'hui et la correction ne semble pas près de finir. Notre patriotisme en souffre, mais pour peu qu'on s'élève au-dessus des petitesses et des afflictions de l'heure présente, on reconnait bien vite que Dieu, ou, si l'on veut l'évènement, n'a jamais tort : que les épreuves sont de nécessité humaine et que, d'ailleurs, pour peu qu'on sache en profiter, elles valent mieux pour le salut d'une nation que la prospérité matérielle et la victoire.

.*.

Le Séminaire fut fondé par M. Ollier, premier supérieur de la compagnie de St-Sulpice. Il est encore dirigé par les Sulpiciens. L'ancien bâtiment, formé par le palais épiscopal qu'avait donné Louis de Suse, fut en partie détruit en mai 1772, par un incendie dont la cause est restée ignorée. Une enquête fut alors faite par M. de Flaugergues, archiprêtre de la cathédrale et bailli de la ville, pour voir si les archives du pays qui se trouvaient au séminaire n'avaient pas souffert de l'incendie. Il fut constaté que le couvert seul du bâtiment où elles se trouvaient, avait été endommagé (1).

A la suite de cet accident, on résolut de rebâtir le séminaire au quartier de Niquet et les travaux commencèrent en 1777. Ce nouveau bâtiment servit de prison pendant la Révolution. Plus tard, l'abbé Vernet l'agrandit. Cet abbé Vernet était un grand organisateur, un des hommes à qui le diocèse de Viviers doit le plus. Il en a été l'administrateur intelligent et zélé, pendant tout le temps de sa réunion avec celui de Mende. Ceux que sa sévérité offusquait ou gênait l'appelaient le *pape rouge*. Les louanges sur son compte ont été unanimes après sa mort. Sa biographie a été publiée par Mgr Dabert, évêque de Périgueux, ancien grand-vicaire de Viviers.

Le Séminaire est un vaste bâtiment parfaitement aménagé et d'où l'on jouit d'une vue splendide sur le Rhône et les plaines du Dauphiné. On remarque dans la chapelle un très beau tableau de l'Annonciation, de Pierre Mignard.

Nous laissons à d'autres le soin de décrire avec plus de détails le séminaire de Viviers. Ce qui nous intéresse beaucoup plus ici que la question architecturale, c'est la haute utilité sociale de cet établissement.

(1) Archives du département de l'Ardèche.

Les ennemis de la religion ont toujours fait grand bruit des vices du personnel religieux, avant la Révolution, et il faut bien avouer qu'ils n'avaient pas tout-à-fait tort : si le clergé et les ordres monastiques ont toujours compté des hommes d'une vertu et d'un savoir éminents, ils en ont compté aussi bon nombre dont le caractère et la culture laissaient fort à désirer. L'immense transformation qui s'est manifestée depuis lors est due sans doute à plusieurs causes. Il serait puéril de nier que, malgré ses crimes et ses erreurs, la Révolution ait laissé des réformes fécondes lesquelles, d'ailleurs, étaient pour la plupart le fruit des efforts des générations précédentes. En somme, si les iniques persécutions dirigées contre le clergé ont été pour lui une rude épreuve, la crise a été encore plus salutaire. Il en est sorti moins nombreux et moins riche, mais infiniment plus pur et plus respectable. Sans vouloir rechercher la justice et la moralité de l'acte qui le dépouilla de ses biens et supprima la dîme et les bénéfices, il est évident qu'en fait cette spoliation eut un bon côté en supprimant une cause active de corruption et d'impopularité. Il n'y a plus aujourd'hui de vocations forcées et les dignités et revenus de l'Eglise ont cessé d'être un gâteau réservé aux cadets des grandes familles. Le prêtre sort des entrailles mêmes de la nation, c'est-à-dire de la maison du paysan ou du petit bourgeois beaucoup plus que des châteaux et des palais, et il

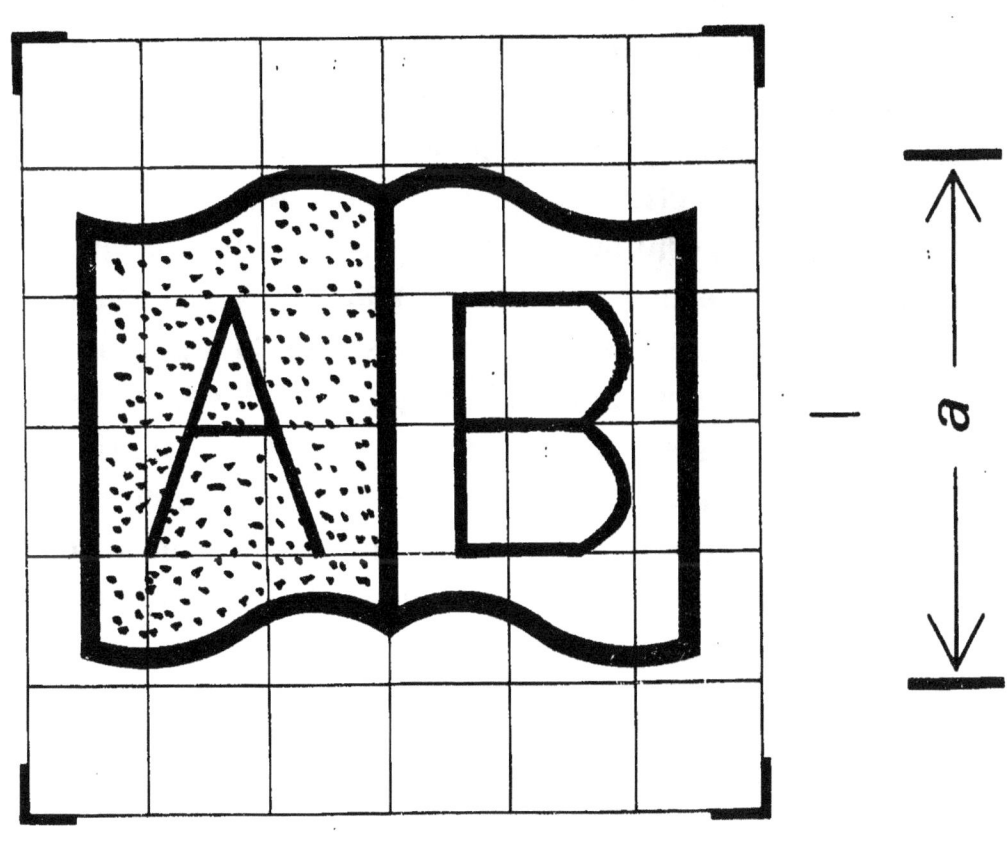

en apporte, sinon beaucoup de lumières et d'habitude du monde — ce qui s'acquiert avec l'éducation — au moins des principes de morale et des qualités de caractère qui sont choses plus rares et plus essentielles. Il est donc, par le fait même de son origine, beaucoup moins hostile qu'on ne le croit aux institutions libérales et, s'il ne porte pas aujourd'hui dans son cœur les républicains, ceux-ci n'ont qu'à s'en prendre à leur propre maladresse et ignorance. D'autre part, le prêtre n'est plus élevé, comme cela arrivait trop souvent autrefois, un peu à l'aventure, chez un bon oncle curé ou ailleurs, mais dans des séminaires où les études sont sérieuses et la discipline sévère et où des hommes intelligents et dévoués préparent son esprit et son cœur aux luttes de la vie. Voilà pourquoi nous n'hésitons pas à attribuer à l'extension des séminaires la plus grande part de l'amélioration incontestable qui s'est produite dans le clergé depuis la Révolution, et voilà pourquoi nous saluons le séminaire de Viviers comme l'un des foyers les plus bienfaisants de notre vie départementale.

XIII

LE CLOCHER ET LES ÉGLISES DE VIVIERS.

La cathédrale. — Sa destruction en 1567 et sa reconstruction en 1598. — Le précempteur François Monnier. — La fête de St-Vincent. — Le clocher. — La chapelle de l'archange St-Michel. — L'ancienne église de St-Julien. — Un monastère bâti avec des cercueils. — La Joannade. — Drin-drin.

La cathédrale de Viviers est fort ancienne. S'il est vrai comme le disent les chroniqueurs, que St-Venance l'ait agrandie et restaurée au vi° siècle, elle doit remonter, ou peu s'en faut, à l'époque de l'installation des évêques à Viviers. Le chanoine de Banne croit que la première église de Viviers se trouvait dans le bâtiment qui formait, de son temps, les caves du chapitre. On y voyait encore des traces de vieilles peintures et de notes de musique.

Consacrée d'abord à St-Vincent, la cathédrale de Viviers passa sous l'invocation de la Vierge au xii° siècle, après avoir été rebâtie sinon fondée par l'évêque Léodegaire, et le monument de cette époque existe encore dans ses bases et dans le gros œuvre. C'est alors qu'elle fut solennellement consacrée par un pape ou tout au moins par un archevêque.

Le Livre du Maître de Chœur indique la date de 1107 et le nom de Calixte II. On en a conclu à une erreur de nom, car c'est Pascal II qui était pape en 1107 et il était précisément en France cette année là. D'autres pensent que l'erreur est plutôt dans la date et que c'est bien le pape Calixte II qui consacra l'église de Viviers, mais seulement en 1119 ou 1420, alors que du siège archiépiscopal de Vienne, il passa au siège pontifical. Les chroniqueurs constatent qu'en travaillant au chœur de l'église, l'évêque Léodegaire découvrit un grand nombre de reliques qui avaient été réunies et placées là par ses prédécesseurs.

Mais la restauration de la cathédrale fut surtout l'œuvre de Claude de Tournon et l'on peut voir dans de Banne la description de ce qu'était alors ce magnifique bâtiment. Il y avait, entr'autres choses, sur l'entrée du chœur, une tribune ou jubé où l'on chantait l'Evangile, et sur cette tribune un autel dédié à St-Martin. En ce temps-là, l'église était à trois nefs supportées par six gros piliers et à chaque pilier il y avait un autel.

En 1567, les huguenots maîtres de Viviers, détruisirent les trois nefs, et le chœur, dont on avait aussi commencé la démolition, ne fut sauvé que par un accident arrivé à l'un des démolisseurs. Celui-ci ayant fait une chute mortelle, ses compagnons, frappés de terreur, ne voulurent plus, malgré les excitations d'Albert Noé, continuer leur œuvre.

Les huguenots démolirent aussi en 1567 toutes les maisons du château, excepté cinq qui appartenaient à des chanoines ayant des parents parmi eux.

A partir de 1598, les chanoines firent relever la cathédrale dont le chœur était resté. C'est le précompteur François Monnier, de Pierrelatte, qui fut chargé de ce soin et qui s'en acquitta avec un zèle et une intelligence remarquables. Les murs furent bientôt réédifiés et l'on couvrit la nef d'un plafond en bois auquel fut substituée seulement en 1755 la voûte de pierre actuelle. Il fallut ensuite faire le pavé. Bref, l'œuvre de reconstruction dura six ou sept ans et ce ne fut qu'en 1605 que le service divin, que l'on célébrait jusque là dans la chapelle St-Jean, put être transféré de nouveau à la cathédrale. L'évêque Jean de l'Hôtel ne se distingua pas en ces circonstances, car on eut grand peine à le faire contribuer à la dépense nécessitée par une si grosse entreprise, et le chapitre dut même la commencer avec ses seules ressources.

On ne s'étonnera pas, après tant de vicissitudes, que tous les âges aient laissé leur trace dans les remaniements successifs dont la cathédrale de Viviers a été l'objet, et l'on s'étonnera moins de voir une large nef à plein cintre accolée à un chœur ogival.

Le précempteur François Monnier composa l'inscription suivante qui devait rappeler la destruction et la réédification de la cathédrale :

HAS AEDES SACRAS QVAE ANNO DNI
MDLXVII RABIE HAERETICORUM QUI AB EXORDIO
HERESEOS LUTHERANI EXINDE HUGUENOT S
VULGO APPELLABANTUR DIRUPTAE FUERANT
RESTAURARUNT R. IN CHRO PATER DNS JOANNES
DELHOSTEL EPUS VIVARIEN ET EJUS
CAPITULUM CV UNIVERSITATE HUJUS
ECCLIAE ANNO DNI MDLXXXIX.

La cathédrale de Viviers ayant été rendue depuis le xi⁕ siècle au culte de St-Vincent, la fête du saint y est encore célébrée solennellement chaque année, le 21 janvier. Comme c'est la fête du diocèse, l'évêque officie. Les vignerons apportent à l'église un beau cep de vigne, chargé de raisins, qu'on a eu soin de faire passer préalablement à travers la terre d'un grand vase, afin que les raisins se conservent plus frais. L'évêque adresse une allocution aux vignerons.

Les belles tapisseries des Gobelins, représentant des scènes du nouveau Testament, qu'on remarque à la cathédrale, sont un don de Mgr Guibert.

*
* *

Le clocher qui est séparé de la cathédrale, comme c'était jadis l'usage, est un monument d'un grand intérêt archéologique qui remonte au ix⁕ ou x⁕ siècle. Ecartons encore ici une légende de l'abbé Báracand, qui semble lui avoir été inspirée par les manuscrits de Flaugergues, d'après laquelle la base de cet édifice ne serait autre qu'un ancien temple d'Hercule et d'Isis. L'imagination de notre jeune historien y avait même vu gravés les signes du Zodiaque et le chiffre mystérieux d'Isis (un i dans un sigma grec) que nous y avons vainement cherchés. Quelques pierres de la base présentent, il est vrai, des marques de tailleurs de pierre qu'on retrouve dans tous les monuments de cette époque ; et c'est là sans doute ce que l'abbé Baracand aura pris pour des hiéroglyphes.

La tour du clocher est carrée jusqu'à une certaine hauteur, où, à une époque postérieure, on l'a couronnée de créneaux. Il est aisé de voir aussi que la partie octogonale, qui surmonte la partie carrée, est également de date postérieure : sa physionomie indique le xiv° ou le xv° siècle, mais il faudrait la faire remonter au xiii°, s'il est vrai que l'évêque Hugues de la Tour d'Auvergne en soit l'auteur. Quoi qu'il en soit, la tour carrée est visiblement faite d'un seul jet et procède d'un plan unique. Elle est admirable par ses proportions et présente une grande analogie avec celle de la cathédrale de St-Front à Périgueux. Un étroit escalier pratiqué dans l'épaisseur du mur conduit de la base au sommet de l'édifice et il nous semble difficile d'admettre que cet escalier ait été bâti après coup.

Cet escalier donne accès au premier étage, dans une chapelle dont l'abside est aujourd'hui masquée par un mur moderne, qu'on devrait bien détruire si cela ne doit pas nuire à la solidité de l'édifice. Sur le côté opposé à cette abside, et à côté de l'ouverture du petit escalier, est une fenêtre qui a bien pu servir autrefois de porte, à en juger par les trous où étaient fixés les gonds et ceux plus larges et plus profonds dans lesquels on faisait glisser la barre de sûreté. Ici, comme dans la plupart des tours de cette époque, la porte était au premier étage et on y arrivait, non par un escalier, mais par une simple échelle qu'on retirait à soi dans l'intérieur de la tour, après s'en être servi. La coexistence dans le clocher de Viviers de l'escalier intérieur et de la porte du premier étage peut s'expliquer par le double caractère de l'édifice : l'escalier était pour les fidèles qui venaient à la chapelle, et la porte en était sans doute murée quand les nécessités de la défense obligeaient à n'en permettre l'accès que par la porte-fenêtre du premier étage.

D'après feu M. l'abbé Bourg, curé de Cruas, qui a publié une intéressante monographie sur le clocher de Viviers, la coupole de la tour carrée formait la voûte même du portique qu'on avait élevé devant la cathédrale pour lui servir et d'atrium et de baptistère, et la chapelle n'aurait été construite qu'ultérieurement pour recevoir le trésor de l'église. Un récent examen des lieux ne nous permet pas de partager cette manière de voir ; la chapelle est visiblement aussi vieille que la tour elle-même, et peut-être faut-il y voir une de ces chapelles dédiées à l'archange St-Michel que l'on retrouve si souvent sur la porte occidentale des anciennes cathédrales. Voici ce que dit à ce propos M. de Caumont :

« Au-dessus de la porte centrale de quelques grandes églises, et au-dessus du porche, quand il en existait un, on consacrait un autel à St-Michel archange. S'il y avait deux tours à la façade, l'une pouvait recevoir un autel dédié à l'archange Gabriel, l'autre à l'archange St-Michel. Mais le plus ordinairement St-Michel était vénéré seul. On trouve sa chapelle au-dessus du portail occidental à Tournus, à Brioude, à la cathédrale d'Autun, à St-Benoit-sur-Loire, etc. etc. Dans beaucoup d'églises, la chapelle St-Michel était établie au premier étage des tours : St-Germain-des-Prés, St-Pierre-sur-Dives, etc.

« M. Albert Lenoir fait observer que la persistance du culte de St-Michel, dans une des tours de l'église, était due sans doute à ses fonctions de conducteur des âmes, ce qui aurait contribué à conserver son culte auprès du parvis près de la façade sur laquelle on représentait le pèsement des âmes et le jugement dernier... Les tours étaient, d'ailleurs pour l'église des *propugnacula* qui pouvaient avoir leur utilité en temps de troubles, et il était logique de placer l'autel du chef de la milice céleste dans ces espèces de donjons pour qu'il protégeât l'église, la cité sainte, la maison du Seigneur... »

Ce qui est bien certain, c'est que le clocher de Viviers, tant à l'extérieur qu'à l'intérieur, c'est-à-dire à la chapelle du premier étage, contient plusieurs colonnes ou chapiteaux de marbre, de jaspe ou de porphyre, qui proviennent évidemment d'un édifice plus ancien dont ces débris font présumer la magnificence. Le chanoine de Banne, se basant sur la vie de St-Venance qu'il a trouvée « dans un Bréviaire à l'usage de Viviers, escript sur du velin en lettres gothiques, escripte à la main, et c'estoit en l'an de grâce mil cent et sept », après avoir constaté d'après ce document que St-Venance avait fait construire une magnifique église dédiée à St-Julien, présume que c'est de là que viennent les pièces rapportées que l'on remarque au clocher de Viviers. Il nous apprend que cette église de St-Julien, dont il ne restait plus qu'une petite chapelle, à moitié détruite par les huguenots, était située au delà de l'Escoutay, au pied de la montagne de Cogianos. Il y avait là autrefois de belles vignes. « Le sieur Rostier, ajoute-t-il, m'a assuré qu'en faisant planter une vigne près de la chapelle, ses manœuvres en fouillant la terre, trouvoient au dessous quantité de masures et quantité de murailles et mesme que lui y trouva une pièce d'un tuyau de plomb. »

De Banne présume encore qu'on bâtit avec ces débris la grande tour de l'évêché.

Il nous apprend enfin que les églises aujourd'hui disparues de St-Aule, N.-D.-du-Rhône et Ste-Croix étaient aussi ornées « de plusieurs colonnes de marbre gris, blanc, et pierres communes sans ordre d'architecture », ce qui fait aussi croire qu'on avait employé à leur construction des débris provenant d'autres édifices.

Quand on construisit le couvent des Dominicaines sur l'emplacement de l'ancienne église de Notre-Dame-du-Rhône, on trouva plus de cent tombeaux

« faicts en cercueils de pierre, tout d'une pièce, dans l'un desquels on trouva une épée et dedans tous les autres (ayant osté leur couvert qu'estoit aussi tout d'une pièce) on trouva de petites urnes ou pots de terre et des ossements. On trouva aussi quantité de briques fort longues et larges. On trouva aussi un fragment ou large pièce de marbre blanc qu'estoit le couvert d'un tombeau où il y avoit en escript, en langue latine, que celui qui gisoit là dedans estoit un seigneur puissant, qu'il avoit quitté l'hérésie. Les noms de ce seigneur et de l'hérésie estoient brisés, mais ensuite il estoit escript qu'il avoit ramené plusieurs personnes avec luy à la croyance de la Très Sainte Trinité On inferoit par là que ce seigneur estoit du temps de St-Augustin, y ayant alors une heresie qui ne croyoit pas à ce sainct mystère de la Ste-Trinité... La pierre desdits cercueils fut d'un grand espargne, car il y eut pour faire toute la pierre de taille dudit monastère. »

C'est en 1624 que la demande pour l'établissement des religieuses Dominicaines à Viviers fut faite au chapitre par MM. Barthélemy Faure Lafarge, secrétaire de l'évêque, et Chenivesse, apothicaire et consul de Viviers. Elle fut bien accueillie et l'on donna aux religieuses l'enclos et l'église de Notre-Dame-du-Rhône situés hors des murs. La vieille église fut aussitôt réparée. Il y avait une chapelle de St-Clair où l'on accourait de bien loin pour les maladies des yeux. Les religieuses, qui venaient du couvent du Puy, arrivèrent en janvier 1625. Elles étaient au nombre de cinq, dont une Hautefort de Lestrange. Elles furent logées en attendant chez demoiselle Françoise de la Baume d'Uzer, veuve de noble Jacques de Beaulieu. Leur installation dans le monastère bâti d'une façon si funèbre eut lieu l'année suivante.

Le vieil orme que l'on voit sur la place de la cathédrale, est un *Sully* : c'est le nom réservé à l'arbre qui fut planté dans chaque paroisse de France lors de la conversion d'Henri IV. Il y en a un fort beau à Dompnac. La plupart sont tombés de vieillesse. On a mis à celui de Viviers, pour qu'il n'en fasse pas autant, une forte ceinture de fer.

La colline qui domine Viviers et où l'on aperçoit au sommet une statue de la Vierge, s'appelle la Joannade. On suppose que ce nom vient des feux de la St-Jean qu'on y allumait autrefois. Une colline du Bourg, voisine de Tourne, porte le même nom.

Sur la colline de Planjaux, il y avait un abîme appelé *Drin-drin* à cause du bruit sonore que faisaient les cailloux que l'on y jetait, en rebondissant d'un rocher à l'autre à une profondeur infinie.

XIV

NOTABILITÉS DE VIVIERS

Le chanoine Rouchier. — Les manuscrits de Jacques de Banne. — Les *picoreurs* du temps de la Ligue et ceux d'aujourd'hui. — Un chien fidèle. — Messire Perrinet Desaubers. — Les poésies de Jacques de Romieu. — La *Vivarologie*. — La fontaine de Misalage. — Un chanoine alchimiste. — Marie de Romieu. — Flaugergues. — L'abbé Baracand. — St-Ostien et la pluie. — Un roman de Cherbullier.

Bien que le titre de chanoine ne soit plus aujourd'hui qu'une distinction honorifique pour les ecclésiastiques, il est encore de mode d'en faire l'objet de faciles plaisanteries. On dit toujours *frais* ou *gras comme un chanoine*, quand chacun sait fort bien que la plupart des chanoines sont vieux, maigres et maladifs. L'idée d'oisiveté que les gens soi-disant spirituels attachent aussi à l'état de chanoine n'est rien moins que justifiée. Sans doute, les canonicats et autres bénéfices ecclésiastiques étaient souvent donnés autrefois à la faveur, mais on voudra bien remarquer que ceci était le résultat d'un abus du pouvoir civil, et non pas de l'autorité ecclésiastique, qui en était la victime en ce sens que des revenus destinés par leur nature à pourvoir aux besoins du culte et de ses ministres, étaient distraits pour d'autres objets ; quant aux prêtres ou religieux pourvus de bénéfices, c'étaient généralement des hommes capables et travailleurs, qui ont pu ainsi mener à bonne fin, dans les lettres, les arts ou les sciences, des travaux que sans cela ils n'auraient pu même avoir la pensée d'entreprendre.

Quel est aujourd'hui l'écrivain le plus éminent du Vivarais ? C'est un chanoine.

Il est vrai qu'il n'a publié qu'un volume, mais c'est dans les lettres et les sciences surtout que la qualité prime la quantité, et à ce point de vue l'*Histoire du Vivarais* de M. l'abbé Rouchier est au-dessus de toute discussion. Nous sommes convaincu que si notre éminent concitoyen voulait ou pouvait terminer son œuvre — car les taquineries administratives contre les congrégations religieuses, dont il a la haute direction spéciale, ne lui en laissent peut-être guère le loisir — il obtiendrait certainement des suffrages bien autrement précieux que ceux dont disposent les préfets laïcisateurs contre la volonté évidente de généreux donateurs. De grâce, M. le chanoine, terminez votre magnifique travail, ne fût-ce que pour nous donner la satisfaction de voir l'Académie français vous décerner un de ses grands prix, après que les fortes têtes du conseil général de l'Ardèche vous auront refusé le prix Villard.

Sait-on ce qui donna à M. Rouchier la première idée d'écrire l'histoire de notre pays ? C'est la lecture du manuscrit de Soulavie sur les évêques de Viviers que possède la bibliothèque du grand séminaire. Quand la famille de Soulavie offrit cet ouvrage à l'évêque qui était alors Mgr Guibert, celui-ci pria l'abbé Rouchier de l'examiner. La seconde partie surtout l'avait frappé. Elle intéressa aussi l'abbé Rouchier et lui inspira le désir d'étudier à fond un sujet que Soulavie n'avait qu'effleuré.

⁂

Parmi les autres manuscrits que possède la bibliothèque du séminaire de Viviers, nous devons citer les deux ouvrages du chanoine Jacques de Banne, sur lequel l'abbé Rouchier a publié une intéressante notice dans le *Bulletin de la Société des sciences naturelles et historiques de l'Ardèche*, 1865. Le premier de ces manuscrits est intitulé : « Mémoyres des antiquités
« de l'église cathédrale de Viviers et de plusieurs
« autres choses arrivées en divers temps et particu-
« lièrement de celles qui se sont passées durant ma
« vie. » Le second a pour titre : « Chronologie des
« évêques de Viviers et encore de ceux qui ont siégé
« en la ville d'Abs, auparavant que le siège fut trans-
« féré en cette ville, et plusieurs mémoyres touchant
« l'ancienneté, dotation et privilège de l'église cathé-
« drale de Viviers. Le tout tiré sur des actes très
« authentiques. »

Au fond, les deux ouvrages n'en font qu'un, ou du

moins, le second réédite presque entièrement, en les complétant sur quelques points, les documents et informations contenus dans le premier. Il semble que les *Mémoires* aient été le premier jet, et en quelque sorte le brouillon de la *Chronologie*. C'est donc celle-ci qu'il faudra publier tôt ou tard, en prenant dans les *Mémoires* quelques passages complémentaires, le jour où un éditeur courageux se décidera à faire connaître au public cette intéressante chronique.

L'œuvre du chanoine de Banne se recommande par un cachet de sincérité qui exclut le soupçon. Tout ce qu'il dit n'est pas sans doute parole d'Evangile, par exemple, quand il parle des apparitions qui hantent les maisons de Viviers et des esprits ou des magiciens qui parcourent les rues en faisant un grand bruit de chaînes, ou d'un œuf en forme de calebasse pondu par une poule vivaroise, ou enfin d'os de géant trouvés à La Voulte, son pays : le bon chanoine était naturellement de son temps et n'avait pas sur bien des choses la manière de voir des naturalistes d'aujourd'hui ; l'anatomie comparée, notamment, était fort jeune et il n'est pas étonnant que le public intelligent du XVII° siècle prît des ossements d'éléphants pour des ossements humains ; — mais quelle admirable bonne foi dans tout ce qu'il écrit ! Quelle honnête et loyale nature révèlent tous ses jugements et quelle scrupuleuse attention, dans son œuvre d'annaliste, pour ne rien avancer que sur la base de documents authentiques ! C'est grâce à lui que nous avons des extraits du *Charta Vetus* et du *Liber magistri chori*, ces deux monuments les plus anciens de notre histoire locale, qu'a détruits le fanatisme révolutionnaire. L'ouvrage du P. Colombi n'est qu'une sorte de résumé des manuscrits du chanoine de Banne. L'auteur du *De gestis episcoporum vivariensium* le laisse, du reste, fort bien entendre dans sa préface où il fait le plus bel éloge de notre chanoine « noble par la race, la modestie « et la piété, qui a consacré à l'étude des vieux do- « cuments de l'Eglise de Viviers tout le temps que « ne lui prenaient pas ses devoirs religieux, qui les « a recherchés, scrutés, étudiés, transcrits, qui a « ainsi beaucoup amassé par un long et infatigable « travail et qui, avec moi, bon et facile, m'a tout « communiqué. Le reste est de moi, ajoute le P. Co- « lombi, et c'est fort peu de chose. »

Mais, si le P. Colombi a défloré considérablement le travail du chanoine de Banne, il est loin d'en avoir épuisé la substance. Il y a, en effet, dans ces mémoires une foule de détails qui, ne se rattachant qu'indirectement aux évêques de Viviers, devaient nécessairement être laissés de côté par leur historien, et qui n'en ont pas moins pour nous un très vif intérêt. Le chanoine de Banne ne se borne pas aux faits historiques. Il a noté les épidémies et les phénomènes météorologiques : le froid et le chaud, la neige, la pluie, le tonnerre et les inondations. Avec lui, on vit en plein dans le Vivarais du xvii° siècle, et, ma foi, ce n'était pas gai. Nous avons rapporté déjà quelques-unes de ses doléances. Voici un autre passage qui montre avec quelle sûreté de coup d'œil il appréciait les ambitieux politiques de son temps. C'était pendant la Ligue :

« On ne savoit qui estoit ami ou ennemi. Les troubles furent très grands. Il y eut divers partis. La France estoit un theatre tragique où mille et mille meurtres se faisoient tous les jours, les uns pour faict de la religion ou plustot pour se grandir et se rendre maistres de la monarchie, les autres pour picorer ou se rendre riches et tous pour leur interest, laissant Dieu et le salut de la patrie à part... »

Bon chanoine ! On *picore* aujourd'hui comme en votre temps, et l'on pourrait même dire que le *picorage* a été élevé depuis à la hauteur d'une institution. C'est lui qui sert de base à notre système électoral et c'est à ceux qui font le plus picorer qu'échoient l'influence et le pouvoir : preuve nouvelle qu'il n'y a rien de nouveau sous le soleil.

Jacques de Banne, né à la Voulte le 22 septembre 1591, avait été amené à Viviers le 1er janvier 1598, auprès de son grand oncle, Gabriel de Banne, dont nous avons raconté la terrible aventure et qui était alors majeur prébendier. On le fit enfant de chœur le 7 janvier de l'année suivante. Après avoir occupé ce poste, selon l'usage, pendant sept ans révolus, il fut envoyé par sa mère au collège de Tournon où il resta quelque temps.

En 1604, Gabriel de Banne mourut d'une fluxion de poitrine. On voulut voir alors si son ancienne blessure n'avait pas contribué à sa fin, et l'autopsie fit conclure à la négative. Gabriel de Banne était, à sa mort, prébendier majeur, prieur et seigneur temporel de St-Michel d'Aurance et chapelain de la chapellenie dite de *Prima die Mercurii*. Avant sa mort, il résigna à son neveu en cour de Rome son prieuré et lui légua par testament sa chapellenie, mais il ne put lui résigner sa prébende parce que Jacques n'était pas d'un âge suffisant. Le défunt avoit un chien qui l'aimait si fort, qu'après son inhumation il n'y avait pas moyen de le faire sortir du cimetière où il creusait avec ses pattes la terre qui recouvrait le corps de son maître, en poussant des hurlements plaintifs. On le fit transporter à la Voulte, mais « cette pauvre bête ne voulut point manger et se laissa mourir. »

Jacques de Banne devint chanoine en 1618 après la mort du précompteur François Monnier. Sa vie paraît s'être écoulée sans incident saillant. Les recherches archéologiques furent sans doute pour lui un utile préservatif et nous ne voyons pas qu'il ait été mêlé en rien aux démêlés de ses collègues avec l'évêque Louis de Suse. Son manuscrit s'arrête au 31 octobre 1647. Il ne mourut cependant que dix ans après, ce qui, vu son tempérament annaliste, indique assez les souffrances qui marquèrent ses dernières années, puisqu'elles ne lui permirent plus de continuer son travail.

**
**

Un autre chanoine de Viviers, Jacques de Romieu, a aussi laissé un manuscrit intitulé : *Recherches sur l'antiquité de l'église cathédrale de Viviers*, qui se trouve à la bibliothèque du grand séminaire. Ce chanoine faisait des vers dans sa jeunesse et Colletet, dans sa *Vie des poëtes françois*, lui consacre une notice, ainsi qu'à sa sœur, Marie de Romieu. On sait que le manuscrit de Colletet, qui était à la bibliothèque du Louvre, et qui n'a jamais été imprimé en totalité, a péri en 1871, dans les incendies de la Commune. Fort heureusement, le docteur Silhol, du Bourg-St-Andéol, avait transcrit la notice des Romieu, comme nous avions transcrit nous-même celles de Davili et de Christophile de Gamon. M. Vaschalde a reproduit ces quatre notices dans son ouvrage sur les poètes du Vivarais.

Jacques et Marie de Romieu étaient de Viviers où leur oncle, messire Perrinet Desaubers, était chanoine, sacristain et vicaire en l'église cathédrale. Messire Perrinet était de plus, d'après une pièce de vers de son neveu, poète, musicien, arithméticien, orateur, bref un homme de grand savoir, estimé de tous. Jacques de Banne nous apprend qu'il était syndic du chapitre à l'époque d'Albert Noé, et fut chargé en cette qualité, de poursuivre ce triste personnage. C'est lui aussi qui, avec Gabriel de Banne, conduisit sous bonne escorte Albert Noé à Toulouse. Jacques de Banne se rappelait l'avoir vu, en 1598, quand il était enfant de chœur. « Il estoit tout expillé, n'ayant ni barbe ni cheveux. On dit qu'il estoit docte et grandement versé à la pratique. » Il mourut en 1599 et fut enterré à la cathédrale, dans le caveau d'Elizabeth de Poitiers, femme du maréchal de Boucicaut.

Il paraît que Jacques de Romieu, qui dans sa jeunesse habitait Paris et avait le titre de secrétaire du Roi, fit alors un poème contre le beau sexe et l'envoya à son oncle le chanoine Desaubers. Celui-ci le communiqua à sa nièce, Marie de Romieu, qui prit aussitôt la plume et répondit comme il convenait, c'est-à-dire en vers, à son frère. Jacques fut ravi de la défense et, la réunissant à d'autres poésies qu'il avait déjà reçues de sa sœur, fit imprimer le tout à Paris, en 1581, chez Lucas Bréyer, sous ce titre : *Les premières œuvres poétiques de Marie de Romieu vivaroise.* Trois ans après, en 1584, Jacques se fit imprimer à son tour, chez Benoît Rigaud, à Lyon, et son ouvrage que nous avons sous les yeux (1), jette sur la première période de sa vie une certaine clarté.

(1) Les Mélanges de Jacques de Romieu vivarois, secrétaire ordinaire de la Chambre du Roi, où sont comprises les louanges dudit païs de Vivarois.

En 1581, lors de la publication des poésies de sa sœur, Jacques était encore à Paris, avec le titre de secrétaire du Roi, puisque la lettre dédicace à Marguerite de Lorraine, duchesse de Joyeuse, placée par lui en tête de l'ouvrage, est datée de Paris *en son estude*. Elle se termine par des vœux qui, pour être sincères et naturels, n'en paraîtraient pas moins assez insolites aux grandes dames de nos jours :

« Et par ce moyen invoqueray celuy qui vous a si sainctement conduite aux divines lois du bon nopcier Hymenée, vous y maintenir une centeine d'ans, avec l'aise et contentement de vos merites, et vous voir d'icy a neuf mois (avec joye et plaisir singulier de toute la France) enceinte d'un beau fruit humainement divin, comme vous estes humainement toute divine. »

Les *Mélanges* sont dédiés à Just de Tournon, auquel l'auteur ne ménage pas les plus emphatiques louanges, témoin le début de son premier sonnet :

> Celuy qui dit, Tournon, que vous prenez le nom
> De ce Turne ancien au combat si habile,
> Qui vint en ce païs pour bastir votre ville
> Et, faicte, la nommer du beau nom de Tournon,
>
> Pourroit bien dire mieux : car votre vieux renom
> Descend divinement d'une âme plus gentile.
> Votre tige est d'un Dieu fœcondement fertile
> Qu'on peut nommer ou Mars ou le dieu Cupidon...

La lettre-dédicace au baron de Tournon est datée du château de Viviers, 1ᵉʳ janvier 1584. Nous voyons, dans un dystique latin qui suit, que l'auteur devait être encore jeune :

Qui composuit, adhuc juvenis, tam rite Camœnas,
Cum senior fuerit, dic (rogo) quantus erit.

La *Vivarologie* est une Ode assez longue dont trois strophes suffiront à donner l'idée :

De moy, le sourcil des montagnes
Vivarines je chanterai,
Et des fleurs des vertes campagnes
Un bouquet je composerai :
Bouquet que le temps ni l'envie
Quoi qu'ils facent ne flétriront ;
D'autant que sa fleur est cueillie
Au jardin du penien front.

J'egalerai ceste contree
A celle des plus grands seigneurs,
Puisque le ciel l'a honnoree
De ses plus précieux bonneurs ;
Car outre tout le nécessaire
Que veut un païs bon et doux,
Le roc, miracle ! volontaire
Produit du blé pour des cailloux.

J'en appelle a tesmoin Joyeuse
Qui a son beau nom emprunté
D'une belle âme glorieuse,
Joyeuse, le preux indompté.
Et ton vallon, Vallon, encore
Qui prends ton nom du val besson
De mes doctes sœurs qu'on adore
L'uniquement cher nourriçon.

Une autre pièce est consacrée à Viviers que tous les dieux sont venus combler de leurs faveurs et où l'on recueille en abondance la grenade, l'olive et tous les fruits les plus exquis.

Plus loin, il chante longuement une fontaine de *Mis-Alage* — une *Sainte fontaine trouvée depuis deux ou trois mois en Vivarais* et qui, paraît-il, guérit tous les maux. Il s'agit sans doute d'une source située non loin de la gare, près d'une ferme appelée autrefois Miselage, dont les égoûts ont été achetés par MM. Damon et Carles pour leur exploitation de chaux. Elle est, dans tous les cas, bien déchue de son ancienne réputation. Un peu plus loin est la source de Fontbonne, un ancien bien d'église qui a été acquis par la municipalité ; plus loin enfin, se trouve une troisième source, la plus abondante de toutes, dont les eaux servent à l'évêché.

Les pièces qui suivent nous font entrer dans la vie privée de l'auteur. A la suite d'une série de huit sonnets amoureux, un dialogue s'engage entre B. et R. Celui-ci a des peines de cœur et veut mourir à cause des cruautés de sa belle. L'autre le morigène, le console et l'engage à quitter Paris :

> Va t'en voir, si m'en crois, les terres agreables
> De ton gentil terroir et vivras en repos.
> Là tu feras l'amour à quelque honeste dame
> Qui courtoise bientôt aura de toy merci.
> Qué sert de s'arrester a une sotte flamme
> Où l'on a pour guerdon que travail et souci ?

Le bon Jacques suivit ce conseil — de tout point — car après avoir gémi à Paris des rigueurs d'une haute dame qu'il désigne sous le nom de Marie, nous le retrouvons à Viviers amoureux d'une autre Marie :

> Qui m'eut dit alors que j'abitoy Paris
> Qu'un autre feu ici me tiendroit pris :
> J'eusse gagé que les hautes montaignes
> Egaleroient les fertiles compaignes
> En leur planeure : et que le rond des cieux
> Veuf ne verroit de ses feux radieux ;
> Ains que jamés j'eusse laissé Marie,
> Pour en avoir une autre ici choisie
> De même nom et de même beauté,
> En qui je perds ores ma liberté.

Nous passons sur les vieux souvenirs de jeunesse qui se rattachent à Marie numéro un. C'était une Bourguignonne et on voit qu'il l'aime encore. Il voudrait qu'elle vînt en Vivarais et lui fait une description curieuse des plaisirs qu'on y trouve :

> Tu cognoistrois que ton Bourguignon vin
> A mon nectar cederoit à la fin.
>
> . . . .
>
> Ici l'on voit les roses en hyver
> Et en hiver un printemps arriver
> Au gré de tous : seulement les pucelles
> Sont de beaucoup qu'à Paris plus cruelles,
> Veu que Paris aura toujours le pris
> Quant au metier de la molle Cypris.
> De tel honneur je vante ma patrie...
> Vray est qu'ici les craintives fillettes
> Aiment toujours les personnes honnestes...

Nous remarquons plus loin un quatrain assez piquant sous la plume d'un futur chanoine :

> AU CHAP. DE V.
> Quelqu'un vous a decris, et cela vous suffise
> Ses potages font foi du bon qui est en vous :
> Vous seriez un à un des hommes les plus doux,
> Si la confusion ne gastoit vostre église.

Tout ceci est imprimé à Lyon en 1584. Les années se passent. Avec elles viennent l'expérience et la réflexion. Le neveu prend la place de l'oncle, et devient chanoine et sacristain de Viviers et, dans un manuscrit de la Bibliothèque Nationale signalé par l'abbé Rouchier (1), nous le trouvons écrivant cette fois sur un autre ton à M. Masson, chanoine d'Angoulême. Romieu s'est pris d'amitié pour ce chanoine dont il a lu les ouvrages et notamment un petit imprimé sur la naissance du Dauphin. Il a su, de plus, par un confrère de Viviers, le chanoine Broé (2), que Masson travaillait à une histoire des cardinaux français. Il lui signale donc les cardinaux sortis de Viviers et finit en lui envoyant quelques sonnets sur l'Eglise de Viviers destinés à être insérés dans le manuscrit qu'il prépare sur le même sujet. Ces sonnets sont au nombre de huit ; encore le dernier est-il inachevé. L'abbé Rouchier en a reproduit quelques-uns dans l'Avant-Propos de son *Histoire du Vivarais*, et nous craindrions d'abuser de la patience de nos lecteurs en citant ici les autres.

(1) Fonds Duchesne, tome 55, p. 211.
(2) Voici ce que Jacques de Banne dit de Broé :
« Messire Bernard Broé, cauteleux au possible et qui mettoit son canonicat aux enchères, à ce que j'ai ouï dire (peut-être que cela n'est pas), tant il y a qu'il fust dupé et ceux aussi qui le vouloient, car le bénéfice ne fust donné à ceux qui l'avoient poursuivi, ains à M° Jean Lagarde qui se fit chartreux, lequel résigna son canonicat à M° Jean Riffard. »

Le chanoine de Banne parle en plusieurs endroits de Romieu. « Il estoit docteur ès droicts, homme de grand' savoir, mais particulièrement adonné à la chimie ; il avoit esté grand poëte en ses jeunes ans, mais dans sa vieillesse il s'adonna à la transmutation et autres opérations chimiques. C'estoit un homme sans soyn de sa maison et sans apprehension, vivant sans nul pansement.... Sa maison se trouvoit sur les murs du château, du costé du levant, ainsi que celle du prévost, messire Charles Riffard, et le tout appelé *de Gebenna* formait une seule maison appartenant aux comtes de Genève.... Jacques de Romieu fit aussi réparer une maison qui est en son propre. On l'accuse d'avoir découvert St-Pierre pour couvrir non pas St-Paul, je veux dire qu'il a pris quantité de pierres de taille qu'estoit à sa maison de la sacristie qu'est de bien d'église pour bastir la sienne qui est du bien du monde. On le dit ainsi, je n'en jurerois pas, ne l'ayant pas vu faire... Il avoit travaillé quelque temps aux recherches de la chronologie des évesques de Viviers. Le peu de ses escripts que M. Panisse, chanoine, me donna, il y a quelques années, m'ont donné courage de travailler à cet ouvrage... »

De Banne nous apprend enfin que Jacques de Romieu mourut en 1624, à l'âge de 78 ans, laissant ses bénélices et ses beaux livres « à un sien neveu, appelé comme lui Jacques de Romieu, qui n'estoit ni savant ni civil... Il estoit bon homme, mais voilà tout... »

Le chanoine poète fut enterré comme son oncle Desaubers dans le tombeau de la maréchale de Boucicaut par permission du chapitre.

Le second Jacques de Romieu, chanoine et sacristain comme son oncle Romieu et son grand oncle Desaubers, mourut subitement comme eux le 19 février 1638 d'une hémorrhagie. « C'estoit une chose pitoyable de voir que son chien beut tout son sang qu'il avoit vomi en terre. Il estoit aagé de quarante ans. *A morte subitaneâ et improvisâ, libera nos, Domine !* »

*
* *

D'après Colletet, Marie de Romieu était une belle personne ; elle se maria, puisqu'un de ses sonnets est adressé à son fils et qu'elle parle ailleurs des soins de son ménage qui ne lui permettent pas de cultiver les Muses autant qu'elle le voudrait. Il paraît qu'elle était un peu plagiaire ainsi que son frère. Du moins, Colletet le leur reproche assez vivement. « Il n'y a pas, dit Colletet en parlant de Marie, un titre de ses poèmes qui ne marque que ce soit ou imitation ou traduction de quelque auteur ancien ou moderne. Mais, ajoute-t-il galamment, tout est permis aux belles dames qui peuvent dérober jusqu'à nostre cœur sans le dire et sans que nous soyons obligez, voire mesme qu'il nous soit bien séant de nous plaindre. »

Colletet critique le style de Jacques de Romieu comme barbare, raboteux et fort dur. C'était, dit-il, un docte écrivain, mais il n'avait pas sacrifié aux Grâces. Et Colletet n'a pas tout-à-fait tort. Le style de Marie de Romieu nous paraît bien supérieur. On y sent, il est vrai, l'imitation partout, mais la forme est remarquable pour l'époque. La plupart de ses petits poèmes n'étaient pas évidemment destinés à sortir d'un cercle d'amis. Marie de Romieu semble aussi avoir écrit des exercices littéraires plutôt que des impressions personnelles. Quant au caractère hyperbolique des louanges adressées aux Tournon ou aux Joyeuse, le frère et la sœur peuvent se donner la main. C'était la mode et peut-être cet abus des louanges valait-il encore mieux que l'excès de dénigrement qui a prévalu depuis. Le bel esprit d'alors était aussi bien loin de ce que nous appelons aujourd'hui le bon goût. C'était une fureur d'anagrammes et autres jeux d'esprit qui nous paraissent pitoyables, mais dont se délectaient les lettrés d'alors au lendemain des siècles de barbarie. Sommes-nous plus spirituels, du reste, avec nos calembours? Il faut avoir lu nos vieux poètes pour bien comprendre la réaction puriste de Malherbe et les anathèmes de Boileau. Mais leur lecture fait aussi comprendre les services que, malgré tous leurs défauts, ils ont rendus à la langue française. Ce sont eux, en définitive, qui ont défriché cette terre inculte, et ce sont leurs labeurs plus ou moins mal récompensés qui ont permis à leurs successeurs plus heureux de légiférer le Parnasse. En ce qui concerne spécialement Jacques de Romieu, nous pensons qu'on peut tout pardonner à un homme qui a eu l'idée de faire la *Vivarologie.* Nous terminerons ce bref aperçu sur Jacques et Marie de Romieu, en exprimant le regret que le docteur Silhol n'ait pas donné suite au projet, annoncé par lui en 1871 (1) de publier une notice détaillée et de reproduire les œuvres de Jacques et Marie de Romieu. Ces vieux petits livres sont fort rares. Nous avons vu vendre plusieurs fois à des prix variant de cent à trois cents francs les poésies de Marie de Romieu. On peut heureusement les avoir aujourd'hui à meilleur compte, grâce à la réimpression qu'en a faite M. Prosper Blanchemain en 1880 chez l'éditeur Jouaust.

Parmi les illustrations modernes de Viviers, Honoré Flaugergues, né le 16 mai 1755, doit être placé au premier rang. Son père, mort dans les premières années de la Révolution, était un homme très-versé dans les sciences naturelles et qui a laissé de précieux Mémoires sur l'histoire politique et religieuse

---

(1) *Echo de l'Ardèche,* 25 février 1871.

du pays. On raconte qu'ayant à se plaindre de la façon dont il avait été traité dans les écoles publiques, il résolut de ne pas y envoyer son fils et qu'il se chargea lui-même de son éducation. Sous l'influence paternelle et grâce à une aptitude merveilleuse pour toutes les sciences, mais surtout pour les mathématiques, Honoré ne tarda pas à faire d'étonnants progrès. Il avait avant tout cette curiosité scientifique, qui est le plus sûr précurseur du génie, et la nécessité (car c'en était une pour lui) de se rendre compte d'une foule de phénomènes naturels qui chaque jour frappaient ses yeux éminemment observateurs, lui rendit bientôt familières la physique, la chimie, la météorologie, l'astronomie. Passionné surtout pour cette dernière, il voulut lire les écrits des anciens astronomes dans les textes originaux et fut amené ainsi à étudier la plupart des idiomes orientaux, l'arabe, le persan, le sanskrit. Quant au grec et au latin, il les parlait comme sa langue maternelle. La découverte de quelques inscriptions hébraïques sur l'emplacement de l'ancienne Juiverie de Viviers lui donna l'idée d'étudier l'hébreu. Ayant lié un commerce de lettres avec les principaux astronomes anglais et allemands, il jugea que la connaissance de ces deux langues lui était indispensable. Et voilà comment Flaugergues se fit en peu d'années un riche trésor d'érudition. (1)

(1) Manuscrits de l'abbé Baracand.

Dès l'année 1779, il adressait à l'académie des Sciences de Paris, un mémoire sur la *théorie des machines simples* qui lui valut une mention honorable. En 1784, l'Académie de Lyon couronna son mémoire sur la *différente réfrangibilité des rayons solaires*, et en 1790 son étude sur la question de *l'aplatissement de la terre aux pôles*. Il écrivit encore à cette époque d'autres mémoires scientifiques, dont un sur *l'arc en ciel* obtint un prix à l'Académie de Montpellier, et l'autre sur les *trombes* fut couronné à Toulouse.

Le célèbre mathématicien Lalande, qui était en correspondance suivie avec Flaugergues, le fit nommer en 1796 correspondant de l'Académie et peu après directeur de l'Observatoire de Marseille. Mais Flaugergues refusa ce dernier poste. Depuis l'année 1798, il enrichit de beaucoup d'observations, de calculs et de tables l'ouvrage intitulé : *Les connaissances utiles*.

Mais ce qui attira surtout l'attention des savants de l'Europe sur Flaugergues fut la découverte de la comète à laquelle il a laissé son nom. Le gouvernement français l'invita à se rendre à Paris, théâtre, disait-on, plus en rapport avec son mérite. Il donna pour toute réponse qu'à Paris on ne lui rendrait pas le beau ciel de Viviers. Admirant son désintéressement, l'Académie des Sciences lui envoya, avec ses félicitations, un grand nombre d'instruments d'astronomie. Plusieurs savants français et étrangers voulurent voir un homme pour qui la science était tout et l'honneur qui revient de la science rien, et l'on assure que Herschell vint pour cela de Londres, et Lalande de Paris. C'est ce même dédain de la gloire ou de la gloriole qui empêcha Flaugergues de rien publier à part. Les deux seules pièces imprimées que l'on ait de lui sont un *Mémoire sur le lien du nœud de l'anneau de Saturne (1790)* et les *Observations astronomiques faites à Viviers (1798)*, qui se trouvent dans l'ancien recueil de l'Institut (section des sciences.)

Flaugergues est aussi l'auteur d'un Mémoire sur les queues des comètes qui fut couronné par l'Académie de Nimes, en 1816, et d'une étude sur la structure du globe de l'œil, qu'il écrivit, dit-on, pour affirmer sa croyance en Dieu et réfuter l'opinion de ceux qui l'avaient présenté comme un athée. L'abbé Baracand dit qu'il était assez indifférent en matière religieuse, mais qu'il remplit en mourant ses devoirs de chrétien.

Flaugergues a laissé un manuscrit intitulé : *Mémoires sur les antiquités et l'histoire de la ville de Viviers et de ses environs*, qui se trouve à la bibliothèque du Grand Séminaire.

Flaugergues exerçait à Viviers les fonctions de juge de paix. D'une intégrité parfaite, de mœurs pures, d'un caractère simple et paisible : c'était le type du parfait honnête homme.

Flaugergues père avait épousé la fille du baron de Ratte. Honoré fit un mariage d'inclination. Une femme riche eût gêné ses goûts de savant, tandis que celle qui fut l'élue de son cœur, ne s'occupait que de lui. Il mourut en 1835. Sa mort excita des regrets en France et en Europe, mais elle passa inaperçue à Viviers, où l'on ignore même le lieu de sa sépulture.

Les biographies générales mentionnent comme étant de la même famille, un Flaugergues (Pierre François), de Rodez, qui joua un rôle assez marquant dans l'Aveyron pendant la Révolution et fut député sous la Restauration. Ce dernier est mort en 1836 laissant plusieurs enfants dont un, Paul Flaugergues, professeur de sciences appliquées à l'école navale de Toulon, mort en 1847, est l'auteur de plusieurs Mémoires adressés à l'Académie des Sciences. Une autre, Pauline de Flaugergues, qui avait habité le Portugal, a publié en 1841, à Paris, un petit volume de vers intitulé : *Au bord du Tage*.

La Collection du Languedoc mentionne un capucin, le P. Emmanuel, de *Viviers*, qui fut aussi un célèbre astronome, mais il paraît qu'il s'agit ici d'un Viviers qui est dans le Tarn. La même remarque s'applique sans doute à une autre célébrité du Languedoc, mentionnée par la même Collection, sous le nom de César d'Arcons. Celui-ci, qui mourut en 1681, avait été avocat au Parlement de Bordeaux et a écrit divers traités scientifiques, un entr'autres pour expliquer le flux et le reflux de la mer et les longitudes.

*
**

L'abbé Cyprien Baracand, que nous avons eu l'occasion de citer plus d'une fois dans ce volume, était né à Viviers vers 1819. Il commença à s'occuper d'études historiques sur les bancs du séminaire. La dédicace de son ouvrage à l'évêque d'alors, Mgr Bonnel, est datée d'octobre 1841. Il avait donc terminé à vingt-deux ans un travail pour lequel vingt ans d'études sérieuses n'auraient pas été de trop. Aussi ne faut-il pas trop s'étonner d'y trouver des puérilités, des hardiesses et des erreurs inimaginables. Notre jeune séminariste ne recule pas devant les arcanes les plus secrets de l'histoire. Ainsi, par exemple, quand nous savons de St-Janvier tout juste ce qu'en dit le *Charta Vetus*, c'est-à-dire qu'il fut le premier évêque d'Alba, l'abbé raconte par le menu son apostolat. Il nous le montre agissant avec St-Victoret, un capitaine des gardes qui se serait converti au christianisme. Il indique la grotte au quartier de Planjaux où les chrétiens tenaient leurs réunions. Il donne le texte des adieux de St-Janvier à ses disciples. Il raconte que St-Victoret fut précipité du haut du pic dans la vallée. Il précise même la date : c'était le 16 août de l'an 100. St-Janvier, étant revenu, fut assassiné à son tour par les druides du *Planum medium*.

Ses récits sur St-Arconte et les origines de la maison de Tournon ne sont pas moins étourdissants. Il paraît que l'Helvie était alors en république et que son président s'appelait Justus. C'était un vaillant guerrier qui se joignit à Pépin contre les Sarrasins et reçut en récompense, la ville et le comté de Tournon. Or, ce Justus, mû par l'ambition, fomenta le mécontentement des nobles Helviens contre St-Arconte et fut le véritable instigateur du meurtre de cet évêque ; ce qui ne l'empêchait pas d'être amoureux de la propre sœur du prélat, appelée Arcontia. Celle-ci ayant été enfermée dans un monastère, Just, devançant la légende de la tour de Brison, fit un pacte avec le diable qu'il autorisa à enlever deux pierres par an de la tour St-Martin, moyennant quoi le diable l'introduisit auprès de sa bien aimée. Le roman finit, du reste, fort mal pour ce malheureux Just qui, repoussé avec horreur par Arcontia, se suicida. Arcontia alla mourir en odeur de sainteté dans un monastère. On dit que son ombre blanche reparaît de temps en temps pour reprocher leur crime aux gens de Viviers. Quant à Just — ah ! n'allez pas, braves gens, promener du côté de la tour St-Martin, car son ombre y reparaît chaque nuit, pleurant Arcontia et disputant à Satan les pierres de la tour.

Une invention, encore plus audacieuse, puisqu'elle se rapproche davantage des temps modernes, est celle des origines de l'évêque Leodegarius. Baracand nous le représente, comme étant, dans sa jeunesse, un gentilhomme passablement léger du pays des Ségalliers, devenu aujourd'hui la ville de Largentière. L'évêque Jean, qui fut un des conseillers de Grégoire VII, lui ayant arraché une jeune fille qu'il avait enlevée, notre gentilhomme aposta des hommes pour le tuer, mais les armes tombèrent des mains des assassins, et ce prodige convertit si bien notre homme qu'il devint plus tard prêtre et même cardinal. Voilà une illustration que Largentière ne se connaissait pas et voilà, toujours d'après l'abbé romancier, l'origine des droits des évêques sur Largentière. Pourquoi diable tout cela n'est-il pas appuyé sur quelque bon parchemin ?

Il est probable que notre jeune historien ne tarda pas à avoir lui-même conscience du peu de valeur de son œuvre, car, après avoir abandonné son manuscrit entre les mains de Marc-Aurel, l'imprimeur de Valence, il ne s'en inquiéta plus. Peu après, du reste, il quitta le diocèse et entra en 1852 dans l'ordre des Carmes déchaussés à Carcassonne. Nous avons lu une lettre de lui, datée de 1853, dans laquelle il dit que déjà bien longtemps avant son entrée en religion, il avait perdu de vue ses recherches historiques sur l'Ardèche. Nous savons qu'il acquit, plus tard, une certaine notoriété dans le sud-ouest, sous le nom de P. Alexis, par ses prédications quelquefois un peu excentriques. Il est mort vers 1880. Paix à sa cendre ! Si ses travaux historiques sur l'Ardèche n'ont rien de sérieux, il faut reconnaître qu'ils le sont assez pour son âge et ils prouvent dans tous les cas une activité et une intelligence qui, avec plus d'expérience et un esprit plus pondéré, auraient pu donner des fruits substantiels. Tels qu'ils sont, et malgré les énormités dont ils foisonnent, ils nous ont intéressé à cause des documents assez nombreux qui s'y trouvent indiqués ou reproduits. On a vu que nous en avons profité, mais jamais sans quelque appréhension, car avec un guide aussi peu sûr, il faudrait tout vérifier — ce qui n'est pas toujours possible et, malgré nos justes défiances, il ne serait pas impossible qu'il nous eût mis parfois dans l'erreur.

Ces manuscrits sont aujourd'hui entre les mains de l'auteur des *Ephémérides vivaroises*, M. Dubois, ancien juge de paix de Thueyts. Il fut question de les publier vers 1855 et peut-être cette circonstance contribua-t-elle à hâter l'apparition du premier volume de l'abbé Rouchier, désireux sans doute de couper court aux légendes saugrenues qui menaçaient d'envahir le public vivarois et qu'une foule de braves gens n'auraient pas manqué d'accepter comme des vérités incontestables.

*
* *

Il résulte d'un acte judiciaire, découvert par Firmin Boissin aux Archives nationales, qu'Armande

Béjarre, la femme de Molière, avait hérité de sa mère une créance de sept mille livres sur le clergé de Viviers. La défunte dame Béjarre, voulant être payée, avait donné sa procuration à un huissier, nommé Coiffier, lequel avait négocié la créance au préjudice des héritiers, et c'est pour sauver cette somme que Molière et sa femme se présentèrent le 29 octobre 1672 au Châtelet de Paris, pour protester contre Coiffier et demander son arrestation, en se portant parties civiles.

Notons ici, en passant, quoique cela n'ait aucun rapport avec la créance Béjarre, que, d'après deux lettres fort bien raisonnées de M. l'abbé Landrau, ancien curé de Tournon, Molière fut toujours l'ami des Jésuites, en sorte que le *Tartuffe* serait dirigé non contre eux, mais contre les Jansénistes.

**
* **

Il fallut revenir un peu sur nos pas pour visiter la chapelle de St-Ostien qui se trouve dans le premier affluent de la rive droite de l'Escoutay du côté de Viviers.

Le P. Colombi dit que le corps du prêtre St-Ostien était dans la chapelle de Saint-Martin de la vallée *Conspiensis* à un mille de Viviers avec beaucoup d'autres. Il ajoute que les vieux documents sont muets sur ce bienheureux. L'abbé Rouchier constate que, seul des saints particuliers dont se glorifle le Vivarais, Ostien a mérité d'avoir son nom inscrit au martyrologe romain. Il fallait, du reste, qu'une tradition bien ancienne eût consacré la mémoire de ce saint, puisque nous voyons le nom de la chapelle figurer dans la carte de Cassini sous le nom de *St-Ostian*. Aussi, sous l'inspiration de l'abbé Rouchier, et grâce au précieux concours de M. Pavin de Lafarge, des recherches eurent-elles lieu en 1880 pour trouver les reliques du saint. Après avoir fait une tranchée dans le sol de la chapelle jusqu'à la couche vierge, on avança vers l'autel qu'on trouva bâti sur un sarcophage monolithe, recouvert par un autre monolithe, le tout fortement cimenté par du beton gallo-romain, en sorte que l'autel ne faisait qu'un avec le sarcophage. On suppose que cette bâtisse était destinée à prévenir un vol des reliques. Le sarcophage contenait des ossements mêlés de terre et de gravier, d'où l'on présuma que c'était une seconde sépulture. La première était sans doute à un endroit peu éloigné qui servait traditionnellement de halte à la procession de St-Ostien, lorsqu'on se rendait à sa chapelle, et où l'on donnait la bénédiction. La tête du saint avec la plupart des ossements furent transportés solennellement à Viviers, le 23 août de la même année, avec l'assistance de plusieurs prélats et notamment du cardinal Guibert, ancien évêque de Viviers. Le sarcophage avec quelques ossements, est resté dans la chapelle où M. de Lafarge a fait construire une cripte que visitent de nombreux pèlerins.

La chapelle de St-Ostien, est dans la vallée de Couspier, au pied de la tour St-Martin. La présence de quelques débris de mur, à petit appareil romain comme ceux de la chapelle, a fait supposer qu'il y avait autrefois un monastère en cet endroit. D'après une tradition locale, le torrent qui passe près de la chapelle prédit, quand il ne cesse pas de couler en temps de sécheresse, une année de calamités, et lorsqu'il n'augmente pas trop malgré d'assez fortes pluies, une année prospère. Le ravin situé derrière la tour St-Martin, s'appelle le *vallat de l'enfer*.

St-Ostien ou Ostian est de temps immémorial célèbre dans le pays pour obtenir la pluie. Quand on lui fait un vœu, c'est en prenant la couleur noire, des rubans ou des vêtements de deuil, comme pour St-J.-F. Régis, tandis que pour la Vierge ou d'autres saints, on prend le bleu ou le blanc. Bien avant qu'on eût retrouvé son corps, les paysans des environs allaient l'invoquer en temps de sécheresse. Ceci nous rappelle un petit incident de la translation des reliques. Bien que le temps fût très-beau au moment du départ de la procession, M. de Lafarge dit : Je connais mon saint, je prends mon parapluie ! Les auditeurs sourirent et aucun ne l'imita. Mal leur en prit, car ils furent trempés jusqu'aux os.

Le recueil des Bollandistes (1) a publié, depuis, une vie de St-Ostian, par Suppari, récemment découverte à la Bibliothèque royale de Bruxelles. D'après ce document, St-Ostian vivait du temps de l'évêque Venance qui gouverna l'église de Viviers de 517 à 535, et était même son parent. Dès son enfance, il étudia les lettres sacrées et, saisi d'un saint zèle, vendit tous ses biens pour en distribuer le prix aux pauvres. Il suivit St-Venance à Viviers pour y mener la vie de cénobite. L'évêque l'aida à chercher une solitude éloignée des hommes. Ils la trouvèrent au pied de la montagne *Baina* (Bayne) produisant un ruisseau appelé *Ticinus*. C'est là que St-Ostian choisit sa demeure et que l'évêque lui fit bâtir une cellule dans laquelle le saint passa son temps en veilles, jeûnes et prières. Il y serait resté vingt-cinq ans. L'auteur de la vie du saint rapporte quelques-uns des miracles opérés par son intercession : ils consistent surtout en pluies abondantes obtenues en temps de sécheresse. Plusieurs aveugles auraient aussi recouvré la vue pour avoir touché son corps lorsqu'on allait l'enterrer.

Un membre de l'Académie française, M. Cherbullier, a placé la scène d'un de ses ouvrages, le

(1) *Analecta Bollandiana*, tome 11, pages 355-358, année 1885.

Roman d'une honnête femme, dans la région de Donzère et partie même à Viviers. Remercions-le d'avoir, quoique protestant, donné un beau rôle au prêtre catholique que son héroïne désespérée rencontre dans la ville épiscopale. Je ne veux pas faire la critique de son livre et j'avoue même l'avoir lu avec intérêt. Mais l'éminent écrivain me permettra d'assaisonner cet éloge d'une critique qui, du reste, ne s'adresse pas à lui seul. Pourquoi, parmi tant de drames saisissants qu'offre la vie réelle, la vie de la masse immense, se lancer dans la peinture d'un monde exceptionnel, et aller chercher des types aussi étranges que ceux de Max et d'Isabelle ? Pauvres gens qui, trop favorisés des biens de la fortune et des dons personnels, et n'ayant plus le lest des préoccupations de tout genre qui retient le commun des mortels, sont le jouet de caprices et de passions souvent imaginaires et parfois ridicules. On ne peut pas dire que les personnages de M. Cherbulliez soient de pure fantaisie, mais on pourrait encore moins soutenir qu'ils sont complétement naturels. Max est trop vicieux pour sa bonne conduite finale et la quasi défaillance d'Isabelle jure avec son caractère. Ce sont des poupées de salon, ce ne sont pas des êtres de chair et d'os. Ah ! monsieur l'académicien, quels modèles autrement vivants et vigoureux vous auriez trouvés dans ce pays, relativement primitif, qu'on appelle le Vivarais si, au lieu de vous arrêter à l'une des portes, vous aviez pénétré dans ses montagnes ! Ici pas de mièvreries, mais des couleurs fortes et tranchées. La lutte pour la vie, le paysan portant des fardeaux comme au moyen-âge, la ménagère, tantôt rappelant la femme forte de l'Ecriture et tantôt profondément avilie par la misère ou par l'immoralité : tous les types de Balzac se retrouvent dans cette vie provinciale dont les chemins de fer et les journaux profanent tous les jours les secrets et font envoler les pénétrantes senteurs. Je vous recommande surtout nos polichinelles politiques ; vous savez que quand un sauvage se grise, il dépasse le civilisé; de même, la politique de nos montagnes est encore plus grotesque qu'ailleurs, et ce n'est pas peu dire. Allez-y voir un peu, et vous m'en direz des nouvelles !

XV

SAINT-MONTAN

Les défigureurs de mots. — *Stus-Montanus*. — La beaume du saint. — L'ermitage de Brieux. — Le P. Jean Bruzeau. — Une communauté d'ermites. — Ce qu'on voit de la beaume de St-Montan. — La Perrière. — Le noyé. — Le château de St-Montan. — Où les chats meurent droits. — Les castors du Rhône. — Le Père Bondiflon. — Républiques aquatiques et Républiques terrestres. — Une rectification au sujet de Jacqueline de la Boric.

Bon ! dit Barbe, voilà un chapitre qui commence par une faute d'orthographe. Pourquoi n'écrivez-vous pas *St-Móntant* comme tout le monde, c'est-à-dire avec un *t* à la fin ? Voyez la carte de l'état-major, les rapports des ingénieurs, les indicateurs du chemin de fer et même la plupart des Annuaires de l'Ardèche : tous écrivent *Saint-Montant*.

— Et tous ont tort, dis-je, et je suis enchanté de cette occasion de protester contre une orthographe qui n'a pas le sens commun.

L'orthographe doit être basée sur l'étymologie. En écrivant *St-Montant*, on insinue que ce nom vient du caractère abrupte du pays et des pentes rapides de la montagne qu'on ne monte pas sans fatigue et sans peine, et c'est là sans doute ce qu'ont compris les officiers d'état-major, les ingénieurs et les agents-voyers ; c'est pourquoi ils ont adopté cette manière d'écrire dans leurs cartes et dans leurs rapports et finalement l'ont fait prévaloir dans la littérature officielle et dans les indicateurs du chemin de fer.

Or, si ces fonctionnaires n'étaient pas généralement des étrangers au pays, il leur eût suffi d'un mot échangé avec le premier paysan venu, pour savoir que le nom de St-Montan vient, non de la topographie de l'endroit qui, d'ailleurs, n'est pas plus *montant* qu'une infinité d'autres dans l'Ardèche, mais d'un saint ermite, nommé ou surnommé *Montanus*, qui l'a autrefois habité.

Ils auraient pu savoir aussi que beaucoup d'enfants dans le village reçoivent le nom de *Montan* ou

Montane et non pas *Montante*, suivant le sexe, et ils se seraient gardés, en présence d'une tradition si bien établie, d'adopter une orthographe qui jure avec toute l'histoire locale.

Mais la plupart des ingénieurs sont du Nord et, tandis qu'ils péchent par ignorance, il arrive, d'autre part, que ceux du Midi veulent faire les savants et croient donner une preuve d'érudition et de goût en francisant des appellations locales qui ne leur demandaient rien. C'est ainsi qu'ils ont appelé *Laoult* ou *Lavoulte* le bois de *Lóou*, et *Gaud* la presqu'île de *Góou* sur la rivière d'Ardèche. C'est ainsi que *Bay*, déjà défiguré en *Baïx*, est devenu *Bex* dans la bouche des employés du chemin de fer. Et ce qu'il y a de plus triste, c'est qu'aucun de ces braves gens n'a la conscience de ses méfaits.

— En quoi donc, dit Barbe, sont-ils si coupables ?

— Que diriez-vous, répliquai-je, d'un homme qui s'amuserait à badigeonner les statues antiques ou à défigurer les vieux monuments, en brisant les sculptures et en couvrant les murs d'une épaisse couche de chaux ou de couleur ?

— Certainement, dit Barbe, ce serait là une triste manie qui mériterait autre chose que des compliments.

— Eh bien ! mon brave ami, c'est exactement ce que font les ingénieurs et autres qui défigurent notre vieux langage, c'est-à-dire le plus précieux de nos anciens monuments. Et il n'est pas trop tôt, je pense, pour leur crier, à la face du public intelligent, qu'ils commettent là un véritable vandalisme. Je vous ai déjà signalé à *Gôou* la singulière coïncidence du nom donné à cette presqu'île avec le mot bas-breton qui signifie contour (1). Et combien d'autres analogies de ce genre on pourrait signaler ! Ma conclusion est bien simple : écrivons les noms comme les prononcent les gens du pays ; il y aura plus de chances de leur conserver leur sens primitif et d'en découvrir la véritable étymologie.

***

La légende de St-Montan se rapporte au v® siècle. Selon les uns, le saint était de Laon, et, selon d'autres, il était venu de Germanie en Lorraine. La chronique religieuse du temps rapporte qu'une dame nommée Célinie, qui se trouvait dans un état intéressant, étant allée lui demander le secours de ses prières, il lui prédit qu'elle mettrait au monde un fils qui jouerait un grand rôle pour le triomphe du christianisme. On ajoute que ce fils fut saint Remi, l'archevêque de Reims, qui baptisa Clovis. Saint-Montan, importuné par l'affluence des visiteurs qu'attirait sa réputation de sainteté, quitta Laon et vint chercher dans le Midi une solitude où il pût en paix prier Dieu. Le Val

(1) *Voyage le long de la Rivière d'Ardèche*, p. 105.

Chaud (*vallis calida*), que domine la beaume où s'installa le saint, le séduisit par son âpreté sauvage, et il est de fait qu'on ne peut rien voir de plus parfait sous ce rapport, si ce n'est peut-être la Sainte-Beaume dont la sauvagerie a un caractère plus grandiose. Saint Montan aurait vécu là trente ou quarante ans.

Le chanoine de Banne reproduit dans ses Mémoires la vie de St-Montan (transcrite du Bréviaire de Viviers), qui raconte les prières et les mortifications du saint dans sa grotte dominant la *Vallis Callida*. Il ajoute que la fin de la vie du saint n'est pas dans le Bréviaire. « Le martyrologe de nostre Eglise faict mention dudit St-Montan disant que sa vie est escripte fort élégamment dans un livre appelé *Charte vieille* que les Luthériens bruslèrent avec la plus grande partie de nos documents en l'an 1564 et 1567. Dans la vie de saint Remi est parlé de ce bienheureux saint. Lisez-la dans le Révérend Père Ribadeneyra. »

Une tradition, mentionnée par une lettre du curé de St-Montan de 1762, porte que le saint reçut un jour la visite de saint Remi et de Jean, évêque de Viviers, et que ces personnages le décidèrent à quitter sa beaume pour venir s'établir au pied de la montagne et éviter ainsi de trop grandes fatigues aux dévots que sa piété attirait. On ajoute que l'affluence des visiteurs l'obligea enfin à quitter le pays et qu'il se retira à la Fère en Picardie, où il serait mort et où l'on conservait ses reliques.

La beaume du saint est peu profonde. C'est une vraie cellule de moine, avec une autre cellule superposée à laquelle on monte de la première par un escalier naturel aux marches rudimentaires. Le rez-de-chaussée est éclairé par la porte qui est très-étroite et le premier étage par une sorte de lucarne. Le rez-de chaussée peut contenir une vingtaine de personnes. La cellule d'en haut sert de chapelle. L'autel est au fond sur la gauche, tandis qu'on montre à droite une tribune ou lit de rocher où reposait, dit-on, le saint. Nous vîmes sur l'autel deux chandeliers. La beaume a une porte qui ferme à clé. De beaux chênes-verts stationnent à l'entrée, à droite et à gauche, comme des gardes d'honneur.

Toutes les années, le lundi de Quasimodo, le clergé et la population montent en procession solennelle à la beaume du saint, puis de là redescendent à la chapelle de *San-Samonta* (Saint-Saint-Montan), située au bas de la montagne. C'est là qu'aurait été, d'après la tradition rapportée plus haut, la seconde habitation de Saint-Montan. C'est là, dans tous les cas, que fut construite en son honneur une chapelle qui était desservie au xii° siècle, par les moines de St-Médard. Les Bénédictins les y remplacèrent. Puis vinrent les chanoines de St-Ruf qui bâtirent la chapelle actuelle remarquable, non seulement par l'harmonie de ses formes, mais encore par le choix des matériaux employés à sa construction. Toutes les pierres sont taillées. Une fontaine sort du rocher qui sert de base au monument. Les chanoines de St-Ruf ont abandonné cette chapelle au xvi° siècle.

L'église paroissiale est au village principal, qui porte le nom de Madeleine, à côté du vieux château.

Entre St-Montan et la route du Bourg se trouve la métairie de Brieux, dite aujourd'hui l'*Hermitage* ou bien *Chez Vacher*, qui fut, au xvii° et au xviii° siècles, le siège d'une communauté d'ermites, deux noms qu'on s'étonne de trouver accolés. Le fondateur de cette communauté fut le vénérable prêtre Jean Bruzeau dont la vie, écrite par l'aumônier de l'ermitage, a été publiée en 1789 au Bourg-St-Andéol chez Pierre Guillet. Jean Bruzeau était fils d'un marchand drapier de Tours. Il quitta fort jeune son pays pour se retirer avec deux compagnons dans la Thébaïde, c'est-à-dire en Egypte. Nos futurs ermites arrivèrent non sans peine à Marseille, mais il fut impossible de trouver là un navire pour arriver au but de leur voyage. L'abbé de St-Victor les engagea à se faire ermites dans le pays et ils suivirent ce conseil. Notons ici une circonstance intéressante. Nos jeunes ermites sentaient la nécessité d'avoir un supérieur pour les diriger, mais chacun se prévoyant indigne de cette charge, ils résolurent la question par le *tirage au sort*, et voilà certainement ce qu'on n'a jamais vu et ce qu'on ne verra jamais dans nos communautés politiques. On ne dit pas au juste où était située la première solitude dont nos ermites firent choix et où se passa ce mémorable événement, mais on sait que, toutes leurs ressources étant épuisées, ils durent la quitter et qu'ils se dirigèrent vers Lyon. Ils passèrent à l'ermitage de St-Baudile en Dauphiné, où les accueillit le P. Jean Baptiste, alors en grande odeur de sainteté. D'après le Dictionnaire historique de Feller, ce P. Jean Baptiste n'était autre qu'un fils naturel d'Henri IV, Antoine de Bourbon, comte de Moret, qui, ayant été blessé à la bataille de Castelnaudary, serait parvenu à se sauver et se serait fait ermite. Jean Bruzeau resta quelque temps à St Baudile et accompagna plus tard le P. Jean Baptiste quand celui-ci fut chargé par l'archevêque de Lyon de réformer l'ermitage du mont Cindre.

Il paraît que cette réforme présentait de grandes difficultés, car nos deux réformateurs durent revenir. Jean Bruzeau se joignit alors à un autre ermite établi dans la solitude de St-Didier en Dauphiné. C'est là que le P. Jean Baptiste alla le chercher, mais il fut obligé d'avoir recours à l'autorité de l'archevêque de Lyon, pour déterminer Bruzeau à accepter le sacerdoce dont il se croyait indigne.

Jean Bruzeau, devenu prêtre, se retira à l'ermitage de la Madeleine, situé au sommet du mont Pila, où se trouvait déjà le F. Paul de Givaudan. Celui-ci passa plus tard à l'ermitage de Tain, qui a laissé son nom aux fameux vignobles qu'a détruits depuis le phylloxera.

Jean Bruzeau resta sept ans au mont Pila. A la suite d'une maladie, il fit un pèlerinage à une chapelle de St-Joseph, située sans doute dans l'Ardèche, car il passa à Viviers, et c'est là que, sur les instances du grand-vicaire Symian, il se décida à accepter l'hospitalité de cet ecclésiastique qui l'installa dans sa terre de Brujeas, ainsi appelée parce que les bruyères y abondaient.

Jean Bruzeau avait amené avec lui trois autres ermites, savoir le F. Martinien, le F. Claude Ferret, qui devait lui succéder, et le F. Jean Chenesves, « ayant laissé les autres à Pila pour qu'ils continuassent d'y vivre selon la règle qu'il avait prescrite. » La métairie de Brujeas était située « dans un affreux désert, au sud-ouest de Viviers ; il n'y a presque point d'eau, le sol y est ingrat ; les loups, les renards, et les autres bêtes sauvages s'y plaisent beaucoup. » Les bons Frères s'y plaisaient moins, car l'un d'eux prit peur et abandonna ses compagnons. Les autres n'y restèrent qu'une vingtaine de mois, et l'on ne dit pas pour quelle raison il plut au grand vicaire de les déloger. Dans l'intervalle, nos ermites avaient visité les montagnes environnantes et choisi pour leur future résidence la métairie de Brieux à St-Montan. L'endroit était alors couvert de chênes. L'évêque de Viviers ayant approuvé l'acquisition, Bruzeau se transporta dans son nouveau domaine avec quatre religieux. Ceci se passait en 1673. Les lods, c'est-à-dire les droits, furent payés à M. Duffau, de St-Montan, de qui cette terre relevait. Un seigneur voisin en disputant la propriété, il y eut procès, et ce ne fut pas le seul des ennuis qu'eut à supporter la communauté naissante.

Les ermites construisirent d'abord des cellules, puis une chapelle. Leur vie était fort austère et ressemblait beaucoup à celle des Trappistes. Elle se partageait entre le travail manuel et la prière. La règle qu'ils suivaient nous a été conservée dans un manuscrit que possèdent les religieuses de la Présentation au Bourg. Voici comment les ermites recevaient les visiteurs :

« Aussitôt leur arrivée, le portier les conduira dans une chambre et avertira le supérieur qui viendra les visiter en personne ou par délégué. L'entrevue aura lieu ainsi : une courte prière, puis le supérieur donnera à son hôte un baiser de paix, fera un peu de conversation avec lui et lui fera apporter quelque rafraîchissement. Grande charité est recommandée pour les pauvres qui ne dîneront jamais au réfectoire, non plus que les ermites vagabonds, à moins de permission du supérieur.... »

Quand les ermites allaient aux marchés voisins vendre leurs denrées, il leur était recommandé de les céder « un peu au-dessous du prix demandé par les séculiers, soit pour éviter tout soupçon d'avarice, soit pour donner aux laïques un exemple de désintéressement, soit enfin pour avoir plus tôt vendu et rentrer plus tôt en solitude. »

Les ermites tombèrent tous malades à la fois, et Bruzeau se trouva seul en état de les soigner, bien que malade lui-même. Son biographe nous apprend qu'il était fort indifférent pour les drogues des apothicaires. Il désirait qu'on usât des remèdes qu'offre le désert en se servant des simples. Il agissait ainsi par principe de vertu et avait coutume de dire qu'il sied mal à un moine d'appeler à son secours et médecins et drogues aussitôt qu'il est malade. Il faut être indifférent, disait-il, pour tous les biens temporels et par conséquent pour la santé. Et il ajoutait cette réflexion qu'Hippocrate n'aurait pas désavouée:

« La diète et l'eau guérissent la plupart des maladies; notre corps est une machine faite de la main de Dieu, laquelle est si bien ordonnée qu'elle se remet d'elle-même dans l'ordre, pourvu qu'on ne la contrarie pas. »

Jean Bruzeau recevait difficilement les novices, car il n'en voulait qu'un nombre proportionné à l'étendue des terres possédées par la communauté ; « on ne voulait pas, dit son biographe, reprendre la quête ; on en connaissait trop les abus et les dangers. »

Les ermites de St-Montan furent autorisés par lettres-patentes de l'évêque de Viviers de juin 1674.

Jean Bruzeau mourut le 10 août 1691 et fut inhumé dans la chapelle de l'ermitage. Ses successeurs dans la direction de la communauté furent Claude Ferret, qui eut jusqu'à huit religieux sous sa direction ; le F. Antoine qui en eut douze, et enfin le F. Jean-Baptiste, sous lequel le personnel de la communauté s'éleva à vingt religieux. Le F. Jean-Baptiste était entré dans la communauté dès l'âge de seize ans ; il y apporta de grands biens, agrandit la maison et fut considéré comme le second fondateur.

« Les Frères actuels, dit le biographe, savent tous lire et écrire et plusieurs d'entre eux sont de très-bonne famille ; ils sont honnêtes et polis ; ils savent tous les arts mécaniques nécessaires à des ermites pour être dispensés de recourir aux séculiers. Les arts libéraux n'y sont pas inconnus ; il y a actuellement un sculpteur doreur et il n'y a pas longtemps qu'il y avait un chirurgien. L'hospitalité y est très bien exercée. Plusieurs personnes de considération y vont faire des retraites. Les paysans des environs en retirent mille secours dans leurs différents besoins. La communauté de St-Montan les a toujours dispensés de payer la capitation, parce que, disent-ils, ces pieux solitaires nous attirent la bénédiction du ciel. »

Le curé de St-Montan écrivant à dom Bourotte en 1762, fait l'éloge des ermites et dit que cet établissement est la bonne odeur de sa paroisse. Ils étaient alors au nombre de treize « vivant sous l'obéissance d'un supérieur qui est toujours le plus ancien, et comme leur fonds ne leur suffit pas pour vivre, ils en travaillent quelques autres, ne demandent rien à personne, donnent l'hospitalité et l'aumône plus qu'ils ne peuvent. »

Les ermites de St-Montan faisaient vœu d'obéissance, de pauvreté et de chasteté. Ils couchaient tout habillés sur un matelas avec oreiller de paille et une ou deux couvertures selon la saison. Leur église était sous le vocable de St-Antoine. Elle a été respectée, ainsi que les pièces principales du couvent, par le propriétaire actuel (Vacher).

Lors de la Révolution, les biens de la communauté furent vendus et plusieurs des ermites se retirèrent à l'hospice du Bourg. Ils y portèrent divers objets, entr'autres, l'autel en bois placé dans l'église de l'hôpital, à droite en entrant par la grande porte, autel où on a trouvé des reliques de St-Andéol.

Il paraît que St-Montan a toujours inspiré la vie erémitique, car des ermites — ou prétendus tels — y ont encore été vus vers 1830. Ils étaient deux, un prêtre et un laïque, qu'on vit surgir un jour comme des champignons et qu'accueillit le bon curé, sans consulter l'évêché. Ces deux religieux, dont l'un venait, dit-on, du monastère d'Aiguebelle, s'établirent au bas du Val-Chaud, dans une chapelle de l'église de San-Samonta qu'ils divisèrent sans façon en deux étages pour se faire deux cellules. On voit encore la trace de cette division que bien des gens trouvèrent assez inconvenante. Les deux solitaires vivaient d'aumônes et l'un d'eux faisait le médecin. L'autorité diocésaine craignit des abus et les fit partir.

.

Du site sauvage et escarpé où est située la beaume de St-Montan, on jouit d'un spectacle qui suffirait seul à compenser les fatigues de l'ascension.

Le Rhône large et bleu s'en va là bas miroitant au soleil, à travers les rives vertes dominées à droite et quelquefois à gauche par de hautes falaises rocheuses, comme un gigantesque serpent de mercure qui va se perdre dans les plaines cailloutenses de la Provence. Le Pont-St-Esprit apparaît au sud comme le portique d'une ruine assyrienne, tandis que plus loin sur la gauche, se dresse le mont Ventoux dont la base sert à la culture des truffes et le sommet à l'observation des orages. Plus l'on regarde la jolie plaine du Bourg et le charmant coteau de St-Marcel, qui semblent se bercer dans la verdure, les fleurs et les rayons du soleil, et plus l'on comprend que ce morceau de Provence égaré en Vivarais ait tenté les anciens Gallo-Romains qui en avaient fait leur Tibur ou leur St-Cloud. On comprend aussi que les évêques aient si longtemps préféré le séjour du Bourg à celui de Viviers.

Je distingue avec ma lunette une grande allée de marronniers sur les bords du Rhône, un peu en amont du Bourg. Cette vue me rajeunit de quarante ans. C'est la Perrière, une propriété de l'ancien collège. Oh ! les belles parties de barres que nous avons faites en cet endroit ! Et quel bonheur, quand nous pouvions nous échapper dans les îles pour chercher des huîtres dans les lônes et des insectes dans les oseraies ! Je me souviens aussi des beaux silex qu'on trouvait dans les conglomérats des bords du Rhône. Le fleuve a roulé bien de l'eau depuis lors et la terre a recouvert de son manteau de verdure la plupart de nos pauvres camarades restés en bataille.

Nous apercevons bien loin, là bas, sur la rive dauphinoise, un groupe d'individus stationné sur la grève, tandis que d'autres hommes sur des barques, fouillent les eaux du fleuve.

Notre guide nous explique qu'un jeune homme s'est noyé la veille et que ses parents sont encore à la recherche de son corps. La scène prend dès lors à nos yeux un immense intérêt. Tout-à-coup un mouvement se produit. Le groupe se porte vivement vers une des barques qui a retrouvé le corps. Une échelle garnie de feuillage, sert de brancard au noyé, dont notre imagination nous fait apercevoir le visage bouffi et les yeux glauques, en même temps qu'elle nous fait entendre les cris de désespoir des parents accourus à cette horrible découverte. Le groupe entier disparaît sous les arbres. La scène du noyé est finie. Encore quelques cris de douleur, le tintement des cloches du village, la cérémonie funèbre, puis il n'en sera plus question. Un homme de moins au hameau, c'est une feuille tombée de l'arbre immense au feuillage toujours renaissant qu'on appelle l'humanité. Cela n'empêchera ni les oiseaux de chanter, ni le fleuve de couler, ni le soleil de briller. Et l'on continuera aussi de voir les vaniteux se gonfler jusqu'à ce que la mort vienne les piquer à tour de rôle dans leur bouffissure.

Le vieux château de St-Montan, dont on a muré les grottes souterraines, se dresse dans un paysage dont la grandeur et le pittoresque ne laissent rien à désirer. Avec le lierre et les vieux murs, on est ici en plein moyen-âge. Il n'y manque que les châtelaines et les chevaliers.

Ce château était déjà à moitié ruiné au siècle dernier. Il appartenait alors à un M. Darmand qui habitait Mondragon en Provence. La justice était exercée au nom de l'évêque, sauf pour le hameau de la Combe dont les jésuites d'Aubenas étaient seigneurs en toute juridiction. Le pays était fort pauvre, faute de chemin pour écouler ses produits. La lettre du curé de 1762 contient à cet égard une phrase significative : « Pour exprimer la misère de la commune de St-Montan, on dit au Bourg-St-Andéol que les chats y meurent droits. »

Nous visitâmes les carrières de Champel qui, avec celles du Roi à la Perrière, ont fourni les pierres du Pont-St-Esprit, puis le domaine de St-Pierre où l'on a découvert en 1882, de curieuses substructions romaines.

Le propriétaire, M. Laville, creusant pour planter des amandiers, mit à jour de vieux murs entre lesquels se trouvaient plusieurs rangées de tuyaux carrés en terre cuite, placés les uns au-dessus des autres, en sens différent. Tous ces tuyaux étaient percés d'un trou carré et communiquaient avec ceux du dessus et du dessous. On reconnut vite un établissement de bains, d'autant que des restes de piscine furent constatés dans une pièce voisine. Un caillou percé, recueilli sur ce point, a donné lieu à beaucoup de commentaires et plusieurs médecins, qui l'ont vu chez M. Romanet, admettent l'idée qu'il a servi de pessaire. Une couche d'ossements trouvés dans les décombres laisse supposer une catastrophe subite, dont la date remonterait au deuxième siècle de notre ère. Dans tous les cas, le nombre considérable de débris de briques, urnes et poteries trouvés autour des thermes, indique clairement une villa romaine d'une certaine importance (1).

*
* *

Reprenant notre course, nous allâmes visiter la

(1) Voir l'étude publiée sur ce sujet par M. Ollier de Marichard dans le *Bulletin de la Société d'agriculture de l'Ardèche* 1884.

vieille église et le vieux cimetière de St-André de Mitroix.

En allant de St-Montan au Bourg, nous aperçûmes à gauche, l'ancien couvent rural de Bénédictins dit l'*Ermitage*, sur une colline de grès qui fournit, en ce pays de calcaire, d'excellentes et précoces châtaignes. A gauche encore, les ruines de Notre-Dame de Cuisignao, déjà paroisse au vii° siècle, comme en fait foi la charte de Charles le Chauve, pour l'église de Viviers. La vieille église remontait au moins au x° siècle ; on y voit encore la pierre d'autel carrée d'environ un mètre et demi. La métairie de Campane, sous Cuisignao, a un nom qui fait assez sonner son origine romaine, d'ailleurs confirmée par de nombreux débris épars dans les champs.

A droite, nous apercevons la chapelle St-Joachim, ermite, qui vivait d'abord dans une grotte à fleur de terre dont l'orifice est celui d'une citerne naturelle ; le beau domaine de Rochecolombe, à M. Pontal dit le Ruiné, parce qu'il est très-riche ; et le domaine de Chalancon, ancienne maison de campagne des Barnabites.

Du côté opposé se trouvent le Cheylar, autre villa romaine, puis la Perrière, enfin la belle scierie de marbre de M. Baussan.

Il est difficile d'imaginer une plus intéressante partie que cette promenade de Viviers au Bourg par St-Montan, en laissant la grand'route au domaine de

St-Pierre et en la reprenant à la Croix Blanche ou Pont de la Justice : ce dernier nom sent le brigand à plein nez, et nos yeux ont cherché instinctivement la potence qui a dû jadis en assombrir le paysage.

Une lettre de Flaugergues de 1788 (1), parle d'un banc d'huîtres dans le Rhône près de St-Montan où l'on trouvait des perles dans ces mollusques. Encore aujourd'hui les huîtres ne sont pas rares dans la vase de toutes les lônes où l'eau est stagnante. Ce sont de grosses huîtres noires qui ne valent pas celles d'Ostende, mais que ne dédaignent pas les enfants et les chasseurs qui ont bon estomac.

Une des îles de cette région s'appelle l'île des Castors. Il résulte d'une note lue à l'Académie des sciences en 1767 qu'on trouvait ces animaux non-seulement sur ce point, mais encore sur le Gardon et la Viste, où ils portaient le nom de *bièvres* ou *biure*, et l'on ajoute que les habitants les chassaient pour les porter aux Chartreux de Valbonne à titre de gibier maigre.

L'Annuaire de l'an XI constate qu'on a vu des castors à Beauchastel, au commencement du siècle. Bien des gens les croient entièrement disparus de nos îles du Rhône, surtout depuis les inondations de 1840 et de 1856, qui ont en quelque sorte détruit l'état séculaire de ces îles. On nous affirme néan-

(1) Collection du Languedoc, t. 163, fol. 227.

moins qu'il y en a encore quelques-uns. Par une interversion assez singulière, on les appelle *vibré* au lieu de bièvre. Le dernier grand chasseur de castors est mort au Bourg, il y a quelques années, à l'âge de 97 ans, et l'on assure qu'il a guetté son gibier favori jusqu'à son dernier jour. C'était le descendant de l'ancienne famille de Moncocuq de Montilion. On l'appelait lui, le *père Bondilion*. Il avait son jardin près de la fontaine de Tourne.

La chasse au castor n'est pas chose facile. Cet animal est très-défiant et pour cause ; son œil aperçoit les traces humaines imperceptibles pour tout autre animal, et il faut souvent, pour pouvoir l'approcher, stationner des heures entières dans l'eau. Si le père Bondilion, au lieu de passer sa vie à poursuivre cet inoffensif et intelligent animal, avait pris de lui des leçons d'architecture, d'ordre et d'économie domestique, il aurait certainement vécu plus tranquille, serait mort plus riche, et aurait une meilleure place en paradis.

Nous lisions, il n'y a pas bien longtemps, dans les Bulletins de l'Académie des sciences, une note du docteur Prunières constatant qu'il avait trouvé dans le lac de St-Andéol (Lozère) des restes d'importants travaux de pilotis exécutés autrefois par les castors. Les castors du Canada sont célèbres par leur industrie ; ils bâtissent des digues énormes et vivent en société au nombre de deux ou trois cents individus, sans se chamailler, ce qui n'est certainement jamais arrivé dans un groupe de deux ou trois cents électeurs. Si on laissait la paix à nos pauvres castors du Rhône, ils bâtiraient aussi des digues et nous offriraient des modèles de république aquatique où nos républiques terrestres trouveraient beaucoup à apprendre.... si elles en sont capables.

Des notes extraites des registres des notaires Mourgues et Belon (Les Vans et Gravières), qu'a bien voulu nous communiquer un de nos amis, nous permettent de rectifier une inexactitude commise dans notre précédent volume, pages 52 et suivantes, au sujet de Jacqueline de Borne. Celle-ci était fille d'Anne de Borne et de Gabrielle du Roure (et non Gabrielle de Vesc.) L'erreur vient de ce qu'il y a eu deux Anne de Borne, l'oncle et le neveu, qui épousèrent chacun une Gabrielle. La confusion était facile à la distance de trois siècles. Nous nous empressons de rétablir la véritable généalogie de Jacqueline.

François de Borne de Leugière et Françoise d'Antraigues eurent deux fils : Anne et Claude de Borne.

Anne épousa en 1583 Gabrielle de Vesc. Les deux

époux habitaient le château de la Borie et possédaient la moitié de la terre et baronnie de Balazuc que leur avait laissée feue Martine, dame de Leugière. Aussi cet Anne signait-il *Leugière.*

Claude de Borne qui signait *Mirandol*, épousa Marie de Naves, et tous deux habitaient le château de Naves. Marie de Naves avait épousé, en premières noces, Antoine de Molette de Morangiés qui fut tué par les huguenots à la défense de la Garde-Guérin en 1581, et elle avait eu de ce mariage François de Molette de Morangiés tué en 1637 en défendant Leucate contre les Espagnols.

De son second mariage, elle eut Anne de Borne et une fille nommée Gabrielle, mariée au sieur de Clastrevieille.

Le 20 octobre 1625, Anne de Borne (neveu) épousa à Naves Gabrielle du Roure, veuve de feu Christophe d'Audibert de Lussan. Anne de Borne (l'oncle) et sa femme Gabrielle de Vesc assistaient au mariage et, comme ils n'avaient pas d'enfants, ils donnèrent aux époux la moitié de la terre et baronnie de Balazuc.

De ce mariage naquirent deux filles: Marie, l'aînée qui, probablement mourut jeune, et Jacqueline, dont on connaît l'histoire, qui fut appelée à recueillir le double héritage des Borne de Naves et des Borne de Balazuc et qu'on voit dans les actes de notaire, habiter tantôt Naves, tantôt les Vans, et tantôt le château de la Borie. Elle signe *Jacqueline de Logère.*

Nous ignorons la date de la mort des deux Gabrielle, la tante et la nièce Dans tous les cas, c'est la tante seule (Gabrielle de Vesc) qui figure dans les minutes du notaire Constant de Balazuc où, d'ailleurs Jacqueline est toujours indiquée comme absente.

TABLE DES MATIÈRES

Pages.

CHAPITRE PREMIER

LA CAPITALE DES HELVIENS. 5

La grande porte du Bas-Vivarais. — Le cirque d'Albe. — Le Palais. — La pouzzolane. — Le temple d'Auguste. — La collection Buffel. — Une émeraude qui guérit les yeux. — Celtes et Helviens. — Un prince helvien, ami de Jules César. — La fondation d'Albe. — Les pierres milliaires. — Pline et la vigne helvienne. — Le plus ancien marchand de vins du Vivarais. — Sévirs, quatuorvirs et quindecemvirs d'Albe. — Saint-Restitut à Albe. — La date de la destruction d'Albe. — La pierre milliaire du bois de Lòou. — Où l'absence d'un musée départemental se fait sentir. — Le dieu Mercure. — Les trois prieurés d'Aps. — Les ruines d'Albe aux xviie et au xviiie siècles. — L'église moderne. — Brutus — Les barons de Deux-Chiens. — Les anciens seigneurs d'Aps, St-Pons, Sceautres et Aubignas. — Le château d'Aps. — Le docteur Gaillard. — L'abbé Terme. — Une tempête éternelle dans un verre d'eau.

CHAPITRE II

LE DÉSERTEUR DE SAINT-PONS. 41

La Roche-d'Aps. — La fontaine du Médecin. — Les terminaisons ac et as. — Saint-Pons. — L'abbé Reboul. — Le cabaret de la Précenterie. — Un détachement autrichien à Aps. — Est-ce un déserteur ? — Saint-Jean-le-Centenier.

CHAPITRE III

VILLENEUVE-DE-BERG. 60

Tournon et Turnus. — Les moustiques. — La grange de Berg — Le paréage de 1284. — L'ancienne ville. — La maison Heyraud. — Villeneuve pendant les guerres religieuses. — Louis de la Motte de Chalendar. — Les prisons. — L'église paroissiale. — La maison Barruel. — La famille Bertoye. — La statue d Olivier. — Ce qu'elle pense. — Vins de Montfleury. — Les voleurs de raisins. — Les *gibes*. — Les fourches patibulaires de Montloubier. — Processions pour la pluie. — La chapelle des Sept-Douleurs. — L'école laïque et l'école des Frères.

CHAPITRE IV

PROFILS ET USAGES LOCAUX. 81

Michel. — Trois jours de courses et de bavardages. — L'esprit et la race à Villeneuve. — La farandole. — Le jeu de paume. — Les fêtes. — St-Vincent et St-Eloi. — La fête des cuisinières. — St-Lâche. — Le carnaval — L'âge des filles écrit aux portes. — La fête des Bergères. — La source fécondante de Tournon. — La croustade. — Fille de ville et *Bousaou* du Coiron. — Blé, noyers et amandiers. — Oliviers séculaires. — Les truffes et la penchinelle. — Les *cendrousos*. — Filatures et tissages. — Les fontaines. — Les *cérons*. — Le prophète Deleuze. — Foires et pâches. — Les parjades. — La solidarité chez les porcs. — Le parricide de Lussas. — Les sobriquets du canton. — *Moudjo-châbro*. — Une inscription tumulaire à St-Andéol-de-Berg. — Etymologie de Claduègne. — Le duel grec dans le patois local. — La gaîté baisse. — Eloge de la naïveté.

CHAPITRE V

TROIS PROTESTANTS ILLUSTRES. 114

Jean de Serres. — L'acte de baptême d'Antoine Court. — Ses *Mémoires*. — Les prédicantes du Vivarais. — La prophétesse

Tibaude. — Un apôtre huguenot. — Une lettre de Marie Gébelin.
— *L'Histoire des Camisards*. — Court de Gébelin. — Le *Monde
primitif*. — Un Vivarois inhumé dans les jardins du roi d'Yvetot.
— A la recherche d'un tombeau.

CHAPITRE VI

AUTRES SILHOUETTES LOCALES 138

Les Barruel d'Ecosse et du Vivarais. — Le commerce de la soie ne
déroge pas. — Les Barruel-Beauvert. — Le Père Jésuite Augustin
de Barruel. — Jean-Louis de la Boissière. — Simon de Tavernol. — Les aventures du sieur de Chambeson chez les sauvages.
— L'abbé Feuillade et lord Bristol.

CHAPITRE VII

LE PRÉSIDENT CHALLAMEL ET LES ANCIENS ETATS
DU VIVARAIS 149

La vie et les œuvres de Challamel. — Le Vivarais a-t-il apppartenu
aux comtes de Toulouse ? — Les vrais souverains étaient les barons. — L'origine des Etats du Vivarais. — Les douze barons de
tour. — Une république féodale. — Les Etats du Vivarais et l'ancien sénat helvien. — Les barons supplantés par leurs baillis.
— Les Etats du Vivarais absorbés par les Etats du Languedoc.
— Le présent éclairé par le passé.

CHAPITRE VIII

ARCHÉOLOGIE HELVIENNE 182

La famille Malmazet de St-Andéol. — Etudes du vicomte de St-Andéol sur l'architecture religieuse des premiers siècles. — Style
roman et style ogival. — La domination sarrasine dans le Midi
de la France. — Une lettre de M. de St-Andéol en 1868. — Notices sur les églises romanes du Bas-Vivarais. — L'oppidum gaulois de Bergoise. — Aperçu sur le pays des Helviens. — M.

de St-Andéol au congrès archéologique de Montpellier en 1869. — L'ouvrage de M. Revoil sur l'architecture romane du Midi. — Les architectes archéologues et les archivistes archéologues. — Le grand débat entre les archéologues du Nord et ceux du Midi. La voûte en pierre et la voûte en bois. — Bonjour, M. Crispin! — Méditation sur les ruines.

CHAPITRE IX

LA CHAPELLE DE SAINTE-FOLIE.. 208

Le mont Juliau. — Les perdrix. — Leur instinct maternel. — La grotte. — La fête des Fous à Viviers. — La fête des ânes. — Comme quoi la folie est dans le sang de l'homme et la politique un carnaval perpétuel. — L'enfant et le chalet. — Les nouvelles maisons d'école et la santé publique.

CHAPITRE X

VIVIERS. 228

St-Thomé. — L'origine de Viviers. — Les temps héroïques de l'Eglise de Viviers et ses premiers évêques. — L'intervention de Pépin le Bref et de Charlemagne. — Une prétendue donation de Boson. — La puissance des évêques de Viviers sous les empereurs germaniques. — La charte de Frédéric en 1177. — La numismatique du Vivarais. — Les croisades. — Les Albigeois et les mines de Largentière. — La soumission des évêques aux rois de France. — Le traité de 1307 entre l'évêque Aldebert et Philippe le Bel. — Le bailli de la baronnie de Viviers aux Etats du Vivarais. — L'évêque ne peut y assister et présider que comme baron de tour. — Louis de Suse. — Une lettre du syndic du Vivarais en 1755. — L'incident de Tournon en 1510.

CHAPITRE XI

L'ADMINISTRATION INTÉRIEURE D'AUTREFOIS. . . 249

La légende des chanoines laïques. — Une sentence arbitrale de l'archevêque de Vienne entre l'évêque de Viviers et son chapitre. — Le droit au sel. — Les fiefs de l'évêque, du chapitre et de l'université. — Dissensions perpétuelles de l'évêque et du chapitre. — L'université des prêtres de Viviers. — La commune de Viviers. — Une élection municipale au XIV° siècle. — Une enquête *de commodo et incommodo* au XV° siècle. — Les Juifs à Viviers. — La confrérie de la Cloche. — Les charivaris. — Le cardinal de Brogny. — Une élection schismatique. — Claude de Tournon et François I°'.

CHAPITRE XII

VIVIERS DEPUIS LES GUERRES RELIGIEUSES. . . . 272

Albert Noé. — Les feux de joie faits avec les archives. — Profanation des cadavres. — La surprise de Gaydan. — Faits et gestes des huguenots sous l'occupation de Guy dit Baron. — Jean de l'Hôtel. — L'épiscopat de Louis de Suse. — Prestations de serment. — Doléances d'un chroniqueur sur le malheur des temps. — L'image de la sagesse. — Requête des chanoines contre l'évêque. — Les successeurs de Louis de Suse. — Le vandalisme et les mascarades révolutionnaires. — Un mandement épiscopal. — Le séminaire.

CHAPITRE XIII

LE CLOCHER ET LES ÉGLISES DE VIVIERS. . . . 299

La cathédrale. — Sa destruction en 1567 et sa reconstruction en 1598. — Le précempteur François Monnier. — La fête de St-Vincent. — Le clocher. — La chapelle de l'archange St-Michel. — L'ancienne église de St-Julien. — Un monastère bâti avec des cercueils. — La Joannade. — Drin-drin.

CHAPITRE XIV

NOTABILITÉS DE VIVIERS 309

Le chanoine Rouchier. — Les manuscrits de Jacques de Banne — Les *picoreurs* du temps de la Ligue et ceux d'aujourd'hui. — Un chien fidèle. — Messire Perrinet Desaubers. — Les poésies de Jacques de Romieu. — La *Vivarologie* — La fontaine de Misalage. — Un chanoine alchimiste. — Marie de Romieu. — Flaugergues. — L'abbé Daracand. — St-Ostien et la pluie. — Un roman de Cherbullier.

CHAPITRE XV

SAINT-MONTAN. 340

Les défigureurs de mots. — *Stus-Montanus*. — La beaume du saint. — L'ermitage de Brieux. — Le P. Jean Bruzeau. — Une communauté d'ermites. — Ce qu'on voit de la beaume de St-Montan. — La Perrière. — Le noyé. — Le château de St-Montan. — Où les chats meurent droits. — Les castors du Rhône. — Le Père Boodillion. — Républiques aquatiques et Républiques terrestres. — Une rectification au sujet de Jacqueline de la Borie.

OUVRAGES DU MÊME AUTEUR

Formant Série

Voyage aux pays volcaniques du Vivarais.

Voyage autour de Valgorge.

Voyage autour de Privas.

Voyage dans le Midi de l'Ardèche.

Voyage le Long de la Rivière d'Ardèche.

Pour paraître prochainement

VOYAGE AU BOURG-ST-ANDÉOL

On trouve encore à l'Imprimerie :

Un Roman à Vals.

Notice sur la vie et les œuvres d'Achille Gamon et de Christophle de Gamon, d'Annonay en Vivarais. — Paris, Lemerre, 1895.

Par le même Auteur.

www.ingramcontent.com/pod-product-compliance
Lightning Source LLC
Chambersburg PA
CBHW050313170426
43202CB00011B/1885